香港報人口述歷史

文農題

九龍市中心

擲石到處破壞公私財物

車將人驅走

推翻後放火燒

發表聲明

防暴措施

記者隨巡車

區巡視

目錄（下）

馮兆榮

由文青到報人

馮兆榮，一九四一年出生，筆名桑白。南華中學畢業，一九六三年加入《新民報》，隨即擔任副刊主任，一九六四年轉職《今報》，翌年《今報》結業轉投《明報》，任編輯，主理馬經，期間參與創辦《星期小説文庫》、《野馬》、《明報月刊》、《華人夜報》。一九六九年創立《姊妹》雜誌、《姊妹日報》及《姊妹畫報》，並於《新夜報》、《星夜報》兼任編輯，又創辦《好彩日報》、《太陽報》（並非東方報業集團的《太陽報》）。一九八零年轉投《新報》，其後加入玉郎集團，協助創辦《香港日報》、《清新》雜誌、《青春》雜誌、《香港金融日報》、《藏春閣》雜誌，並負責經營《天天日報》。一九九零年代重返《新報》，二零一四年以《新報》社長一職退休。

訪問時間：二零一四年九月十九日

訪問地點：北角寶馬山樹仁大學新傳系錄影室

梁：今天我們訪問老報人馮兆榮先生，他本是文藝青年，機緣巧合之下投身報界，轉眼便四十多年。馮先生，你早期為何以「桑白」為筆名？

馮：我在香港土生土長，祖籍順德，順德以桑蠶著名，而那時代的香港人，大多是窮人，我一窮二白，所以叫「桑白」。最初，香港十分流行寫詩抒發感情。

梁：當時好像很多報紙都有文藝版，很有名氣。

馮：有！那時的文藝氣氛比現在好很多。有《星島》、《香港時報》、《中國學生周報》、《香港青年周報》等等。即使《新晚報》、《明報》也有文藝版。各報歡迎讀者投稿，尤其《星島晚報》有位詩人叫力匡（鄭健柏），經常發表現代詩、新詩，吸引我們閱《星島晚報》，覺得符合自己興趣，寫一寫也無妨。我讀書跟香港很多人一樣，半工讀、走讀，常常沒有空，有工作要做，難以專注學業。不過倒是可以看看書和寫寫東西，那時香港社會十分鼓勵年輕人寫稿。我記得孟君有本雜誌，公開徵稿，只要文筆通順就可刊登。

梁：你讀哪間中學？

馮：南華中學，那時在堅道，現在搬去九龍了。説句不好聽的，我們是「讀書不成三大害」，甚麼工作都做一些，做過懲教署、出口、外資洋行，但不習慣這種生活。大約在一九六三、一九六四年之間有個機會，《新民報》登報請人，我想做記者便去面試。有位主任看到我便問：「你是做甚麼的？」我一眼望見辦公室有位高大的人，他就是寫《風蕭蕭》的徐訏先生。我厚着臉皮跑去問他是否徐訏先生，他說：「你怎麼認識我？」我對他說：「我有看你的書。」因為我耍了這些「古惑」手段，那位主任見我有能力，還寫過《中國學生周報》，立即聘用我，當時工資是一百五十元。那時候當警察的，大約一百六十元還是二百四十元，記不清了。

工資低我也不計較，可以有所發揮。他認識的很多江浙文人，比如勞思光、馮鳳三、蕭思樓，都幫他寫稿，但因資金不足，一兩個月後那些名作家紛紛離開。他們的離開對我而言是個好機會。我不介意工資，就因為自己喜歡這一行。老闆說：「好吧，沒主任，你頂上。」所以我入職第二個月就升為主任。

後來知道，《新民報》的創始人是陳朗先生，去年離世。他是一位富豪風水師，有特殊感應能力，聽說可以預見明星怎樣發財走紅。最有名的是相中李嘉誠。最初我們在上環見到李嘉誠先生挽着一袋錶帶四處兜售，我們在陸海通酒樓遇到他，他跟陳朗先生是認識的。他們在談論甚麼我不知道，我依稀記得陳朗先生對他說：「李生，你頭角崢嶸，將來必出人頭地。」李生回道：「別說笑了！」如今來看，果真應驗了。我覺得陳朗先生辦報是很奇怪的事，因為他沒錢，他從四川流落到香港，沒工作。第一筆錢靠出租寫字樓得來，那寫字樓在德輔道中，當時的採訪部十分簡陋，只有幾百呎。

梁：印象中當時報章不太重視新聞，以副刊為主。

馮：沒錯，我們出紙一大張，副刊很強。當時有位知名女作家，叫「十三妹」，陳先生很厲害，能找到她來寫稿，這人寫得不錯。還有優秀馬評家簡老八（簡而清）也找來幫我們寫馬經。不少好的作家都能找到。還有一位叫「伴霞樓主」（童昌哲、童彥子），在《正午報》寫過《迎接香港嶄新的年代》。江浙文人大多反共，他反倒不是，他是親共的。他自己寫稿難以養家餬口，所以過來幫我們一起辦《新民報》。辦了不到一年，《新民報》資金不足。陳先生很精明，他將收藏的畫變賣一兩張，忽然間報館就又有了一些得以運轉的資金，但始終不多。《新民報》結束不久，搬到灣仔譚臣道，再經營另一份報紙，叫《今報》。

梁：《新民報》以副刊為主，有沒有國際新聞和港聞？

馮：這些都有。國際新聞只訂一家法新社，有位姓李的編輯負責，他是翻譯高手，譯稿很快，簡直像是「車衣」一樣，同時兼顧分稿和譯稿，另有同事協助。他好像叫李特生。以往香港的新聞沒那麼多電台可以參考，只有香港電台和麗的呼聲，沒甚麼新聞可言。但很好做，因為新聞是「買」的，比如九龍就有「九記」（九龍記者）。

梁：像新亞社那些新聞社嗎？

馮：新亞社專責法庭新聞，報館付錢給他們，他們就會將法庭稿分給報館。突發新聞也可以買。九龍有個地方，專門有一班記者聚集在那裏，插很多支旗，代表很多報館。香港那時很多報紙，大報小報有五六十份，大報像《華僑》、《星島》等……小報名稱多得不得了，如《響尾蛇》、《越華報》、《紅綠》、《真欄》……還有一些電視刊物。

梁：據你所說，那時報社人手其實不多。

馮：很少。八至十人是一般人數，《明報》、《東方》創刊時也差不多。我們去拜會時，一眼盡見，在灣仔辦公室，只有五、六百呎。

梁：《新民報》結業後，你們搬至譚臣道另辦《今報》，還是陳朗先生主辦？

馮：對，他在辛苦經營。

梁：為甚麼不繼續辦下去而要辦新報紙？招徠新的讀者？以前的讀者豈不是都沒了？

馮：《新民報》學術性較高。撰文的作家有勞思光等人，後來都去中文大學教書了，他們都是讀書人。後來聯繫到的作家較為平民化，我們千方百計找來三蘇，因為他寫通俗小說、怪論，很受歡迎。

梁：當時的稿費如何？

馮：一篇約八至十元。因為陳伯十分尊重文人，他說：「他們寫那麼多，卻得這麼少錢，不行的，多給他們一點吧。」十三妹時常致電報館追討稿費，因為她的生活開支全靠稿費，她住在跑馬地奕蔭街，聘人幫她送稿，她說：「你不給我稿費，誰幫我送稿？」確實如此，所以她對稿費很緊張。十三妹的文章很

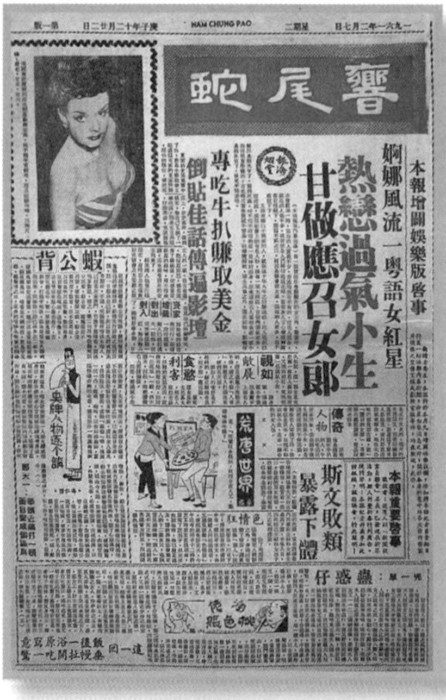

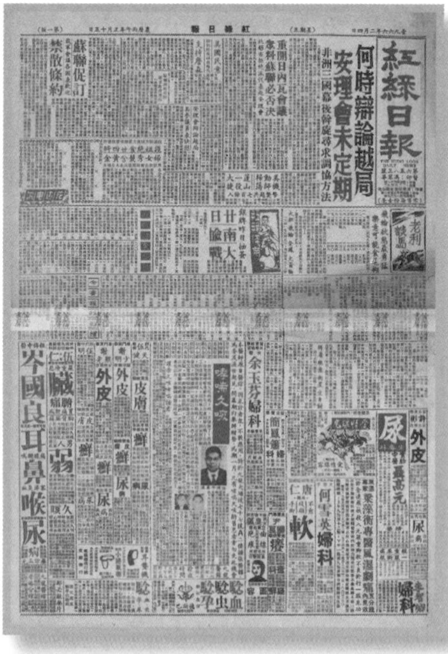

《響尾蛇》與《紅綠》，是香港五、六十年代著名的小報。

辣，對於當時的政治、國情的問題，她大膽敢言；對其他報紙的作家，比如方龍驤，若寫得不好，她照罵不誤，罵到後來被方龍驤控告，方龍驤贏了，要十三妹賠償一元。明知她沒有錢，還是要讓她賠一元。那些江浙文人之間時常會有這樣的事。

梁：《今報》是一九六四年創刊？

馮：一九六四年和一九六五年之間吧，也只是維持了一年多的時間。《今報》走的是通俗路線。陳老闆是四川人，說國語和四川話，他可以接受廣東話小說。那時武俠小說吃香，我們就找「伴霞樓主」來寫。發現馬經也頗為流行，我們就加強了馬經內容，由一批優秀的人經營，他們以前是東北騎兵，懂得看馬，就去評馬，有個馬評人英文筆名叫「杜拉斯」。

梁：簡老八有沒有幫忙？

馮：有，簡老八那時已經很有名了。「快活谷秘聞」更精彩，內容很好笑，但有正義感，看到馬圈有些不公平、古靈精怪的東西，他也照寫，用筆名「西方索」來寫那些秘聞。很多人問「西方索」的身分時，他一個勁地「別說是我，別說是我。」很怕死的。但他真的寫得不錯、很有分寸。又將騎師名改為「賓一虎」、「垃圾池」，很有趣，很吸引人。因為他的文章有吸引讀者之處，一份小報其實可賴以為生。

梁：售價只是一毛錢吧？

馮：當時甚麼費用都便宜，紙價、印刷費也便宜。一毛錢我們收六仙三，七折九扣跟發行分賬，維持了一年多。

梁：經費來源為何？

馮：還在賣畫。據說陳先生有個親戚跟滿清政府愛新覺羅氏的人有關係，搜得珍貴國畫、值錢文物，在外埠有價有市，一幅能賣好些錢，時不時就有一筆資金出來。

梁：《今報》除小說副刊通俗化之外，港聞、國際新聞與《新民報》有無區別？

馮：以前的新聞跟現在相比，不知道哪個更容易做。當時分「九記」與「港記」（香港島記者）兩組人。醫院也有人「賣線」，機場有「機場線」，警探有「警探線」，我們只付很少錢，每月一兩百元，就可買到包括消防局在內數條「線」的情報。

梁：當時要送稿，沒有傳真機，甚麼都還沒有。

馮：那時設備不好。自己跑新聞，幾個人夾錢租輛的士去採訪，沒有條件，只能想方設法。新聞處每天會發些新聞給報館，後來新聞處有個信箱，報館每天要派人去信箱拿稿件，拿回來可以隨意使用，有時還附帶相片，服務周到。大部分報章都是靠副刊，像《明報》也只是靠金庸，《新晚報》靠梁羽生，一篇小說可以賣不少紙。

梁：《新晚報》的文藝版也是，那時很出名。

馮：對，羅孚主理，能吸引到一定讀者的。但對我們來說，經費不足，肯定吃虧一些，別人的報紙慢慢擴充，由一張變兩張，我們墨守成規，整天靠着狗馬。當然，狗馬也是可以的。那時有的報紙專門以狗馬為賣點，接着馬經就乘時而興了。說來奇怪，馬經少有倒閉的，像運營到現在的《老五馬經》、《天皇馬經》，裏面甚麼都有，維持了幾十年。

梁：《今報》結束時損失多少？

馮：這我真不知道，陳先生不善理財，有時有錢了，薪水先發一半，發的時間還不確定，但我們諒解他的行事風格。他有個宗旨，辦新聞報紙必須「不平則鳴」，又時常訓勉我們「有聞必錄」，聽到甚麼都要刊登，不能私藏起來。

梁：《今報》以後又如何？

馮：他沒法再籌集資金，別說支薪，連租金也支付不起，最後被迫離開。他很不捨得，向我們宣佈停業，我們也很無奈。結束後編輯部各散東西，我加入了《明報》。

梁：那時是一九六四年和一九六五年吧？陳伯的去向如何？

馮：他結束業務後，生活倒很寫意。不是說他有藏畫嗎？他的藏畫好像怎麼都賣不完似的。不知道他藏了多少，從四川也找了一些過來，結果他的生活越來越好。據我所知他不做傳媒以後，卸下包袱，生活寫意，遊山玩水，跑馬、上夜總會、唱歌，不亦樂乎。他有一個嗜好，喜愛宴請舊時作者，和他們聊天，他太太是個唱民歌小調的女歌手，很受歡迎，有時也接受電台採訪。我們沒有和他頻繁聯繫，只是偶爾見一見。

梁：你在《明報》時，《明報》是怎樣的？

馮：我去的時候，《明報》在謝斐道。我在《明報》編馬經，寫賽後評，編過一本《好運馬經》，沈寶新出版的。他見我很勤快，另辦一本《星期小說文庫》給我編，出版一些小說，不少知名文人，亦舒、張森、陳銅民（陳可辛的父親）、陳非、杜紅，都有寫。

梁：你自己有沒有寫？

馮：因為我負責編，有空時也寫一兩本，賺點稿費。

梁：會缺稿嗎？

馮：不用擔心，因為有很多人寫，那時文藝氣氛很好，很多文人會「自動獻身」，主動寄來一疊稿件。有個後來去了《信報》，他創作慾強，總是文思澎湃，三天就整出一大本給我，讓我給他排期。有位曾任模特兒的譚月嫦小姐，央求我幫她登稿，甚至沒有稿費都行，喜歡寫作到這種地步，因為她到處遊歷，有很多各地的見聞，像台灣的三毛一樣，寫些與外國人交往的經歷，筆耕不輟。真的不愁稿源。

梁：《明報》在一九五九年創辦，六十年代初遇上大逃亡潮，吸引不少讀者，很興旺。後來文革也開始了，《明報》有不少內地消息，《明報》的定位變成知識分子報。當時的氣氛和查先生的定調是怎樣的？

馮：查先生比較側重小說，社論也由他寫，親自執筆寫社論已是逃亡潮時期。他的評論共產黨不太喜歡。在逃亡潮時，對「五花大綁浮屍現維港」這類事件，《明報》編採部的報道是很堅實牢靠的。有幾位同事真是高手，他們的新聞觸覺很好。

梁：有哪幾位？

馮：那時的採訪主任叫張續良，後來升為老總，還有陳非；陳銅民則編副刊，樂於寫稿。簡而清、倪匡也在。採訪部有位「松哥」，他們幾位記者非常願意跑新聞，不管時間早晚、地方遠近。在逃亡潮時，他們真的爬到梧桐山上。當時的記者人人都很興奮，每次回報館都會嚷嚷今天拍到甚麼照片、又碰上甚麼事件。查先生有個優點，他不會干預新聞編採，但對圖片很有意見，常跟編輯選照片，會用粵語和國語說：「這個好、這個好。」

梁：當時韓中旋在《明報》？

馮：他編港聞，是高手。韓中旋寫馬經賽後評，寫得很生猛，像「咔嚓」一聲，哪個領先，哪個殿後，如何追趕，十分生動。他離開後才由我接手寫。

梁：他是否因一九六六年瑪嘉烈公主訪港時的「御妹」標題而離開？

馮：應該就是「打砲廿一響，送御妹過海」一事。他喝了兩杯後，文思就比較豪放，雖然他是樣貌儒雅的書生型文人。他寫得一手好字，寫宋徽宗那種瘦金體，非常出眾。有時《明報》刊印標題，因沒有相應大小的活字，韓先生就會用筆墨去寫。

梁：查先生是否受港府壓力而逼走韓中旋？

馮：我沒親眼目睹兩人的交談，但韓中旋離開時，查先生好像眼泛淚光，應該是受政府的壓力，不得不收拾這「爛攤子」。此外，畫「牛仔漫畫」的王司馬也受到警告。因為他漫畫內出現了一句對白：「叫家祥你去哪？」這只是口頭禪或俗語罷了。結果有一位高官叫「X家祥」，好像是徐家祥，竟然為此告他一狀。大概是因為華民政務司的緣故，他們是負責管轄中文報紙的機構。當年登記一份報紙要先交一萬元登記費，現在取消了。報紙由它直接管理，它同時管報紙跟墳場，權力很大，如今不同，由另一部門負責。

梁：還是民政署負責吧？

馮：報刊註冊處負責，具體組織結構就不知道了。

梁：再說《明報》，根據你的了解，《明報》是份怎樣的報紙？

馮：逃亡潮時，《明報》擺出了中立的姿態，說公道話，社評也很求真務實。查先生非常用心寫。他寫稿會咬破原子筆，滿嘴都是藍色墨水。同事都說他審稿審好幾次，很嚴謹。《明報》嚴肅反映香港人的真實心聲，自然受到讀者歡迎，銷路逐日大增。當時有幾位名作家，如董千里、三蘇。三蘇走後，哈公（許國）接替。查先生是外省人，三蘇怎麼說也是廣東人，但查先生見到好的文章，他會用的。一直按照這個思路來經營，後來《明報》的小說出色，新聞立場也處理得好。《明報》初期的內容有點葷腥，那方面的味道比較重。到了銷量增加時，查先生有一天忽然頒佈命令：所有情色相關的內容每段不得超過兩格。

梁：是哪個年代？是不是文革開始之後？

馮：就是文革開始之後，發財後立品，將副刊的有味小說慢慢淘汰更換，把色情、非禮新聞比例降低。在變成知識分子報的過程中有很大犧牲，因為沒了這些內容銷量很可能會降低。但是後來很奇怪，銷量不跌反升。據我所知，其他報紙銷路下跌時，總有人命令：「加點鹹味進去。」非常多這種例子，這是很現實的考慮，因為香港以前沒有多少這類東西。

梁：《明報》待遇好不好？

馮：並不好。

梁：為何？《明報》不是高薪請吳靄儀當督印人嗎？

馮：唉，高薪請督印人當然另有目的。吳靄儀是不是他請的我不知道，我在的時候沒聽說，後來我離開了。作為老闆，查先生是很節儉的，說得好聽是節儉，難聽點便是吝嗇，應該花錢時，不大情願。另一位老闆沈寶新則比較大方，他是做印刷生意的，生意人投資會「好天搵埋落雨柴」，因為報紙有盛衰期，像馬季結束銷量就會下跌，他沒理由不未雨綢繆。

梁：賽馬歇暑時，你會編甚麼？

馮：還是有很多事要做的，譬如寫稿、編寫欄目、為其他編輯代班，類似於「通天編輯」那種職務。我在《明報》負責單行本的編輯審議工作，那時還沒有「明窗」，我們興之所至就編本《野馬》。不過《野馬》還是另有專人管理的，後來又創辦了《明報月刊》。

梁：噢，結果《野馬》就沒有了？

馮：沒有了，大概是銷路不好。

梁：《野馬》是有關歷史小說的雜誌吧？

馮：甚麼都有，功夫、拳擊、武俠、其他獵奇故事，像《藍皮書》一樣。初期的編輯是倪匡，後來由王世瑜接手。

梁：《明月》出版後《野馬》停刊。《明月》好像是一九六六、一九六七年才創刊的。

馮：我在《明報》工作時間不長，一兩年後就在外成立自己的事業。那時查先生跟別人打筆仗，十分不開心，叫在《野馬》工作的王世瑜另辦報章。那時我已離開，王世瑜找我幫查先生辦報紙。那時辦報紙倒是很容易，付一萬元登記，再增設字房即可，於是創辦了《華人夜報》。

梁：是查先生夫人朱玫打理嗎？

馮：王世瑜是主力，她掛名。親國民黨的《真報》創辦人陸海安，與查先生的論調針鋒相對。他覺得不是滋味，就辦了一張《華人夜報》，跟對方硬碰。

梁：《真報》是中午發行的，不是早報。

馮：中午出刊，大家就這樣打打筆戰，但只維持了很短的時間。《華人夜報》起初銷路也還可以，能賣一兩萬份，王世瑜離職不再辦《華人夜報》後，心裏不暢快，乾脆在外面再找金主，拉攏《新報》的羅斌先生。當時我還未去《新報》。如此這般，羅斌就讓王世瑜辦了一份《新夜報》，因為查先生那份叫《華人夜報》，都是「夜報」。

梁：還是文革期間？

馮：已經過了。我自從離開《明報》後，四處寫稿，稿還挺受歡迎。寫的是新聞故事，有點附會，但不算杜撰，因為要有源頭才能寫。那時我喜歡飲酒，每晚四、五點歡樂時光，就去灣仔、尖沙咀等地，慢慢打聽到一些江湖傳聞、警察部軼事，意識到可以一寫，就甚麼都寫，叫「新聞鼻」，相當受歡迎。

梁：在《華人夜報》寫嗎？

馮：對，寫了較短一段時間。

梁：接着就到別處寫？

馮：有人認為我寫得挺好，千方百計找我寫稿，那人就是《姊妹》的創辦人張維先生。張先生原在台灣讀土木工程，回港後未能有所作為，他父親是做發行的，鶴鳴圖書公司，近水樓台，出版雜誌是順理成章的事。他大概不懂編務，寫信請我跟他見面，多尷尬，見面情形我已記不清，總之就認識了他。一見面馬上給我一、兩千元。當時的一、兩千可不是小數目，奇怪，為何給我錢？我和他素不相識，原來是要我幫他籌備創辦雜誌，找些資料性的書刊。我將兩千元分一半給王世瑜，稱兄道弟，希望與他分工合作，誰料他沒下文。於是我花些錢買了幾本書，如英文雜誌《Penthouse》（《閣樓》）和《Mayfair》作參考。這些書滿街都是，但張先生並不介意。後來出版了第一本刊物，是以剛去世的樂蒂為題材的《樂蒂紀念畫冊》（樂蒂於一九六八年底自殺）。那是我第一本幫鶴鳴出版的書。

張先生覺得我編得不錯，與我成為朋友，經常喝茶吃飯，跟我到處逛書局。一天我們經過美麗華，我說舊老闆的夫人丁倩在那裏唱歌。我們走進金巴利道，發現智源書局不知何時搬到了那裏，乾脆上去看看，進去隨便翻出幾本雜誌，有一本叫做《姉妹》。我問他這是甚麼字，他說：「『姉』不就是『姊』嘛。」我恍然大悟，兩人商量說：「不如我們也辦本《姊妹》吧。」香港《姊妹》雜誌就是這樣誕生的。我們去美麗華酒店樓下咖啡店內熱烈商討，認為雜誌內容可以模仿《non-no》等刊物，又討論如何找模特、如何進行封面設計，說得天花亂墜。張先生聽了居然覺得十分受用，忙不迭地催我趕緊開工。草創時期，只有我一人，再找來「飛仔華」（鄭炳華），他不久前剛過世。當時無人可用，只能叫他幫我跑腿買各種書，又找來曾畫漫畫的崔成安當攝影，還有《婦女與家庭》的編輯周南。我不認識他，多虧一位攝影記者介紹。老實說，我會寫，但不太懂編務。於是讓崔成安負責畫版、貼稿，他很不錯，黃明負責攝影畫版，四人孕育出《姊妹》，一紙風行，非常成功。第一期出一萬份，第二期之後升至兩三萬份，很受年輕人歡迎。

梁：那時應該是一九六九年吧？

馮：一九六九年左右。為甚麼我們會成功呢？關鍵是出版人的頭腦。當時書刊如《婦女與家庭》，多用十六開本，張老闆實在了不起，真是做生意的人，他認為以這種尺寸出版，刊物變薄，成本很高。索性將刊物再摺一半，六十四版就變成一百二十八版了，讀者顯然就會覺得刊物纖厚。

確實是這樣。當時我還迷迷糊糊，不知道怎麼算，張生很厲害，拿出紙張摺來摺去展示開本尺寸，信手摺出三十二開，較原本的二十四開更省紙。

梁：之後怎麼辦？通常創刊時都很艱苦的。

馮：只能四處去找，那時連排字房都沒有。只能在黃頁分類上找排字的地方，去紅磡挨家挨戶找印刷廠、排字房、製版房，最後在紅磡差館里附近找到問製版房，在那裏遇見後來成為香港小姐的孫泳恩，那年她在做電子版書刊。

梁：第一屆港姐冠軍？

馮：她當時未選港姐，還是一臉青春痘，在紅磡差館里附近的金冠印刷廠。我們也不認識，只是到那裏上門尋求合作，《姊妹》就這樣慢慢辦起來。

梁：那時售價多少？

馮：好像是一塊錢，十分便宜，一紙風行，越賣越好後加價至一塊半。因為張維是從台灣回流的，他將《姊妹》帶去台灣，再到星馬，三地總銷售量達十六萬份。

我做了九年，還出版過不少刊物，比如《武俠春秋》，認識了古龍，那是七十年代。那時，《明報》出版《武俠與歷史》，羅斌出版《武俠世界》，《藍皮書》也是羅斌的。我認識羅斌是因為曾在《新夜報》工作，我忘記提《新夜報》這段時間了。後來我在《姊妹》的時候也有幫《新夜報》的忙。我離開《明報》後創立了《雅仕》、《姊妹》、《電影小說畫報》、《摩登家庭》、《武俠春秋》……

梁：先創辦《星夜報》嗎？

馮：不，先辦《姊妹》。回想起來在《姊妹》那段時間有點浪費青春，因為太容易成功，做了很多暢銷書。

梁：所以你賺了很多錢？

馮：說到錢就悽慘了，那時我喜歡賽馬，會賭兩把，沒有理財觀念，因為容易，只要沒錢，辦本雜誌、特刊就又能賺回來一些，很投機。那時整天就知道打麻將，我自己又不會賭，到頭來把時間和錢浪費掉。後來想想這樣實在不行，我二十九歲了，還是傻乎乎的。一九六九年的時候我開始反思，《姊妹》賺錢，《姊妹日報》卻虧本，虧的比《姊妹》賺的還多，因此我的收入大打折扣，和其他書的收益綁到一塊也沒有錢賺。至於辦《新夜報》，則是我跟王世瑜兼職。一年半載之後跟他產生一些誤會。我不喜歡他那時的作風，因為他喝起酒來不要命，喝至胃出血，事情全留給我做。那時的報章很容易成功，標題比較譁眾取寵，比如「肉彈迎接查理斯王子」。別人都說我腦子壞了，王子怎會接見這些小明星、小人物？有可能接近王子嗎？我說當然不會接見，那也必須要去，以「肉彈」特有的方式表示「恭迎」。王子接見「肉彈」與否，都可以成為新聞！這時業界的人才開始明白，新聞本來就是可以「製造」的。

《姊妹》

梁：那是羅斌的《新夜報》？

馮：對，做了一年多。我在《新夜報》的工作是兼職，只因為王世瑜專門負責，我才過來。我跟王世瑜是南華中學同學，同學關係常有細碎口角，因為大家知根知柢，關係真誠，相互間也沒甚麼隱瞞，後來因意見不合才各自發展。他繼續掌管他的《新夜報》，我離開之後，《明報》的潘粵生找我，因為他哥哥剛離開《大公報》，沒事幹，想辦一份報紙。

梁：他哥哥叫甚麼名字？

馮：潘思勉，即「飛仔華」（鄭炳華）的姐夫。他說要創辦一份報紙，潘粵生也央求我幫忙，說我既然離開了《新夜報》，給他辦一份類似的報刊即可。我在《姊妹》負責很多本書，分身不暇，再三推辭。在他不斷游說之下，只得答應。每晚抽出三個小時編報，結果辦出一份《好彩日報》。

我創辦很多報紙，《新民報》我有參與；《今報》是我一手一腳辦出來的；《華人夜報》我在幕後參與策劃；《新夜報》的內容制定我也有出謀劃策。王世瑜喝到胃出血、住院兩三個月，我代他看着，銷量從兩、三萬升至七、八萬，王世瑜出院後一看，非常驚訝。他自然要跟老闆領功，我也不介意，因為我只是代班。所以當潘粵生要我幫他兄長辦《好彩日報》，我覺得問題不大，就每天幫他幾個小時。不過我水平有限，三小時也幫不到他甚麼。只是做港聞版編輯，當時我對港聞稿件運用得揮灑自如，排版的各要素嫻熟於心，很容易編成滿滿一版港聞，一版稿絕不會超過兩百字，不多不少。那時沒有輔助尺、版樣，甚麼都沒有，我就找張報紙，這裏那裏寫寫畫畫，畫好版位設計，交給字房。隔壁字房的人也來回跑，每隔一會就來看我怎麼做，然後再回字房修改。我每晚九點才過去，做短短兩、三個小時。當時我幾乎沒有心思辦這張報紙，因為我小孩在那時出生，不得不為生計奔馳，自己事務繁多，被日程壓迫得十分辛苦。所以報紙辦得不成功，《好彩日報》幾個月時間便壽終正寢。那時有篇小說很精彩，小潘（粵生）寫的，「四人夜話」的前身「四朵金花」，寫得很好，寫四大美人的故事，時而葷腥時而寡淡，又有懸疑、神鬼等佐料，實在不錯。後來小潘才在《明報》寫「四人夜話」，因為他發現自己擅長寫作，這才開始連載。我人生中的又一則故事至此告一段落了。我的職業生涯浮浮沉沉，根本賺不到甚麼錢，可以說是沒錢，所賺的錢，不知為何又全部用掉。我不會去做買樓那類事情，只知道哪匹馬可以一買。直到某天，王世瑜跟《新夜報》翻臉，出來另創《今夜報》，我本來沒有理會他，但他犯了一個大錯，將我的舊稿拿去重新用，這說不通，那些稿是屬於我的。本來羅斌承諾幫我出版單行本，但我的文稿剪存不足難以成書，要求十萬字，我只能收集到五、六萬。當時我們環球出版社有本叫《奇案實錄》的暢銷書，羅斌估計我的「新聞鼻」也能暢銷，鼓勵我集齊文章出書，結果《今夜報》竟然將這些稿件刊登出來，我怎能不生氣呢？想了想這樣不行，於是我打電話給潘思勉，問他已結業的《好彩日報》字房是否仍在。他說字房還在，沒人要，問我要不要，可以賣給我。我說我先過去看看。他說他們要退租了。我便跟他說暫時不要退，結果留住了一個排字房。《好彩日報》結業了，但是字房、辦公桌還在，設備齊全。我想辦法找發行商資助，先借點錢，我手頭也有點資金，薪金和稿費開支算下來首月營運應該沒問題。因為一個人的薪金才幾百元，而當時有數千、近萬元資金，足夠有餘。決定開辦之後，有人問我怎樣籌備。我回答用不着籌備，也不用試版，全都是我做的，繼續做就行了。但排字房還缺人，連忙把原先的四、五個人找回來。

梁：新報紙叫甚麼名字？

馮：《星夜報》，針對《今夜報》。

梁：你是老闆？

馮：我是其中一位老闆，因為要尊重借錢給我們的金主吳漢記。那時吳漢記有些甚麼文書都會找我幫忙寫，打電話來請我去喝茶，接着就要我幫他們寫封信去市政局求情，不要取消他們小販的牌照，過年過節甚至派紅包給我。報販會主席殷發泉頗為闊綽，一封利是給一百元。然後主席和副主席就在吳漢記開枱飲茶，說是報販聯誼會。有了這種關係，好處是可以向他們借錢來辦報，借了數萬元，還可用他們的名義去致生紙行賒借紙張。他們會說《星夜報》如不付賬，由他們負責。紙行信他們，不會信我們，這樣一來我又結識了致生紙行的人，所以後期順勢而上，欠了致生紙行的錢也沒問題。《星夜報》創辦初期，報頭的「星」是我手寫的。「夜」和「報」字從字典中找出來，但「星」字找不到，索性自己寫了一個，所以這個「星」字變得很獨特。

那時，我們徹夜趕工，將舊稿排好，知道王世瑜今天刊登哪篇，就搶在他之前將我原來的稿件全部刊出，有時一天刊出上、中、下篇，變成很長一段，一天應刊登一千字結果刊登三千字，副刊則找來《姊妹》的三、四位供稿人幫忙，沒多久也從《東方日報》拉了尹志偉過來，另有數人也都來了，一個月後才開始招聘。創辦那一個月非常辛苦，全都是我自己一人撐着。

梁：你那時離開《姊妹》了？

馮：還在《姊妹》。張維問我能否算上他一份。我說：「不要吧！你過來我也沒空，你肯定又找我不知道做甚麼。」結果他每晚過來找我下棋，之後又找了潘思勉陪他下棋。他是一位「大悶人」，但在數字方面是天才，甚至打麻將他連你抽屜剩多少錢也說得出，真是精打細算。

梁：這份報紙辦了多久？

馮：剛出版時還好，創刊第一日銷量已達三萬。當時是七十年代初，後來一直縮至一萬多份，李小龍逝世那一期，更要加價。加價就更慘了，報紙基本上賣不去，王世瑜又向我們施加一些壓力，說不允許我們做這樣那樣。但是我們在這麼困難的階段，越辦越興奮。《姊妹》賺錢，《姊妹日報》卻蝕本，我要同時兼顧《姊妹日報》與《星夜報》，根本難以分身。所以《姊妹》只得另請高明了，找來了關文鎮、譚月嫦、《天天日報》的李啟煥，幫我處理《姊妹日報》的事務，我自己處理《星夜報》，之後「淡出」姊妹出版機構。沒多久，張維開始辦電話線業務，發了財。他的三泰公司還上了市，後來賣了給李明治。《星夜報》辦了九年，有賺錢，真的可說是我的「第一桶金」，將近一百萬元，當年算是大數目，我自己大概存下幾萬。本來我們要買一台印刷機，我跟潘先生談不攏，無疾而終。我決定另外創辦《太陽報》，不是《東方》旗下的那份，是七十年代末，做了一年多，一敗塗地，還欠了一屁股債。

梁：《太陽報》用甚麼作招徠？

馮：還是用《星夜報》的模式，基本沒甚麼創意，沒甚麼新鮮感，想着以前那套模式肯定可行，以副刊、馬經為賣點，因為以前那幾份都很成功。王世瑜那份也成功，《今夜報》、《星夜報》銷路都不錯，每天能賣三四萬紙。這可是半力取勝，疏懶的時候也能取得成績。《新夜報》本來還算過得去，能立足報界，結果我們離開後，銷量一下子跌得面目全非，《星夜報》的銷量也同樣跌進悽慘的境地。我獨自辦的《太陽報》也還是經營不下去。我免費派發，贈送了三個月，這才輸光了我的錢，免費送都沒有人要。

梁：內容是否以副刊為主？

馮：還是副刊，馬經、色情那些。類似的東西太多了，副刊的生意好做，就有很多其他小報來搶市場，各出奇謀。那時的「夜報」僅僅在名義上是夜報，其實都是日報，白天出版。那時的報販傍晚五、六點就要收工了，一早起來，怎能做得了那麼久？收工導致報紙售賣時間變短，夜報就沒有人做。所以我們做的所謂「夜報」都是日報、午報。辦《新夜報》時真的是「夜報」，我們早上七時上班，趕及午報出版時間。那時還有一份《新聞夜報》，刊本地新聞和馬經。起初是因為它在馬票開彩時很暢銷，我們才知道這份《新聞夜報》的存在。那時很流行對馬票號碼，在一九六零年左右，五十年代末，後期沒馬票，流行別樣東西。後來沒事做，回去《新報》，已是第二次加入。第一次進《新夜報》，第二次進《新報》。因為《太陽報》真是輸得一敗塗地，我負債纍纍，欠致生紙行的錢。還有一位報界前輩羅治平，是幫我印刷的老闆，我欠他印費，欠債一個月後還是還不起，於是停印。朋友是朋友，債是債，欠太多錢我也不好意思，只好收手，債就先欠着這麼多。但羅治平很有義氣，他跟我說，他知道做報紙很辛苦，那些印費就不用計較了。到現在我還欠他一個人情。

梁：他去世了？

馮：去世很久了。他當時收我很少錢，一天幾百元。《太陽報》辦得很差的時候，我碰見鍾仔（鍾錦江）。他勸我賣給黃玉郎，我問他黃玉郎是誰，因為我從來不看漫畫書。他說黃玉郎正是畫《小流氓》的畫家。正想答應鍾先生的時候，在小巴上遇見羅斌先生。他跟我寒暄數句，問我那份報紙辦得怎樣，我說已經結業了，他便叫我到他那邊去幫忙，於是我就去了。他跟我說某君實在不能勝任，讓我接替那人並當他的助理，也就是做編輯。我去了大半年，銷量增加了兩、三萬。因為我增加了新穎的版面，加點「鹽花」，男腔女調，行得通，很受歡迎。有幾版這樣的內容還是不錯的，將古今中外古靈精怪的東西弄成一版，很受讀者追捧，打得《成報》膽戰心驚，也超越了《明報》的銷量。

那時沒有甚麼其他報紙，《新報》、《明報》、《成報》、《快報》，這些「兩字報紙」幾乎霸佔了整個市場。《星島》、《華僑》、《工商》，這些「老大帝國」一直沒落。我們四張報紙競爭得十分激烈，大家也互相尊重、各顧各的，其實很多時候四報的採訪部是互通的，像新聞圖片都是你給我、我給你的，禮尚往來。因為大家共同佔據市場，所以也是很開心的日子。

梁：那時《新報》有多少人手？

馮：人數開始增加了，報紙出紙接近十張，廣告多，編輯部大概有六、七十人。

梁：工資有變高嗎？

馮：還是不高，我沒有聽說哪份報紙的工資是高的。後來《東方》才提高了薪水，《蘋果》也提高了。

梁：那已是一九九五年的事了。其實，在一九九零年《壹周刊》的時候，已經開始提高。

馮：對。去玉郎那邊也是因為薪水高。《新報》在我去的時候賣八萬多紙，一年多時間做到十三萬。那時有少許成績自然有人找你，這就認識了黃玉郎，因為我的朋友鍾先生認識他，兩人常來找我談天。

梁：當時鍾先生幫黃玉郎做事？

馮：是的，幫他處理策劃工作，因為黃玉郎也想在出版業大展拳腳。他當時只是在畫漫畫，但雄心壯志想做傳媒大亨。

梁：《新報》在八十年代上市了？

馮：我離開後的事了。那時《新報》銷路大升，醞釀要上市，羅斌女婿錢國忠負責處理上市事務。當時有《新知》等刊物，整個集團出版很多書籍，報紙銷量又好，更自置工廠大廈，買下相鄰地段，一直建設擴展。《明報》在那時期也很受歡迎，跟《新報》的銷量並駕齊驅，經常是十萬八萬份上下。另外最出類拔萃的報紙是《東方》和《成報》，十多萬份，穩坐第一、二寶座。

梁：《星島晚報》八十年代也很厲害，但後來沒落了。

馮：我沒有跟《星島》相關的經歷，不太清楚詳情。這些報紙是我親身經歷的。

梁：所以你在當《新報》總編和社長助理時，藉着鍾先生的關係認識了黃玉郎，然後在八十年代初跳槽過去？

馮：他也確實是重金禮聘邀請我。工資比《新報》高，而且肯讓我「融資」，即讓我能借錢清理舊債。我便過去工作，起初開辦《香港日報》，後來創辦一系列刊物，也是辛苦的。

梁：當時他給你多少錢？

馮：十萬元再加分紅，還可以預支和借錢。黃玉郎真的可以說是我的一位恩人，因為我不會理財，他也找我。我之前沒有做出甚麼成績，只有《姊妹》雜誌較成功，辦的報紙有的成功有的失敗，沒有甚麼大不了，《太陽報》也虧得一敗塗地，所以才想着給人打工。

梁：黃玉郎以分工的形式，出版了很多套漫畫書，一紙風行，但其實除了漫畫，黃玉郎也辦過財經報紙等等，為何那些全都不成功？

馮：我剛去玉郎時，他要我辦全港第一份彩色報章。

梁：但《天天》不是早已成為第一份全彩色報紙了嗎？

馮：不是《天天》，我百分之百肯定，《天天》的所謂「彩色」只是報頭的顏色罷了，其他地方都不是彩色的，即使頭版也沒有全彩。因為當時香港沒有人掌握分色技術，那時的分色技術比較難，要找個色盤搖來搖去才能出顏色。

梁：已經是一九七三、七四年的事了？

馮：是的，那時搖來搖去要差不多一小時才有一張圖片，找十個工人來做都很花時間，況且根本沒理由請十個工人來分色。結果我們辦香港第一份彩色日報，社址在鰂魚涌華蘭路，報名為《香港日報》。

這裏也有一段軼事，我們原本打算將英文名定為《Hong Kong Morning Post》，誰知《South China Morning Post》（《南華早報》）竟然寄了封信過來，說我們不能使用「Morning Post」。據我所知，這並不是甚麼大不了的事，「Morning Post」這個名字應該沒辦法註冊的，任何報紙都可以使用，說明早上出版而已。但黃玉郎說息事寧人算了，以免一創刊又和別人打官司。但我有我的經驗。以前有本書叫《讀者文摘》，而我在張維年代出了一本《中文文摘》，樣子看上去差不多。結果《讀者文摘》又送了一封律師信過來，我們就和對方打了三年官司，結果不了了之。為甚麼不了了之？因為我們的《中文文摘》倒閉了，賺不到錢。始終沒鬧上法庭，只是書信來往。一個「Digest」有甚麼好註冊的？樣子相似的問題一時半刻也糾纏不清。黃玉郎是生意人，說不要再節外生枝了，改個名字是很容易的事，乾脆直譯成《Hong Kong Yat Po》，然後就開始大張旗鼓四處請人，請到不少人。

梁：你們找到誰來做老總？是不是張寬義？

馮：不，張寬義是後期《金融時報》時才來的。我們的時任老總是尹志偉。尹志偉原先在《星夜報》幫我忙，我找他過來。其實我是幕後策劃人，因為我不喜歡當老總，不想做那種有頭銜的門面人物，只喜歡在幕後搞東搞西。這樣做了沒多久，發現不行。那時《香港日報》跟錢國忠合作，他是瑞典歐化公司創始人，和我們辦報辦了一段時間。因為我們是彩印的日報，這才被害慘。創刊期的某天晚上，正好碰上九龍某處火災，熊熊火光拍出了搶眼的照片，我想着用作頭條彩印最好不過，肯定搶盡風頭。我們發售時的宣傳標語是「全港第一份彩色日報」。《天天》不算彩色日報，韋基舜也說自己那份不是，只是報頭彩色而已，後期才換全彩。當時我們想，副刊也可以是彩色，因為可以晚上印刷。本來計劃得很好，孰料當日的新聞照片回到報館大約是十點多，交至剪裁組選圖已是十一點多，還要趕着起題目、確定排版的位置和大小。而且彩色印刷還要做一份鋅片，麻煩極了。色盤搖來搖去，直到凌晨三點還沒有弄出一張圖片，看得我幾乎要哭出來。後面還有印刷等等那麼多道工序！只好硬着頭皮，怎樣也要印出來。第一天出版的時間已是早上七點，都是我們用自己的印刷機印的。因為要等到鋅板才能開機，印刷師傅左等右等，吵吵鬧鬧，開機趕印時又做得筋疲力竭。就這樣持續了幾個月，結果這份日報的「彩色」只是在副刊內加兩張彩色圖片應付了事。真的很辛苦，因為器材跟不上。那時我們還自鳴得意地寫過社評，說做報紙要三材俱備才行，「人才、錢財、器材」，到頭來發現我們自己「三材」缺了「兩材」。

梁：最後辦了多久？

馮：半年左右。我的出版生涯再次滑鐵盧，《香港日報》也不行了。黃玉郎先生倒沒有叫我離開，可能是我欠他錢，他不知如何算這筆賬。他說：「不要緊，一事不成可以另起爐灶。」他說我的長處是辦雜誌，我說只是嘗試罷了，自己不是專家。於是又辦了一本《清新》，創刊後有个錯的廣告收入。當時公司架構改變，劃分部門，一本漫畫書變成兩三本，接着出了一份《漫畫日報》，還有《玉郎漫畫》，各有盈利。黃先生重拾信心，又訂了一批機器回來。確實是要拓展業務了，我就硬着頭皮辦《清新》。當時類似的刊物只有一本《明報周刊》，還有一份《香港周刊》，後來又有《翡翠》，一直演變。

梁：《清新》已經是第三本了嗎？

馮：最初他自己辦一本《玉郎電視》雜誌，但是我過去之後就建議他對內容進行微調，比如明星不要太舊，要盡量緊跟潮流，哪些成為熱點的名人應放在頭版等等。做着做着《玉郎電視》銷量大升，《清新》也辦得不錯，乘勢又弄一本《求知》，成績也不俗。結果我們買下「和路迪士尼」的版權辦一本雜誌，在原先的內容中加進一些中國典故、成語故事，再次大賣，有很多校內訂戶，一萬幾千份。我們跟「和路迪士尼」簽了幾年合約，它本身是一份銷量正在下跌的刊物，我們可以將米奇老鼠系列辦到賺錢。當時的代理人是一位馮姓的小姐，她說：「你們還真有能耐。」我們請了一位兒童心理學家，那人真的有一套，加入不少我們覺得不好看的內容，小朋友卻喜歡看，好生奇怪，訂戶不斷增加。直至迪士尼香港代理大幅增加我們的版權費用，我們才被迫放手。施養德接手去辦，弄得一敗塗地，他少了我們那位兒童心理專家，所以失敗了。我們又辦了《青春》，也能賺錢，把《求知》和獵奇書之類零零碎碎的東西加起來，賬面上竟然發現賺得不少，一年盈利幾千萬。於是要上市了。起初有人懷疑玉郎單靠那些漫畫能否上市，因為還沒有過這樣上市的公司，我們回應：「大富豪夜總會都能上市，為甚麼我們不能上市？」所以梁伯韜等專家幫我們籌備一番，成功上市。

梁：上市之前還是之後辦的《金融日報》？

馮：上市前辦《金融日報》，那時又有一股小風潮，股市跌幅很大。好像是八十年代早期，當時戴卓爾夫人剛訪問完中國。

梁：你找來張寬義做老總對嗎？

馮：最初他不是做老總，張寬義是我們心目中的老總。但張先生可能因為事忙，基本上沒做甚麼，只是空口說白話。結果我們千方百計找來黃陽烈，黃陽午的哥哥。

梁：黃陽烈原本是在《經濟》的。

馮：對，黃陽烈、張劍虹、左少珍，全部過來幫忙，都是很厲害的人，還有凌冠華和張寬義，但最終卻不歡而散。

梁：是否已經出版了一段時間？

馮：有給他們發薪水的，我們轉用電腦排版，又辦了一段時間。虧損很多，股市也崩潰。出版的時候，又再一次被人告。

梁：被《金融時報》告嗎？

馮：是的，《Hong Kong Financial News》，我們創刊時就叫《金融時報》，我的名片寫的也是《金融時報》。那時社長是金堯如，他是《文匯報》的前總編，離開《文匯報》後過來。

梁：他怎麼會和黃玉郎合作？

馮：金堯如和新華社的人關係很好，還和「鍾仔」的父親鍾平是好朋友，因為鍾平的關係，我們才能拉到金堯如過來。黃玉郎見機構能賺到錢，覺得需要打通一下「任督二脈」，可以有新嘗試，於是很闊綽地給他配車，請他當社長。他老人家做不了甚麼，黃玉郎又找我「捱義氣」，他說「你去當副社長」，我就去了。我估計金堯如這麼長時間只回過報館兩次，每次回來都喝得醉醺醺，不過社務我們也有人處理。《金融時報》又是生不逢時，沒想到遇上金融風暴。

梁：經營了多久？

馮：可能只有半年，不過籌備都籌備了半年時間，發工資發了十幾個月，張寬義在的時候開始發工資的。指望張寬義做，他不做，金堯如快八十歲了也做不來。

梁：所以黃陽烈做？

馮：黃陽烈是後期找回來的。我去《明報晚報》搜羅人才，當時很多人離開那裏。

梁：《明報》也有意出一份財經晚報。

馮：當時《明報》幾乎沒有負責財經的人，因為全都被我們挖走了。這幫人十分優秀，黃陽烈呢，他文筆很好，但是非常慢。辦報要快，速度很要緊，我們是做習慣了，速度很快，一下子做出很多東西，但是像他那樣難以交貨，我就去追問他。起初我十分客氣，認為他是一位學者，是有學問的人。但是這樣下去實在不是辦法，就跟他說有必要提升一下速度，他每次嘴上都說好，結果過了一個月不行，過了兩個月還是不行。這就沒有商量的餘地了，我全盤接管，全部電腦化，我不懂電腦，因此不計成本請人在限期內完成，結果才把這份報紙趕了出來。我們讓黃陽烈負責寫社評，要不就管副刊，老總還是他，薪酬不減。凌冠華當採訪主任，左少珍當高級記者，張劍虹當副採訪主任，一切安排妥當。一直運作，還有幾位我不記得名字了。

梁：後來他們是不是都去了初創的《經濟日報》？《金融》運營不佳他們就離開了？

馮：《經濟》來挖我們的人，因為我們倒閉了，不是他們要回去，是我們不再辦下去。那天我宣佈停業時，差點哭出來。

梁：但《經濟日報》好像是一九八八年才創刊的。

馮：他們聘請了我們的班底，那個時代我不是記得很清楚，總之這班人都很優秀。

梁：隨後呢？

馮：我很不開心，那些設備也不知道怎麼處理，大家也好像覺得了無生趣，黯然神傷。結果在翻過這一頁之後，我們又有新猷了。因為金堯如的關係，他給我們牽線搭橋，居然把《天天日報》買了下來。

梁：是玉郎買下了《天天日報》？

馮：是的。

梁：那時《天天》是何世柱名下的。

馮：何世柱暗中買下了《天天》。何世柱也是個厲害的人，買了之後，仍辦得不錯。從韋邦（韋建邦）那裏接手，韋邦另辦一份《今天日報》，具體內情真的十分複雜。我們買下《天天日報》，當時何世柱賣了《天天日報》七成股權出來，作價以億計。但是價值僅僅在於《天天日報》四個字。買下來後，我們不斷改革，銷量從幾萬升至三十幾萬，比任何報紙都多，只是維持時間很短。

梁：當時的鹽花，也就是情色內容很多吧？

馮：是的，鹽花很多。有一段時間確實是這樣。《新報》是學《天天》和《東方》的，三份都是比較有味的報紙，銷路也各有千秋。我在《天天》做了好一段時間，集團也已經是上市公司，如果不上市自然也不會有錢買《天天》。繼而又買下新聞大廈，那是最輝煌的日子。至於後來怎麼沒落，我也不清楚。

梁：你離開了？

馮：我很遲才走，也差不多做了九年。
梁：在黃玉郎的機構和《天天》做了九年？
馮：我在《天天》時居於幕後，屬於策劃之類。
梁：我記得當時你找了關悅強出面是吧？
馮：他是後來錢國忠時期的。因為我在的時候，報紙方針與內容全都由我制定，談甚麼都要我去談，鍾先生和我一起負責，一人對外一人對內，內容也是我們釐定的。我開會要麼去北角工業中心，要麼去玉郎大廈。當時希爾頓酒店還未結業，一聲號召，晚上都去那裏開會聊天，就是現在長江集團中心的地方。
梁：當時那裏有「Cat Street」，也就是「貓街」，有咖啡廳。
馮：總之在那邊，我們拉上幾位老總一起去，包括張維德，那時他也進來了，原先是在《新報》的。
梁：張維德不是《快報》的嗎？
馮：他在《成報》、《新報》，再去《快報》，之後是《天天》，最後去了《東方》。這一行來來去去都是這群人。《天天》一直運作，其後不知道老闆那邊是怎麼做生意的，弄得一塌糊塗，大好江山就這樣葬送了。
梁：玉郎先生也惹上了官司。
馮：說句不好聽，樹倒猢猻散，人事變動很大。
梁：當時是不是韋邦也在？
馮：沒有。玉郎最後由胡仙接手，那些事我就不知道了，因為我不在場。
梁：你就回《新報》了？
馮：還沒，我自己出來另辦《玲瓏》雜誌，辦了較短的一段時間。

梁：內容是甚麼？

馮：婦女雜誌，因為曾經在這方面成功，《姊妹》、《青春》、《清新》都成功了，是賺大錢的刊物，一年賺幾千萬。銷路數以十萬計，很輝煌，很多明星都跟我説能否讓他們上個封面。

梁：《玲瓏》辦了多久？

馮：真的很倒楣，籌備了兩三個月，辦了兩期。

梁：為甚麼？

馮：因為裝訂全部弄錯了，變成上下顛倒，真是糟糕！鍾先生去收廣告費，根本收不到錢，才發現裏面有一部分內容訂反了。後來好像還啟發了某本雜誌故意反過來裝訂，從這邊翻起正着看，從另一邊翻起就反過來看，中英文版本，這邊中文，那邊英文。我們只做了很短一段時間。

《玲瓏》

梁：所以你又虧了一些錢。

馮：虧了錢，我們辦《玲瓏》、《兒童俱樂部》、《藏春閣》，又熬了一段時間。那時是我自己經營的，自己作主，可以自由安排日程，空閒時間很多，跟楊先生（楊受成）和一些朋友打打球、聊聊天、四處遊玩，以為自己賺到一些錢，就可以過得安樂一點。其實一點也不安樂，錢是能賺到一點。

梁：那時是九十年代。

馮：踏入九十年代，那時期的成人雜誌很多⋯⋯

梁：《藏春閣》那時銷量應該不錯吧？《龍虎豹》也風靡一時。

馮：銷量沒有《龍虎豹》好，那時還有《Penthouse》、《花花公子》、《老爺車》，所以不太好賺，一般而已。

梁：做了這份雜誌多久才不幹？

馮：倒是做了很長時間，有十年、八年，這份雜誌不是很賺錢，但也沒蝕本。快結業時還可以十萬元賣出。其他人接手後還有若干銷路，一直辦下去，現在應該沒有了。至於其他的書，幸好之前利用一點盈利買下工廠大廈，大廈放了一段時間又能賺錢，幫補一下出版物的虧損。之後又認識了一些朋友，都是報界中人。因為我跟楊先生常打球，來往更加密切，他也出過事，惹了一些是非，後來大家時間多了就一起外出。有一天，他忽然問我應收購哪份報章，《快報》、《華僑》還是其他報紙。我説當然是收購《新報》好，因為銷量有十多萬紙。他對這個數字感到十分詫異。始終我跟《新報》是有一些感情的。我在《新報》進進出出，羅斌年代已來回兩次，有次我做了大概兩個月就離開了，但他每次見到我都會再找我幫忙。到了後來楊先生找來倫兆銘經營《新報》，倫兆銘做了相當長的時間，做得也挺不錯，但他有一事授人口實：送紙。他送了很多錢給別人，因為那時報業減價戰，還要補貼不知一元還是多少錢給發行商。這一役輸得很慘。派發十多萬份，虧蝕了不少。幾年之後，楊先生想找我去幫他經營，我再三推辭，因為我和倫先生相識，所以還是建議他自己操持，又跟他説我的生活還可以，很寫意，我「做慣乞兒懶做官」，不要找我了。

梁：那時是一九九六、九七年間？我記得倫兆銘就做到那段時間。

馮：不止，直到一九九八、九九年。我記得自己在那裏做了三年，九八、九九年、零零年，所以是一九九八年。我在《新報》又做了三年。

梁：倫兆銘離開了你才接手？

馮：他跟我交接的時候是有見面的。我跟他説實在不好意思，他説別説那些話，大家只是像打麻將一樣，安排調換座位而已。聽到他這番話我就放下心頭大石，不再有顧慮了，於是又在那裏做了三年。剛開始做了三個月，跟楊先生意見不合，萌生去意，三個月時間便幹不下去。第四個月他又把我勸服留下。我為甚麼要走？因為他請了徐少華進來，他叫我跟徐少華雙劍合璧。我說你應該先知會我一聲，告訴我如何處理，忽然之間塞一個人過來，我怎麼應付呢？我當時不認識徐少華，雖然後來和他很熟，而且很聊得來，這沒有問題，我本身也比較隨和，並不介意是誰主事。徐少華剛來時，我就跟楊先生說，首要的事是不要雙劍合璧，放手給他全權去辦，他和 Mike Lee 一起。Mike Lee 我也認識。我跟徐少華說你放心自己辦。

梁：Mike Lee 還在不在《新報》？

馮：不在了。他們是一起工作、一致行動的。當時鍾先生還沒來《新報》，我找了尹志偉。但他工作得不愉快，嫌這樣嫌那樣，因為他住在荃灣，受不了路途遙遠、下班時間太晚。最大的問題是待遇不夠好。他又不是等錢用非得幹這份工作，就由他去了，轉交其他人做。怎料做了數月後，事情又來了，楊先生又跟我說，徐少華要去幫他辦網上業務，於是想拜託我回去撐着，「鼎力相助」。我說可以，但要講清楚的是，我只給你一位老闆打工，其他人不要干涉我的編輯業務。結果不是這樣，原來這裏有個總經理，那裏有個誰又有意見，很煩，我不習慣這種方式，往常都是一人處理，現在一言堂變多言堂，我說別再讓我幹這事了，結果一直要辭職都拖了三年。現在他又來這招，又找來 Peter Koo（顧堯坤），不過這次我已跟他事先說好，清楚表示我決定七十歲退休不幹。我現今已經七十四歲了，還要我做多久？雖然我現在精神還可以……現在的市場不是收縮，而是擴大了，但是免費報紙也多了，作為讀者我何必花幾塊錢買原來的報紙呢？報紙的網站又有免費的文章可以看，同樣的內容你還要收錢，別家根本不收錢，所以種種因素令收費的報紙經營困難。除非你能辦得有些特色，特色這東西說易做難，你說做出特色來了，但究竟吃不吃香呢？不好說。

梁：但在創造特色方面你可是老行尊了！

馮：所謂特色是有條件的。所有新聞都是確有其事才能做，不能杜撰，再怎麼鋪排、粉飾，假的還是假的。即使為了促銷，真正的新聞來源也是要以事實為依據的。除非有難民潮、戰爭，以前每逢戰事報紙一定好賣。但現在情況不是這樣了，電訊那麼發達，報紙很難經營。新聞系的學生真的要多思考一下新的出路，想一些新的創意。

梁：現在是多媒體，建立網站和寫文章要同時做，很辛苦。

馮：希望他們之中能出現一些奇才。我這一代人想不到甚麼新的東西了，思維囿於特定格式，將新聞格式化，別人有的東西我也要有，像「廿四味」涼茶一樣，要把配料都抓齊全。

梁：現在已經不再是「文人辦報」，是「商人辦報」了。

馮：這樣更悲慘。文人寫稿時有種執着，像台灣的李敖寫一段短文可賣五、六萬紙。雖然他也是罵政府甚麼的，但他有自己的觀點，一以貫之，簡單有力，就有很多讀者了。

梁：「商人辦報」則不是這回事。

馮：「商人辦報」經常過於妥協。

梁：因為現在不得不考慮市場導向。

馮：我解釋不了。

梁：你做文藝青年是由寫稿開始的，接着為羅斌寫流行起來的「三毫子小說」，後來你自己和沈寶新另開文庫出版「三毫子小說」，能否說說這個過程？

馮：最初我有向《環球小說》、《文藝新潮》投投稿。因為在學生時代我已經開始學習寫作，當時多是投稿，如《中國學生周報》、星馬的《蕉風》

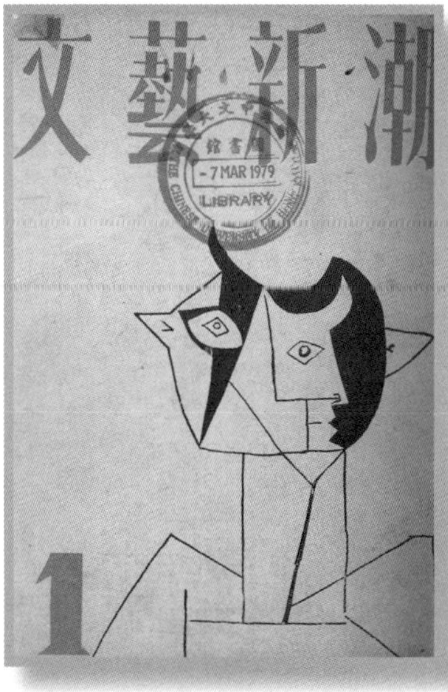

中國學生周報
The Chinese Student Weekly
創刊號
負起時代責任！
平津各大學院系再調整
美國哈佛大學增設中國文化學系
中國學生成績特優
打破美國種族偏見
大陸文教拾零

馮兆榮本有志從事文藝工作，投稿《文藝新潮》和《中國學生周報》。

等。還有香港的文壇，到處去寫。自己喜歡寫作，慢慢也出來工作了，剛好有機會加入《明報》，去了《明報》旗下、沈寶新先生創辦的《星期小說文庫》。當時不知道是「三毫子小說」還是「四毫子小說」。《星期小說文庫》自然是一星期出版一次，每期都是獨立單元的文章，在一期之內完結，不會分上、中、下集。一個星期寫一篇小說、講一個故事。

梁： 有多少字？

馮： 大概三萬至四萬字。

梁： 售價三毫子？

馮： 是吧，還會找畫家來設計一下封面。當時請的人是台灣師範大學畢業回港的畫家、插圖師、設計師蔡浩泉先生。他一邊給我們畫圖，一邊又為美國新聞處工作，還為眼鏡公司做設計，接各類的活，他設計的封面很出色。

梁：那是一九六四至一九六五年吧？

馮：差不多，那時沒有現在那麼多消遣，很多人都喜歡看小說。

梁：每一期的銷量有多少？

馮：數量不多，只有一萬多本，賣得很便宜，一本只賣三、四毛錢。每週出版一次，每個故事是一個單元，亦舒也給我們寫了很多。

我負責編輯，其實我自己也有寫，編輯、校對都是我，即是「一腳踢」，一人包辦，要把所有稿件都看完。是辛苦一些，但好處是可以自己控制時間。對稿之後只要「開夜車」就可以完成工作。當然我也因利乘便，有空位的時候自己也寫一兩篇。

梁：通常的主題是甚麼？

馮：愛情小說，像陳寶珠、蕭芳芳時代，當然寫愛情，合乎很多「工廠妹」的口味，所以愛情小說為主。有沒有偵探小說？有，但不受歡迎。當時曹達華式的偵探電影受歡迎，但寫成小說就不行了。一定要是愛到很纏綿、很浪漫那種，二人坐在沙灘談心那種，才受工廠小姐歡迎。

梁：你做了多久？

馮：大概做了幾十期。

梁：沒做夠一年？

馮：雖然一年有五十二期，但我有時很疏懶，所以期數是出不足的。可能只有四十多期，但是預告的期數是足夠的，因為小說的後面印有下期的預告、封面和之後會出的新書。那時有很多電影導演也寫，如張徹、陳銅民，食家陳非甚至蔡炎培等等也為我們寫。

梁：當時稿費多少？

馮：很少，應該只有兩三百元。

梁：但一本書不是有幾萬字嗎？

馮：是啊，只有幾百元。四五百元也有，因人而異，看哪個作者比較好賣，我們也是很有良心的，小說銷路好，稿費就多加一百元。

梁：那個年代二、三百元，差不多是一個月工資。

馮：對，其實還是不錯的。沒甚麼人計較稿費多少，寫的人不計其數，那時的文藝青年很多，百花齊放，香港報紙也有很多文藝版，像《香港時報》有個「淺水灣」版，《星島》有「文叢」，還有很多，幾乎每一份報紙都以副刊作招徠，都有文學內容，不能說是文化沙漠。

梁：印象中那時的三毫子小說裏面是沒有廣告的，純粹是文字，頂多有一些預告。

馮：那些廣告也是自己公司內部的互相宣傳，不是外面付費刊登的廣告。比如我們有本馬經要出版，就把廣告放在封底和內頁，自己給自己打廣告。有時朋友的眼鏡公司想下廣告，就收個「友情價」在封底內頁刊登。

梁：通常多少錢？

馮：很便宜，一百幾十元都算高了，因為一本書給作者的稿費也只是兩三百元而已，很划算，那時印刷、紙張都很便宜，售價三毫也可以有利潤。

梁：發行商都是五五、四六分賬？

馮：大約六折，一本收回一毫八，我不知具體數字，大概是這樣。

梁：現在大概是七三或六四分賬。

馮：那時報紙也只是一毫子。反正是有盈餘的生意。

梁：你做了多久轉做雜誌？

馮：因為做這一類刊物都不是很忙，一星期出版一本對我來說是很輕鬆的事，只花一晚時間就能看完稿件。

梁：這是別人的供稿，但你自己寫的話需要時間吧？

馮：我自己寫也是三、四天就能寫好，我們寫了一段時間後想了個辦法加快寫作進度，就是多寫一些對話。寫對話很簡單，寫那些很肉麻的、尋死覓活的對話。那時工廠妹的文化水平也不是很高，都只愛看結局，中間穿插一些浪漫情節，像坐豪車、吃美食、遊山玩水等等，就可以滿足她們。還有甚麼「才子佳人」、「富家子愛上窮少女」，這些大都很受歡迎。亦舒很精明，將名牌寫進小說，偶爾來一句「身着 Prada 的女子」、「穿件 Chanel」甚麼的。當時的讀者對這種引人入勝的文化標籤感到好奇，很嚮往名牌，所以「扮高貴」的小說就能暢銷。剛才你問我為甚麼要出那麼多書，其實我們是用不同品種針對不同讀者。

梁：按照當時的銷路，通常只能賣出一萬幾千本嗎？

馮：當時的銷路挺好的。當代武壇因為李小龍而備受關注，我們用李小龍的截拳道等等內容來促銷，竟然大賣，可以賣三、四萬本。

梁：《姊妹》呢？頂峰時期能賣多少？

馮：《姊妹》在香港可以賣很多，能賣到七、八萬。

梁：接着業務還發展到了東南亞地區。

馮：在那之後，東南亞有些發行商看中了《姊妹》，於是就出了東南亞版。

梁：《姊妹》是月刊，不是周刊吧？

馮：不是周刊，是雙周刊，但經常脫期，所以給人感覺是月刊。有很多客觀因素導致脫期，作者來稿多、遲，我們製作也慢，各方面水準都不是特別高，排字工人只有那兩三個，有人生病又不得不拖延了。當時彩色做版是困難的，要用一盆水不停搖墨，不像現在電腦操作迅速，按鍵完成，以前都是人手操作的。排字也靠手作，字模一個個找出來，彩色菲林沖印也要時間，所以我們對時間控制得不太好。

梁：當時調色師傅的工作也很緊張，要很有經驗才行。

馮：結果約莫三個星期完成，有時要一個月，三個星期也就是差不多二十一天，一個月可以出　期半。

梁：《姊妹》肯定能賺到錢吧？

馮：那個年代應該是能賺到點錢的。我們在賺錢之餘打算擴充，就做了一張《姊妹日報》。但《姊妹日報》是蝕本的。自然是因為廣告不足。當時的《姊妹日報》有很多對手，有《電視日報》、《新星日報》、《新燈日報》、《銀燈》、《明燈》，數量繁多。

梁：是不是在七十年代初？

馮：那時剛剛有電視台。以前我們行內有人說了句俗語，叫做「鼻屎好食，鼻哥窿挖穿」，大家就這樣拼搶，爭鬥，最終優勝劣敗，後來銷路逐漸變差，並非報紙的質素差，而是因為香港的工業已經變了。大量工廠遷回內地，我們便失去一群忠實讀者，這些刊物就慢慢式微了。

梁：你在七十年代離開張維的集團。

馮：我個人喜歡樣樣東西都有些新挑戰，每到一個地方，只要是有點興趣的，甚麼都會嘗試，包括武俠雜誌等等，當然首先要老闆願意投資，要先得到老闆同意，奇怪的是我的提議老闆全都同意，就是這樣而已，所以越弄越多。直到某個時候，我覺得還是報紙比較有趣……那時的傳媒人，說來奇怪，有一種虛榮心、自負感，會問「你插了多少支旗」，這樣子說話的，然後炫耀式地故作感慨道「我全身上下都是旗」。所謂的「旗」代表你有多少份工作，也就是幾份報紙請你寫稿。很多傳媒人、編輯打三份工，應付自如，一點問題都沒有，早報、午報、晚報全都做，甚至再做一本雜誌都不稀奇。並不是能力高低的問題，而是你如何構思出好的點子，創意被市場接受就可以做，出版是很容易的。

梁：你見證了玉郎集團在八十年代中期的上市對吧？

馮：對，那時還沒購入《天天日報》，我們哪裏有錢買？就是因為上市集資，才有一些流動資金，可以買東買西，投資一些地產項目。我們還買下星島新聞大廈，當年算是很高的價錢，現在看其實挺便宜。後來星島報業大廈更名為玉郎大廈，現在好像轉賣給了麗新集團。結果玉郎集團經歷股票波動變成現在這樣。

梁：玉郎集團在出問題之前是不是已經在經濟上受到了一些阻滯？

馮：黃玉郎是個很信任別人的人，這是他的優點，也是他的大缺點。太過相信別人，肯定就會有人騙他。他是一個實在太好的傢伙，永遠都朝好的方面想，他總說印書可以印十萬、二十萬，但他沒有考慮賣不賣得出去，總以為投資在哪裏都可以賺錢，就是沒考慮到賺不到錢怎麼辦。

梁：你給他出了一個主意，讓他不要只是一個人畫漫畫，要一群人以生產線的方式來畫。

馮：其實他早已有概念，組織起他的一班徒弟，叫做「御林軍」。

梁：馬榮成也是其一嗎？

馮：馬榮成不是「御林軍」，是一個創作人，投靠他，在他的集團內當主筆，一位尚未成功的主筆。

梁：那時是八十年代？

馮：是的，他是一個比較熱衷於看書的人，成天拿着一本金庸、梁羽生的書。

梁：他畫得好嗎？

馮：畫得很精彩。我個人覺得，他畫得很好，所以他的畫也很能賣錢。黃玉郎也是，尤其武俠的動作畫得最好，很細膩，簡直像電影一樣，人物的眼耳口鼻、橫飛的刀劍栩栩如生，版面設計上有的畫幅劃分時空，有的破格，十分生動有力。馬榮成畫鯨魚噴水、仙子等等，畫工也很細緻。

梁：你在玉郎集團內辦了很多份雜誌，最成功的一份是《清新》還是《翡翠》？

馮：《清新》的銷路是穩定的，有利可圖，但最賺錢的那本是《青春》。

梁：當時的銷量是多少？

馮：超過十萬本。

梁：當時應該是賣三元左右吧？

馮：三至五元。

梁：你們好像沒有廣告，全是內容。

馮：後期有很多廣告。大約在一九八二和一九八三年之間。這本刊物剛出版時，正好遇上年輕人開始購買並閱讀雜誌，以往《姊妹》的讀者老化，我們這本《青春》正好填補了空缺的位置，迎合新一代讀者的口味。

梁：當時有很多雜誌出版，像《新報》的《新知》……

馮：是不同的類型。

梁：你們出版《青春》、《清新》、《翡翠》，《翡翠》應該比較像《新知》吧？

馮：《翡翠》比較像《明報周刊》，以電影、明星、名牌、雜文為主，明星佔的比重較大。我們想着翡翠台最受歡迎，便把雜誌定名為《翡翠》，幸好無綫沒有告我們，其實我們是借別人的名字來推銷自己的雜誌。《清新》就是我們自創的了，內容也要「清新」一些。

梁：你在這幾份雜誌的角色是甚麼？是社長還是老總？

馮：我是創辦人，小是執行編輯。

梁：你同時做這麼多份雜誌？

馮：我負責確定所有的頭條、封面圖片，要全部審視過我才放心。以獵奇書《偵探》為例，封面也要我來弄。弄一個封面倒不需要很多時間，一星期有七天，獵奇書是十日刊，時間充裕。《玉郎電視》辦得相當成功，所以我沒有管那部分，但也照收那份的薪金。這麼多本書都收取薪水，因為是我的合約條件。他遵守他的諾言，我也遵守我的諾言，參與每本刊物的編務工作。

梁：每本都有一位總編輯？

馮：是的，我可以說是「總總編輯」。每一份刊物都由總編輯負責，但每一個封面跟雜誌頭條都要經我批准才能出版，內容是甚麼我也要知道。那時開編輯會，我們不會很嚴肅，只是找其中一人進來匯報。

梁：不是整個編輯部一起？

馮：不需要，我不喜歡一堆人坐着，包括後期辦《新報》時開會，也是他們做好後，讓主管來開會。這麼一大班人，開會也是每月一、兩次，我不想每天都見面，這麼多人，每個人都有不同意見，如果我一個人說了算，大家又不高興，倒不如大家商討完之後說給我聽，我最後給一點意見，這樣事情可以簡化一些。

梁：我想冒昧問問你，聽說你在《清新》曾出過一次意外，那次事件是怎樣的？好像是一九八四年的事吧？

馮：哪一年我不記得了，那天原本一切如常，到了下班時間，有人尋仇似的，突然持刀衝上來，弄得人仰馬翻，一片嘈雜，我根本不知道發生甚麼事。最後才知道，原來有位已離職的女員工不明白為何被無端解僱，嚥不下這口氣，並且誤會是我將她解僱。其實她很幫得上我的忙，我沒理由解僱她，她可能跟董事高層有過節而被開除。我是反對開除她的，但是為甚麼會誤會我和他們是一夥的呢？真不明白。

梁：有説你被斬去尾指，是嗎？

馮：不是，因為兇徒一進來就揮刀，我下意識地伸手去擋，老實説我年輕時也打過西洋拳，沒理由不反抗，但終究不是「鐵砂掌」，擋不下一把刀，所以手指就受了傷。不幸中之大幸是，丁指筋骨能重新接駁，所以現在仍可動彈，仍可寫字、簽署文件。颳風下雨的潮濕日子也不會痛，這也是不幸中之大幸。不過還是有點不太靈活。

梁：最終有抓到兇徒嗎？

馮：抓到了，我還認得他的樣子，當時有人勸我説不要指證他，讓他們自己鬼打鬼，説認不出就可以了。我也不知道是誰説的，當時想着，也不是我懦弱，而是這種懲罰方法比較好，最後我真的説認不出他。後來那人確實被主謀威脅，但只是很輕微的勒索，沒甚麼實際意義。我也很後悔為甚麼不戳穿他，這個人、這件事令我耿耿於懷。

梁：你在玉郎集團做了多久？

馮：也有十年八年了。從七十年代做到八十年代。

梁：黃玉郎在這期間也有很多跌宕起伏，你怎麼看他這個人？他倒真的很能幹，組織經營，又上了市，籌到很多錢，更買下星島新聞大廈，同一時間他還收購《天天》，你有沒有參與其中？知不知道內情？

馮：當然有參與，剛才説到，黃先生他凡事都往好的方面想，做生意他會想賺多少，不會想虧多少。他做事很勇猛，是一個很有雄心壯志的人。據我所知他出身寒微，對金錢的看法稍微異於常人，他很急於在短時間內賺一大筆錢，而當時的他又確實能賺到那麼多錢，即使不上市，他的生活也高枕無憂了，因為他的書刊很暢銷，跟現在相比真是天淵之別。以前賣十數萬本，收錢都來不及。

梁：每次發行時讀者都翹首以盼，搶着去買，雖然書刊沒有廣告，但也很暢銷。

馮：他一邊做，一邊畫，一邊想着如何投資，從初時的投資，慢慢變成投機，炒股票、炒期指，那些東西實在是瞬息萬變。我從旁聽說他對這東西興致勃勃，因為每天的收入以百萬計，但其實也有同等程度的蝕本風險。後來有個跌浪，他守不住。也有一部分原因在於他誤信他人而踩進陷坑。

梁：聽說他之後惹上官司？

馮：他的做法是一定會惹官司的，很多人都勸過他，不要這樣不要那樣，欠的債要自己抵償，但他又很要面子，在公司內部私自挪用資金，賬目來不及填補，便惹上官司，脫不了身，最後要自己承擔後果。

梁：黃玉郎全盛時期真的很厲害，還收購了《天天日報》，《天天》跟何世柱的關係又很複雜，可否說一下收購的過程？

馮：我們着手收購的時候，沒有人知道《天天》股權的分配，因為在何世柱這間公司旗下的本來是天天日報出版社，後來發現，原來還分天天日報（香港）跟天天日報（國際）兩間有限公司。真是的，怎麼查？這種多層的連帶關係盤根錯節，也沒有人知道上一手東主用甚麼方法弄得如此複雜。

梁：那時是不是劉先生接手，出事後才給玉郎？

馮：不是劉天就，劉天就已經賣給何世柱先生了。何世柱先生又將股份賣了七成。

梁：但何世柱好像是以金城銀行的名義去買的。

馮：不是，當時是《天天日報》欠金城銀行兩百萬元。很少錢而已，但沒有人拿出兩百萬去還債，所以不知怎麼的就轉換了部分股份。之前還有韋邦先生，他將股份轉來轉去，還找了律師，轉了股份亦不為人知，當時他全權作主，甚至分批出售，所以變得相當複雜。我們收購了《天天日報》回來還不知道。但我們還是投資下去，因為上市後有一筆可觀的資金可以使用，我們真的在做投資、做生意，所以也將《天天》辦得相當不錯。

梁：當時銷量有十幾萬份？

馮：三十多萬。

梁：主管是不是你？一九八幾年的時候。

馮：我在幕後，我的頭銜是「顧問」。那時老總應該是李啟煥，副老總是關文鎮，後期是張維德。再後期又「YA叔」（雷競斌）甚麼的我就真的不知道了。其實發展得最蓬勃最興盛的時期，就是我們剛收購的時期。

梁：那時《天天》已經很「鹹」、很多鹽花？

馮：是有些情色版面；另外，廣告相當多，收入過千萬。我們的廣告很多是煙、酒、航空公司，很多名牌，都是精美的廣告。

梁：有汽車的分類廣告……

馮：有Toyota（豐田）汽車的廣告，甚麼都有，那時很流行在報紙刊登汽車廣告，因為《天天日報》有汽車版。八十年代那時廣告收益不錯，一年有一千多萬，發展得很蓬勃，只是股權問題糾纏不清，拖了後腿。還有何世柱先生主持的「政途激光」政情新聞欄目，馬經、副刊也很強勢。其實我還是使用那些舊的策略，甚麼「男腔女調」，分開男女作家各一版，是正經的內容，有蔣芸、孫淡寧、林燕妮等有名又能寫的女作家，男作家包括簡而清在內也網羅了一班，所以副刊相當強勁。那時我們重視副刊，因為能綁住一批讀者。我們還有成人版，很多鹽花。

梁：那兩版要抽走才可以帶進家門。

馮：我們為甚麼可以扭轉《天天》的頹勢呢？從日銷數千份做到數萬份，從數萬份做到數十萬份，全因着眼於內容改革，娛樂版、副刊及新聞，我們全部都加強了。

梁：《天天》在八十年代初賣給劉天就，劉天就不行，於是轉手給何世柱？

馮：劉天就不是不行，當時他經營妙麗手袋。我為甚麼和他相熟？因為我曾在《天天》當了一個月的顧問。

梁：是嗎？在劉天就的年代？

馮：對，因為韋邦的關係。

梁：你跟韋邦很熟。韋邦當時為劉天就工作是嗎？

馮：是的，還有一位女士，兩人進行權力之類的鬥爭。首回合韋邦敗陣，第二回合韋邦贏了。韋邦將《天天》辦得不錯。

梁：加鹽花應該就是從韋邦開始的，他後來也辦《龍虎豹》。

馮：差不多那時候開始加鹽花，《龍虎豹》是後期的，他辦《今天日報》的時候才做的，後來《天天》也是靠這本「鹹濕書」養着，辦得不好，直至何世柱入主。我們又從何世柱手上買入《天天》，因牌照問題拖延甚久，不知怎麼辦，導致這份報紙一直沉淪下去，很可惜。所以韋邦另辦《今天日報》，他自己跳出來辦，當時幾

後期，《天天日報》靠《龍虎豹》「養着」。

乎每個人都是這樣，做一段時間就出來自立門戶。

梁：你在玉郎那邊接手《天天》後，做了多久？

馮：有三、四年吧。

梁：後來《天天日報》又被《星島》買回去了。

馮：是的，我真的不知道為甚麼《星島》會把它買回去。那時適逢玉郎風雨飄搖，公司在股票市場上虧損，有缺口，資金不知為何大量流失。

梁：後來玉郎集團的股票也不行了。

馮：就是這樣，從一元炒上去，然後跌回來，一落千丈、一沉百踩，讓胡仙有機會收購《天天》，那時還有人進來，不記得是梁柏濤還是誰了。後期的事我真的不太了解，因為我已經離開了。經濟出現問題時，我們也會隨之有問題。公司那些負債的事，真的不太清楚。

梁：也就是説股票跌、玉郎入獄，玉郎集團就隨着全線崩潰了？

馮：再加上漫畫銷量日漸沒落，出版部也不行了。

梁：後來馬榮成上位了？

馮：黃先生入獄，給了馬榮成一個機會，沒有人跟他競爭。因為黃玉郎身陷囹圄，公司再無新作，只能出那些舊作，馬先生因此乘勢而起。黃玉郎幾年之後出獄……

梁：他仍然很成功，接下來也幹得不錯。

馮：他始終想要擁有一家上市公司，他很厲害，出獄後總算買回一家上市公司，名為玉皇朝，後來變成了股份代號九七零的飲食文化集團，經營元綠壽司，變了很多，現在又有變化，因為上了市也做不到甚麼，所以再次轉型。現在漫畫市道真的大不如前。

梁：玉皇朝曾經有一段時間聲勢浩大，他的漫畫書也進軍內地市場，是這樣嗎？

馮：在內地銷量如何我不清楚，總之黃玉郎目前仍在策劃經營他的事業，還說要在杭州建漫畫城等等，很多項目都在發展中。但我已離開，詳情不太清楚，只從朋友口中得知他生活還可以。他仍然在奮鬥中，但是如今年代已經不同了，他也已步入六十花甲，不年輕了，有點吃力。

梁：在你的年代，一份報紙的張數很少，只有一兩張，你辦報紙的時候最多三四張，現在已經增加到十張紙四十版，甚至有八十版的，為甚麼現在的內容比以前多那麼多？

馮：六十年代有些報紙甚至只有半張紙，因為每個老闆都在計算收支，看有沒有錢賺，錢並不是憑空到手的。當時有人說，若你憎恨某人，就叫他辦報。可見辦報艱難。

梁：但有些人賺大錢也是靠辦報紙，一到天亮就可以收錢。

馮：辦報的人多是小本經營。我最初創辦報紙時，用七千元當了《星夜報》三分之一的老闆，七千元能發揮很大的功用，包括支付稿費、工資，那時只有幾位員工，當然自己那份工資可以暫時不用管，七千元可以支持兩個月，還算便宜。

梁：還包括租金。

馮：租金不是我出的，別人出，但也只是每月幾百元而已。起初我們並不刊登付費廣告，像《蘋果》創刊初期也是聲明頭版不登廣告的，並不像後來那樣。也有人用「不登廣告的報紙」作為噱頭來推銷。如此一來，報紙的售價一定要罩得住總開銷才行，因此要算好賬，比如出一張紙的成本是多少，賣多少份就有錢賺，所以只出一張紙。但後期就有廣告了，大量的廣告，包括煙、酒等等，現在起碼有很大一部分已經不准刊登了，香煙廣告被禁，醫藥廣告也被禁，以前甚麼醫藥、神油都可以登廣告，百無禁忌。

梁：那時候王帝人整容也大版大版地刊登廣告，很厲害。

馮：對的！當時甚麼都行，現在這類廣告全都沒有了。美容廣告等等受到限制，最明顯的是香煙廣告，酒水廣告好像也少了。

梁：現在最多的是地產廣告。

馮：地產有廣告，但是全都擠在幾張暢銷的報紙上面，或者一窩蜂地塞給電視台、雜誌，導致銷路稍微差一些的報紙不能靠廣告，只能靠銷量獲利，僅一項收入進賬，而開銷有幾十項。所以後來有廣告或者銷路好的報章為了打垮競爭者，將報紙加厚，兩張紙總比一張紙好看。

梁：但我是這樣看的，很多老闆的想法都不再像黎智英那樣了，黎智英會給你大量內容，而質素也很高，不會因為售價不高就在內容水平高低上將就。

馮：以往辦報的多是小商人或文人，出手很低，根本沒有家底，沒有能架起他的資本，怎麼投資呢？所以辦起報來總是有所顧慮。如今你說的這位黎先生賣掉很賺錢的公司，拿着十億八億去辦傳媒，情況自然不同。我也跟黎先生聊過天，他說：「我有九億身家，先把一億交給我太太安家，剩下八億我拿來做生意你就不要管我了。」他真能拿捏得準，當時他決心辦一份「反共」的報章，有這樣的意味和噱頭。我就問他：「黎生，你還要反共，一九九七就要來了，你怎麼反共？」他說：「那倒不是，我們這些『small potato』，不知道甚麼時候才鬥到我頭上呢。這樣一來我就已經有幾年可以做了，是不是？行就行，不行就算。」真是這樣跟我說的，在他大埔的家中和我聊了一段時間。

梁：他確實是那樣的。你是怎麼認識他的？

馮：鄧國光和鄭炳華的關係。鄭炳華以前在我的《星夜報》工作，他說黎先生想廣交傳媒界的朋友，推薦我去見面，於是我和黎先生通了幾次電話，後來也常聯絡。聊得開了，大家就開始粗口爛舌，他只要和人相熟就會這樣。我跟他比較容易溝通，因為他是順德人，我也是，他還請我吃釀鯪魚。後來有一次我問他：「你出版的報紙怎麼斷版？」他用粗口高聲回敬，我覺得他不尊重我。他又不是聘請我，若然聘請我，我給你罵一下倒無所謂。我其實是出於好意才提醒你，是好言相勸，雖然不知道具體甚麼情況，但是按照我們老牌、老一輩人的習慣是不會做到它斷版的，只有技術不足才斷版。結果發現現在流行這樣，改變了今日的編排方式，黎先生在這方面就有很大功勞了，他改變了報界的生態環境，改變了報紙的做法。我也跟他說，所謂新聞並不是等着新聞事件發生，有些新聞是要設計它發生的。

梁：他那些設計肯定是學你的。

馮：我不知道是不是學我，總之我就這樣跟他說過。新聞怎麼設計呢？就是無論事件如何發展都會踏入你的圈套，跟我以前找「肉彈」接查理斯王子一樣，我也是設計出來的。那時黎先生的《蘋果日報》尚未創刊。

梁：總結你的報人生涯，算是見證了文人辦報的過程，你怎樣看待五十至九十年代報紙內容的轉變？

馮：最初報紙以內容為主，即是以副刊為主，副刊要很有特色。五十年代的《成報》最成功的是它那些夾帶廣東話的三及第小說，它的武俠小說不那麼受歡迎，但是那些怪論、用廣東話敘述的古典故事，用小說的形式將時代信息帶進讀者的視野。何文法先生每天自己主理副刊。

梁：對，他還自己找人來做。

馮：最重要的就是那兩版副刊，他是「大校對」。

梁：但是港聞不是很多，通常國際電訊新聞較多吧？

馮：嗯，有重大新聞的時候，他們會做的，但是《成報》很穩健，重點用副刊來瞄準它的讀者，因此將副刊維護得很結實，有漫畫，小說也全部以故事為主。不能胡言亂語，一定要說出一些實質性內容讓讀者知道。何先生說，胡說八道是沒用的，說完之後不知你說了甚麼。你說這些欄目的行文是不是要有很多「語趣」，不是的。「小生姓高」寫的是「有味」的、有涵義的東西，大眾化之餘也很狡黠。怪論雖怪，但也有它的論點，把人諷刺得體無完膚，副刊就成功了。

梁：接下來六十年代《明報》冒起，變成了知識分子報紙對嗎？特別是六十年代末查良鏞先生的這份報紙已經在有學識的人中間廣為流傳，成了進入校園的報紙。

馮：對於能否打入學生市場，我表示懷疑。因為它應該是七十年代才開始轉型，回想起來，在暴動期間，《明報》還是「鹹鹹的」，有很多「鹽花」，也很重視狗、馬經，主要靠這些來維繫讀者，當然還要加上查先生的武俠小說。因為逃亡潮跟文革時期，有很多人翻越梧桐山，偷渡來港，《明報》找來一個「大陸問題專家」丁望，每天寫內地知識分子被鬥爭迫害的苦況，加上倪匡，他也從內地逃來香港，他起初寫的不是小說，是政論。一開始他也不是「沙翁」，而是以「衣其」為筆名在《真報》寫政論，跟陸海安一起寫反共文章，後來才改用「沙翁」。「沙翁」的文章很短，只有一百來字，「衣其」的專欄每天都有一大段。文化大革命、五花大綁屍體漂港後，丁望等專家加盟《明報》，查先生在社論寫作和運營規劃方面也很有分析力，《明報》開始步上正軌，從小報轉為一張中型報。而查先生亦給我下了一道命令，所有有關色情的案件與新聞，不得超過兩格，就是「減鹽花」之意。以前總是以風化案作為頭條，一些強姦非禮案都放在頭版，有些案件的審理過程更以對話的形式刊登，整版讀下來都是一問一答。當時寫這些風化案的寫手，就是後來的老總張續良。他起初是採訪主任，後來升為老總。

梁：後來他又被查先生炒掉，說他酗酒，不問事務。

馮：其實他不太好酒，他犯的「罪」是「頂嘴」，因為他總覺得自己很行。結果就升了陳非，再由潘君儀接任，這樣經營下去。起初潘粵生（君儀）不寫稿，後來寫得很好，變成寫「四人夜話」的余過。

梁：潘粵生嘛，他也做了很長時間，做老總。王世瑜也做了一段時間吧？

馮：王世瑜是很後期的，後來怎樣分配到王世瑜來做老總，我都愕然了。話說回來，王世瑜跟查良鏞先生的關係很特別，王世瑜會說上海話，他們在溝通上沒問題，或者你說他懂得五行術數，和查生很投契，他懂不懂我不知道，但有人吃他這一套就行了。

梁：接着七十年代末期《東方》冒起，《工商》、《星島》、《華僑》三大報開始凋謝，在八十年代的轉折點是不是這樣？

馮：轉變是有的，副刊仍然能發揮出一定的功用，《東方》一路趕超，從五至七位登上第一，很依賴一件事……它的狗經很厲害，以「有《東方》無窮人」作口號，竟然可以連續一個月都「貼中」，賽三場狗，三場全中，這種事時有發生，一直中到讀者不敢相信，信不信由你。他們就一直這樣辦，所以「有《東方》無窮人」，馬經也不錯，加上其他新聞的配備，樣樣都很好，港聞還有專門的電單車隊，又不斷重金羅致人才。他們的副刊內容，石人幾乎幫忙寫了不少欄目。還有繆雨，繆騫人的父親，他也給他們寫很有深度、很有見地的文章。

梁：確實是，梁小中的文章很厲害。

馮：他們買下梁小中，基本上全是他寫的文章，有「鹹」有「淡」。而且他一直維持着很好的文筆，寫作速度又快。《東方》羅致的幾個人才真的很優秀，加上「貼士」真的很準。不知為何會那麼準，我都覺得奇怪，準得不得了，「有《東方》無窮人」，所言非虛，狗、馬經最重要的就是準確預測賽果。再加上其他新聞配合，便很穩妥了。

梁：五、六十年代報紙頭條頭版多以國際新聞先行，七十年代就變成港聞，現在也全都是港聞。

馮：以前是因為沒有新聞，那些編輯懶惰，所以將國際新聞放在頭條。

梁：你主理時好像已經變了。

馮：我們那時已用港聞做頭條，後來業界爭相仿效，因為港聞讓大家覺得親切，反而中東戰爭已持續多年，哪個國家發生爆炸甚麼的，離香港那麼遠，讀者覺得事不關己。現在就不同了，人們對中國、共產黨的事情，事事關心，我們國力日盛，讀者對此也更關注了，國家有甚麼新式軍武，大家也想了解一下。我覺得辦報用國際新聞來促銷是多餘的。圖片是買的，新聞也是買的，當然買到甚麼回來也有等級次第之別，看你希望買到的材料豐富到甚麼程度，多付點錢，通訊社自然就多給你幾張圖片，現在還有這情況。

梁：國際新聞分析類的文章也很重要。

馮：那也要付錢才有，不然就沒有人專門供稿，或者到手的稿件缺胳膊少腿，價錢一萬五的，內容少了好幾段，價錢三萬的，就有幾張圖片特別一些。你做傳媒這麼多年肯定知道有區別。為甚麼別人有那張圖我們沒有？大家都是從路透社拿的……

梁：因為別人的月費貴一些。

馮：是呀，月費多少也有分別。到了八十年代，馬經慢慢演變，以前的馬經重點在於寫馬，八十年代的馬經重點在寫人。我們那時辦馬經，我記得自己在開會時說，辦馬經不是整天寫那匹馬或那位騎師，要像娛樂版一樣，還要訪問練馬師、馬主、馬主的女兒，馬主的女兒如何打扮入場這些因素也是會影響賽果的，你可以藉此推測，也多了很多話題，這樣馬經才能避免枯燥。然後再寫馬匹的血緣，生下這匹馬的母馬、公馬是甚麼樣的，是不是由名馬「Danehill」（丹山）配種，全都不同，有血統可循。

梁：是不是因為彩池很大，所以很多迅猛的馬匹角逐獎金呢？今日的賽馬和昔日很不一樣，速度也不同。

馮：如今馬的血統更優良，馬匹有等級之分，售價也因此有別，有的幾十萬元，也有的幾百萬元，而且還要競投才能買到，像買馬花一樣。

梁：作為一個老報人，你覺得我們報業的未來會怎樣？現在有這麼多免費報紙。

馮：辛苦是肯定的。廣告一定會有，但能否雨露均霑，各家都有呢？

梁：看這趨勢收費報章會減少吧？

馮：一定會減少，但其他報紙又會產生，一雞死一雞鳴。免費報紙辦得可以，但市場應該已經飽和了。一兩份成功的報紙已佔據市場，後來的人再也進不去了。現在我對免費報紙的感覺是，派給我都不要。因為我不喜歡看那份報紙，我要選一份我喜歡看的報紙。免費報紙有它的好處，也就是免費，但如果拿回家墊鍋底，我也不舒服，報紙應該是拿來看的，所以我想看才會拿，不是那點錢的問題。現在的免費報紙是多了，但是讀者不接受，因為內容「到喉不到肺」，隔靴搔癢。《am730》很不錯，有很多短評，很有見地，食之有味，我偶爾看看，證明「Content is King」，內容才是王者，內容空洞是沒有用的。還有那些廣告太佔地方，我並不會全都喜歡看，對不對？

至於報紙是否要另闢蹊徑，其實辦來辦去都是那個樣子，沒有很大變化，如今報紙由寬變窄，省一吋紙，等於成本已經節省三十分之一，省得很厲害了，現在更省了三吋，十分之一，以前三十二吋現在二十七吋，差了四五吋，成本差很遠。但是紙價也上升了，怎麼辦？必須要一班人用心去經營，「船到橋頭自然直」，到了緊要關頭也能順利通過。雖然時代會變，但是人的頭腦也會變。我現在幾十歲人了，還是覺得我們每天都要看看報紙。

梁：所以你覺得收費報紙也應該有存在的空間、會繼續繁榮嗎？

馮：一定有存在的空間，也有存在的理由。因為總有人看，也必定有人投身這事業。像台灣李敖，打着自家旗號，寫的東西也很好賣。還有一份更奇葩的東西，不知道是報紙還是甚麼——我覺得創辦人是傻的——叫《黑紙》。有沒有搞錯？這都可以生存？單張紙賣一元，根本沒有內容可看，只有一小段，那段東西看不看都罷。這樣也行，也可以存在一年多。

梁：你怎麼看新聞網站的發展？

馮：網媒一定有很大的發展空間，科技發展到這樣的地步……

梁：但現在新聞網站賺錢的倒不是很多。

馮：日後的廣告會全部湧進網絡，營養着它，用那些資金來支撐。

梁：也就是你看好《蘋果》、《東方》的網媒。

馮：一定是搬到網上的嘛。現在已經是人手一機了，可能還不止，有兩三部手機。拿在手上按來按去，看甚麼不行？電影可以看、漫畫也可以看。將來嵌一塊廣告進去又有甚麼問題？

梁：要考慮到日後新舊媒體是會融合的，傳統的報紙加網上的新媒體，就好像現在《蘋果》、《東方》的走向。

馮：一定要這樣，否則就會被淘汰。但是這樣貿然走進網絡世界，風險也很大。全港報紙的銷路已經沒有一份是好的了，因為仍然收費，新聞的量也增多，但質素和電視新聞、網媒差不多，沒有特色，只是知道有事情發生，了解最基本的時間、地點、方式、原因等要素，餘下的信息，不是那麼有用。現在我上茶樓，真正閱報的人寥寥無幾，都是沉迷手機的「低頭黨」，堂堂正正打開一張報紙的人很少。有些人倒是「埋頭苦幹」，看甚麼呢？看馬經。我覺得馬經也會慢慢式微，因為看的人都是老人家，用放大鏡看！

這樣的環境證明報紙已經遭遇到了自身的瓶頸。要加強、改良很多東西，首先，千萬不要掉色。你想不到現在報紙居然會掉色，那些油墨是靠山埃製成的，讀者一不留神接觸到口和眼睛，後果嚴重。這裏要改善，改用質素好的油墨。印刷廠為了節約成本選用便宜的油墨。有不掉色的上等油墨，但是貴很多。我覺得以後的報紙會用一些高級漂亮同時較貴的材料。沒理由只賣七元，報紙應該賣二十元，就有辦法做了，把好原料用上。內容也要言之有物，不能只因稿費便宜就任用無名小卒，要請有叫座力的寫手，報紙可賣貴些，用好的紙張，看上去很高雅，讓閱報變成一種享受。

梁：但悲情的是，現在老闆都不留人，以前的報館老總薪水高，記者薪水也高，現在記者的薪水太單薄了，兩萬便說高了。

馮：現在已經好一些了，以前有其他暢銷的報紙過來問我們起薪點是多少。一萬、一萬一千，我們出這個價錢。過了三個月試用期後，認為這個人不錯，我們也會給他加百分之二十。

梁：但還是很少，我記得二十多年前我當老總的時候，記者的工資和我差不多。現在不再是這樣了，現在的老總年薪有幾百萬，記者的月薪只有一萬多、兩三萬，總共十來萬一年。

馮：一萬多的工資是很常見的。

梁：所以這種現象很不健康。

馮：絕對不健康。現在想投身傳媒行業，一定要有心理準備，想想自己能否捱下去。

梁：我們都算能捱的了，不然也沒有今天。

馮：文人過日子還是會比較拮据的。但如果要寫一篇好的文章，資料搜集就多下些功夫，豐富一些，過得了自己這一關，也就能夠被人認同。好的事物一定有人欣賞。天才是不會被埋沒的，勤奮，再加上個人才華，一定能慢慢闖出一片天。

馮金裴

落手落腳的狗馬老總

馮金裴（一九三五—二零一五）。

一九六零年代於中聯影業公司編導班畢業，曾於電影公司任職編劇及副導演，亦曾於《先生日報》、《自然日報》、《國華日報》、《天下日報》、《綠邨報》、《好報》等報刊以筆名「犬馬勞」撰文。一九六九年七月與新星機構創辦《新星日報》，一九七三年離開《新星》後，另組《中午報》。一九七八年轉投《新報》，任副總編輯；一九八一年升任總編輯，至一九九七年退休。二零一五年離世。

訪問時間：二零一五年一月二十一日

訪問地點：受訪者觀塘寓所（其時馮老總已病臥床上，交談不便，終以筆述完成訪問。）

馮金裘的自述

我在五十年代入行，當時認識了一個賣票的巴士佬，他在印刷廠做校對工作，那是一份很普通的月刊，我就是幫忙做校對而進入雜誌、報紙一行。其中有幾年去過娛樂圈，跟胡楓他們一樣，到大成電影公司投考明星並入圍，但我沒錢做擔保，所以就沒有加入。

我之後考入（著名演員）吳楚帆的「中聯公司」（中聯影業公司）學做編導。現在也很多師兄弟還在，學了一年多，甚麼都懂，做過副導演，寫過劇本。那時候由（著名導演）吳回寫劇本，不常給錢的，最多付你五百元，開一間房給你們寫，寫幾多篇，拍幾多篇。及後又做過副導演，到（製片人）黃卓漢那裏做宣傳，那時候是六十年代，帶謝賢那些年輕人到台灣做宣傳，再入了吳楚帆的新潮公司宣傳部，有份宣傳第一部彩色電影《大富之家》。

由於我曾在電影界浸過，進入中聯學習編導畢業後，曾進入嶺光公司（老闆黃卓漢也是《好報》老闆之一）、吳楚帆的新潮公司，當過編劇和副導演，故創辦《新星日報》，後來我《新報》的娛樂版獲得業界欣賞，因此《新報》老闆派我往澳洲搞澳洲版。

吳楚帆

吳回

黃卓漢

後來有一個在娛樂報紙、雜誌工作的人叫劉凌風（音），問我要不要到《好報》工作，那時候是李玉渠（音）做老闆。及後我又去了《綠邨報》工作，當時是梁小中做老總（總編輯），他是我第一個師傅，很多人都在這裏出身。

在未入職《新報》老總前，我已與新星機構創辦了一份掀起當年摔角潮的娛樂報——《新星日報》，一紙風行。後來因為不想做講大話的娛樂新聞，離開《新星》後，即創辦一個以狗馬為主的《中午報》，連註冊七日便辦成了。當時哪有記者，都是炒《星島日報》、《晚報》的港聞和國際新聞，記得當年報道李小龍暴斃新聞（一九七三年七月二十七日），大大刺激起銷路。

在《中午報》工作之前，我已在《先生日報》、《自然日報》、《國華日報》、《天下日報》、《綠邨報》、《好報》工作過，曾任《東方日報》老總的馬松柏是當時的港聞記者。

未紅時的漫畫家黃玉郎，第一份半漫畫化的日報，其報頭字也由我執筆，由我執筆的報頭還有《中午報》、《賽馬日報》，當時我用「犬馬勞」寫馬經的。

重返新星機構之前創辦的《賽馬日報》，則是由黃玉郎兄長斥資，由於當年《中午報》狗馬經創出過佳績，捧出過不少評馬人的經驗，這份純粹馬經日報辦得有聲有色，不知是否這關係，未幾（約一九七八至一九七九年）即被《新星》集團總裁羅斌邀請當《新報》副老總一職（當時老總是黃盈章）。

當時《新報》編輯部仍在上環新街，一九八一年遷往西環廠房，佔地頗廣，我在當年坐正當了老總，直至一九九七香港回歸後年尾退休。

由於《新報》當年着重馬經（由馬評人叔子主持），但因為老人家保守，便由我接手，以較大的人力物力支持，創設了「五程往績表」以供馬迷參考，再由我推出翌日見報，令馬迷較深入了解夜馬的賽後評述。其實這是一種噱頭，由我聽了每場收音機後，以較小説化的筆觸描寫（跟人家看馬匹晨操的不一樣），竟然大受歡迎，也因此奠定了《新報》在馬迷心目中的地位（著名馬評人馬恩賜是我叫他編馬經的）。

至於港聞，當時只擺在次要位置，國際新聞只購得一個美國的合眾社，於是改寫晚報消息，每日半版，由於銷路漸升，更由第二代——羅威（羅斌之子）當社長，得以全面發展，賽馬日出紙超過十萬份。一九八八年《新報》上市之後，更見成績，可惜人事更複雜了，最終由倫兆銘取代羅威當社長，《新報》的人事結構雖非人面桃花，亦難拾當年勇。

有關員工薪金一事，由於我這個老總是實幹執行多於管理行政，員工的薪酬從未全盤把握過，但可以講一句，《新報》員工當年的薪酬只屬中間落墨（羅斌好孤寒，老總工資都是「可恥到極」，因為當時沒有競爭，《蘋果日報》一九九五年推出後就不一樣），直到龍景昌伸手入編輯部才大幅度追加，我也是受惠人之一（《新報》賣了，上市之後，人工就高很多，大幅加到一千多元）。但也由這時開始，我也只管編採事宜，直至一九九七年退休。

因為我是個「落手落腳」的老總（環境所限），故常與字房工人接觸，可以説是打成一片。後來辦《中午報》時便得到不少幫助，不足十天便成立一個可以每天運作的字房。

字房工友俗稱黑手黨（當然是因為滿手油墨關係），當年分有「公司制」和「包工制」，都由一位老行尊領導，他不一定露面，因為副手（俗稱版枱）代替，而工作分「埋版」、「執字」、「上字粒」、「派字粒」。限於經濟問題，字粒可以循環再用，直到印刷多次之後，筆跡模糊才再購新字粒補充，所以入行便先做好「派字粒」工作，題目字則較耐用；「包工制」的工友多會兼職。最後科學發達被淘汰了的黑手黨，多被安排任校對員（《東方日報》評核組及校對部當年都是他們轉職出任）。

新報
西貢七車大碰撞
地盤女工遭壓死
六探員元朗搶賭
起衝突被人包圍

《新報》港聞。

我在《新報》十九年，國際新聞極少放在頭版，這當然是讀者口味決定一切，事實上，當年要一個「有嘢睇」的國際版成本不輕，購買通訊社少不得有美聯社、路透社、新華社等；圖片另計。翻譯人手更不能隨便。民營報紙只睇經濟效益，不會做些不討好的工作，對不對？

《新報》一直以來都視馬迷為讀者主要對象，我接手之後更借勢發揚光大，旁及狗經，我除了兼寫馬經之外也寫狗經，事實上當年的外圍狗馬賭檔多如天上星（六、七十年代最多有三十幾張狗馬報），由來已久的字花也要逐漸萎謝，故當年報壇除了《星系》、《華僑系》之外，無不以狗馬經為主打，事實上《新報》逢有馬跑前後兩天銷路突升二、三萬份。

不過，同時間我也漸漸重視港聞，後來更具規模地分突發、靜態兩組，當中也搞搞新版面，如新界版，雖然只是四分一版，《東方》的吳國成便是當年新界版記者（我兼任編輯），雖然仍以馬狗迷為讀者主打對象，但報型開始有變化。我退休前《新報》的馬味漸淡，仍躋入三大日報之列，位居《東方》、《蘋果》之後，《明報》銷路亦遠有不及。

一九八零年初，報紙絕少以廣告為生，故出現了一些即食麵式的廣告，近人亦會稱之為「鱔稿」的變相廣告。這群記者（俗稱「尋友」，最出名是《華僑日報》謝某），日間尋找宣傳人或事的對象，代他們執筆，收費若干，晚上返報館交稿（百零個字都有）交錢，翌日見報。這也是某些報紙的另類收入。直到了香港經濟起飛，地產、超級市場等行業壯大，情況才有變。

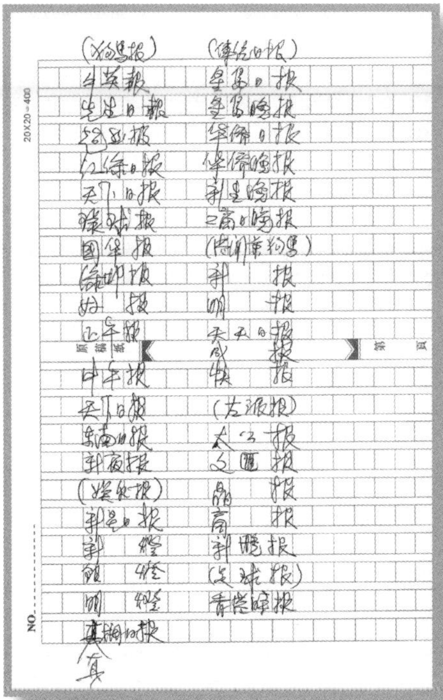

馮金裘先生曾服務過的報紙（手稿）

總而言之，當年的報紙（大多都以狗馬為主）廣告不會計入主要收益方面，因為出紙不多，每日出版多是一張、張半、兩張，又因白報紙成本不高，大部分報紙就靠賣紙生存，銷量愈大，賺錢愈多。

劉晟
談《晶報》、談陳霞子

劉晟，筆名容若。一九三三年出生，一九五零年自汕頭來港，十七歲投身報業，加入《金報》撰寫軍事評論。一九五五年六月加入《明星》，同年八月轉職《晶報》，任電訊版及娛樂版主編，一九五九年轉為副刊主編，為〈通天曉〉等多個專欄主筆直至一九八五年。期間亦於《文匯報》、《清新》周刊等共二十一家刊物任專欄作家。

訪問時間：二零一五年五月四日

訪問地點：愛訪者荃灣寓所附近一咖啡店

梁：你好，首先問一下你的名字有甚麼意思？是日加一個成字。

劉：晟字有多解法，我老頭説光明也。我為甚麼要有日字，因為我那一輩不論男女也有個日字。如我妹叫昭。

梁：為甚麼筆名叫容若？

劉：其實我有百多個筆名，容若不是我改的。那時也不知道是納蘭性德的別字，我才十多歲，寫了篇文，忘了是甚麼類型，也忘了是在香港還是廣州了，本來寫明：「請用筆名、非原名」。我那時有原名卻無筆名，報社回信叫我寫個筆名給他們！那就慘了，我就想不到。剛好有個學長跟我説：「你這人心胸較狹隘，不如改容若吧！」我只用這個名一、兩次，幾十多年來一直沒再用。

梁：但你近年都用這名。

劉：這要多謝楊莉君姐姐，她讓給我用。她用了這名十多年，也有用過韋妮、容若。後來我才於一九八一年在《清新》周刊上再用這名字。之後《天天》的韋邦先生叫我寫「咬文嚼字」時，指定我要用「容若」。

後來《大公》、《文匯》、《快報》、《華僑》等報章也指定要用這筆名，就不得不用了。在此之前，我多數用「茗翁」，還有很多其他根據文章內容而改的筆名。如有個專罵古人、整人的就叫「雅風領」，就是包拗頸。專抽人後腿的，就叫「老抽」。

梁：你何時跟父來港？

劉：我第一次來香港不是跟爸爸來的，我在一九四五年十二月首次來港。我早跟老頭子失散了。搭船來港時，我們的船前導有一艘掃雷艦，我們終安全抵達。但逗留很短時間，因為舉目無親，所以回廣州了。

梁：你是廣州來港？

劉：不，我是汕頭來的。（**梁：**你是汕頭人？）不，我在汕頭讀書，現在唯一知道的校友，就是林行止先生。他比我晚很多。那是廣州旅汕小學，林行止是四十年代後期，我是四十年代初。

梁：你後來回國內讀大學？

劉：這很複雜。我來港後又回去，再於五十年代回香港，再回內地投考。很多問題不好說，就是小學沒畢業就到中學，中學也沒畢業就讀大學，但大學因為身分成分關係所以不能畢業。所以就來香港了。

梁：你父親是不是很有學問？

劉：對啊，他在陳濟棠、蔣介石、汪精衛三個「朝代」也做過官，你說厲不厲害？共產黨也叫他去廣州公安局做事！後來他們叫他來香港，說對國家有更大貢獻，所以他又跑來香港。他本來四幾年就來了，其後被共產黨叫回廣州，後來再回來。他是奉中共之名再回來香港。我在《晶報》時，常跟他一起。本來他在《晶報》當副總編輯，但推給別人幹，他說離開報行很久，不習慣。他三十年代早期在李孟哲開的《大中華報》工作。那時李子誦做校對，我老頭子做編輯。

梁：你老頭子叫？

劉：我老頭子很多名，在《晶報》叫劉木知。他走了後，開追悼會，也用這個名。在《晶報》初開時，沒有做甚麼，只寫稿。我不是，我是職員，他在《晶報》開張時曾用筆名「筆伐山人」寫了篇〈四十年目睹怪事〉，十分哄動。

梁：《晶報》一九五六年創刊，你甚麼時候加入？

劉：《晶報》出版前，我已經受薪了，是最早的幾個，另一個叫雷煒坡（雷坡），他也是《晶報》沒開時，就已經領薪水，以我所知仍健在的，就是我倆。

梁：那時薪水怎樣？

劉：很「逗泥」（不太好），九十財（元），那時老總有四、五百元吧。我要開山劈石，做籌備工作。

梁：當時陳霞子是最高領導？

劉：不是，督印人是鍾平；社長是王以達；陳霞子只是總編輯兼主筆。

梁：他本是《成報》的？

劉：對，他在五十年代初離開《成報》，他是《成報》主筆。他做主筆時，《成報》的總編輯叫汪玉庭。

梁：埋班的是陳霞子？

劉：他有自己的班底。

梁：是左報人嗎？

劉：當然是！只是不跟人說。當年五大：《文》、《大》、《新》、《商》、《晶》。我跟某些工會有關係，所以不能做編輯，被社長撤職，麥煒明跟我一起被撤。他是電訊版編輯，《新晚報》來的，肯定是左傾。但我是《明星》來的，也左，但只是娛樂版，沒涉政治。不過卻和很多工會有聯繫。

《香港時報》也有職員在《晶報》工作。《晶報》初開，有個叫江伯英，身兼《香港時報》及《晶報》記者兩職。後來增設了體育版後，另有一個記者張鵬，也是《香港時報》的兼職。陳霞子在《晶報》的班底，是由梁林明組班的。

梁：你為甚麼加入報行呢？跟父親有沒有關係？

劉：不關他事。那時，我剛到香港，很窮。說起來很好笑，我在清潔公司當後生，在西營盤某舊樓四樓住。有一次火災，三樓都死光，只有我沒死。警察找我，以為我失蹤，我怕起來就跑了，連薪水也不要。不久，《金報》招人。

梁：《金報》老闆是？

劉：《金報》老闆是兩個年輕人，大老闆廿二歲，姓吳的。第二個老闆姓唐，二十歲。那時，我十七歲也不到，就被大老闆賞識，那是一九五零年。

梁：你寫軍事專欄？

劉：對！〈每日論戰〉。我第一個料是美軍在仁川登陸。後來陸海安看到新聞才寫，因《新生晚報》銷萬多紙，所以那時的右報開始吹捧他！我們只有千多紙，怎會有人賞識。真不值！還有，我在《金報》七月多預測仁川登陸，八月卻倒閉了！九月十五日美軍才在仁川登陸！這報紙創新之處，在香港來說是空前絕後的，報紙每天的字粒也有不同的顏色，紅橙黃綠青藍紫。那時沒橙色，就用棕色代替。結果鬧出笑話，使用黃色字粒時，一打開報紙，甚麼也看不到。

《金報》只生存了兩三個月，因為不會經營，只是年輕人的玩物，就是賣創新，每天不同顏色。就算《天天》自稱創新，也不會每天不同顏色字體，字粒從開到倒也只有黑色！

梁：那時兩色也很麻煩了。

劉：紅棕黃綠青藍紫，沒橙色，就用棕色代替，太陽七色全齊了。這張報紙奇在甚麼？很多人認為是中間偏左，但老總鄭焦琴，花名「鄭酒癮」，他是極端反共的！每天新聞頭條也是他的⋯⋯有一條我很記得，叫「四野共軍會師　朱毛無權過問」！所以，有人知我做《金報》，懷疑我是右派。老前輩陳朗先生，是五十年代文人，他不太介意我們「反動」，可能看到我的「每日論戰」，就給我一張卡片。這人我一生只見過兩次。

梁：你是熟讀兵法才寫？

劉：不敢這樣說，只看過。我的軍事常識不只來自孫子兵法！歷代戰例我都很熟，例如毛澤東十九歲讀的軍事書籍，我十四歲就讀過。比他早很多！說到歷史，我肯定比他在行！我要多謝曾敏之先生，他是一個很開明的人，他是我的良師益友。共產黨人不是個個一樣，也不是鐵板一塊！為何要多謝他？《文匯》讓我寫副刊，白樂誠約我寫，我跟他說：「你請我寫稿，你可以抽我稿，一個字不對，可以整段抽起再寫，但你不能改我的。」曾敏之完全答應我的意思。一日一篇文章說毛澤東的游擊戰十六字口訣，就是「敵進我退，敵駐我擾，敵疲我打，敵退我追。」人人都說這是毛澤東的天才創造，我推翻了這個說法。我說毛澤東是根據七百多年前成吉思汗的四子拖雷，在三峰山戰役的戰術。如果你看歷史，就會看到。他看到的，我也會看到。當時有些極左說曾敏之你這樣不行，但他一字不刪就刊出了，他真的很行，真好嘢！

梁：五十年代，你不是極左的嗎？我記得你說過：「不左不是人」。

劉：我不左，就不會回去讀書；我不左，就不會說因為我的成分。李子誦老總跟我「半平反」，他說，你爺爺當買辦、卻不是買辦階級；你老爸是官僚，卻不是官僚資產階級。李老總還跟我說一件事，他說蔡廷鍇兒子在北京讀書，他的成分，哈！是前軍閥！

梁：你老爸呢？

劉：哈，三朝！陳濟棠、蔣介石幫、汪精衛汪偽，和平後竟沒被搜捕、沒被叫漢奸，解放後也沒列黑名單，廣州公安局局長譚正文，在五七年叫他跟兄弟回廣州，之後再叫他來香港。幸好那時走來了香港，不然一定沒命。

梁：説説《晶報》。

劉：《晶報》內幕嘛，一半班底是《明星》的。《明星》是鍾平組的，是《周末報》那班人，以前在東江打游擊。可能沒入黨，也是左傾的。我也認識總編輯，是前香島中學校長黃成新。我還沒加入《晶報》前，是李子誦介紹我去《明星》，我當然去啦！他不會叫我去《香港時報》，除非他是陳訓畲或是許孝炎吧。

梁：《明星》銷路如何？

劉：銷路不太好，初時只有過萬，但要多謝雷坡這個老友記，他訪問「紅媚案」後，就大大起紙了。雷坡成為香港的名記者，他在《晶報》就被打壓，他兩次被炒。他臨走前跟我説：「左派朋友中只有我一個。」哈哈……

梁：《晶報》開始時，有多少職工？

劉：不到一百人，但也有幾十了。字房有二、三十人，我們也有二十多，加上後生大約也有五、六十人，我沒詳細數過，也很難數。

梁：社址在哪？中環嗎？

劉：不，社址在灣仔軒尼詩道八十四號四樓，下面有家自由餐室，二樓是陸宗樹診所。往東望，可見到修頓球場。一九六五年我們才由威靈頓街搬過去。六五年搬到循環大廈，那是皇后大道東一四一號，一整座的。《正午報》在三樓，我們在四樓。

梁：可以說說你們那時的工作環境嗎？

劉：很慘！當時要睡寫字枱。一個單位，已包括排字房跟編輯部。一個社長室分兩人用，王社長跟陳老總一起。校對部的桌椅放門口。你來訪問，就沒門房的，因為那是校對部。

梁：報界很多名人是從《晶報》出來的，像胡棣周。

劉：我才是開國功臣！

梁：你以辦副刊為主？

劉：最初，陳霞子叫我開幾版，第一是電訊版，其實很少，只有幾條字，但編輯卻有一大堆。他有時也親自做編輯。鍾平雖是督印人，但他也親自做編輯。後來林壽齡、麥煒明跟我……

梁：林壽齡是老闆之一嗎？

劉：不是，他是陳霞子的外甥，是陳霞子帶他出身。他在《真欄》幫陳霞子代寫。他來到《晶報》時，陳霞子以「筆聊生」寫〈西遊記回憶錄〉，寫了一陣子，就交給他代寫。

梁：當時待遇怎樣？

劉：很差，林嘉鴻（林壽齡）比較多，不知道有幾多，但是都不過二百元。

梁：支月薪的？

劉：我跟雷坡、發行主任，還有那些由《明星》過來的記者，統統一百二十元。

梁：你甚麼時候加入《明星》的？

劉：《明星》嘛……一九五五年，約六月左右，九月去港聞版，跟雷坡他們一起。

梁：《晶報》一出，《明星》的人都轉到《晶報》？

劉：它有選人，有一部分沒有轉調到《晶報》，如副刊的覃嘉濂沒去，他後來去了《循環》，另如採主林天任，他也沒有去。像我跟雷坡，可能被認為靠得住，所以採訪部三人被轉調，雷坡、梁暉、麥正。後來麥正不做，就雷坡，還有個女記者叫黃瑞霞，後來叫黃夏，跟潘粵生結婚，婚宴我也有去。

梁：除了電訊版外，你還是……

劉：當然是娛樂版編輯。不過，娛樂版就是陳霞子最討厭的，為甚麼？那是為了遷就王以達社長，用來安置《明星》的殘部，所以我理所當然做了主編。還有電訊版，我只做很少，我跟陳老總說：「這樣多編輯也行？」他反跟我說：「你專做花邊新聞，就專用小標題！」有個很好的專欄，叫〈當年今日事〉，是由我首先做起！後來才有其他人跟着來做。後來亞視的〈當年今日〉也是我們影響而生，現在其他電台電視也跟來做。我肯定是《晶報》首先開始的。這個欄一直做到王以達社長調我去校對，我才沒做。

梁：最初《晶報》只有四版紙，內容是怎樣的？

劉：不，是六版一張半紙，售斗零。

黃（仲鳴）：為甚麼去了做校對？

劉：因為《晶報》宗旨是，不能讓人認為你是左報，三個被調的編輯，也跟左派有關。第一個是我，因為跟左派工會有關，就調為校對。可能陳霞子給我老父面子，不把我「殺掉」。麥煒明被裁掉，調回《新晚報》。後來有體育版，請來錢景麟負責，但他自己請假去旅行，被發現去北京，所以立即被裁。我們報紙一定要讓人認為是中立，不像其他左報。我們要叫蔣先生作蔣公，要讚他們抗戰領導有功的。

黃：沒有「蔣匪」嗎？

劉：《文匯》、《大公》才有！

梁：《晶報》是國際版先行，而不是港聞？

劉：對，最初是這樣，後來短短三幾日。後來因港聞大賣，說起來，《晶報》很「黑心」，因為很多命案也在《晶報》附近發生，正因如此可以近水樓台。雷坡、羅治平、梁潤泉都是名記者，有經驗或很有名氣，「很威」。而梁潤泉是《華僑晚報》的名記者；羅治平已經做過老總，他紆尊降貴去《晶報》當記者。

《晶報》第一件新聞，是張寬義做出來的，標題是何劍緋起的。莫光不知道這事，他當時不在採訪部，他在黑房那邊，兼任膳食。

梁：後來他是否得到陳霞子賞識，所以將女兒嫁給他？

劉：這是七、八年後的事了。《晶報》初開時，新聞很多，所以不夠人。梁潤泉說：「多出來的人力如總務羅燦堯、他又喜歡跑新聞，就讓他當見習記者。」莫光是雷坡推薦的。

當時王以達問我認不認識莫光，我當然答認識。他人怎樣我不清楚，但我知他只有二十元人工，在一家攝影公司做黑房，他很用功學習，又寫得一手好字。但其他的就一無所知了。

黃：金庸曾說他向陳霞子借雷坡的過程很辛苦，要想很多辦法掘過來。

劉：其實「借」是讓陳霞子好過，好落台。我看過那封信，陳霞子寫完就給我看。那根本不用借，是炒。雷坡兩次被炒，就是這樣。

梁：為甚麼這樣呢，他很「做得」？

劉：這難說，有一說他在《新晚報》兼職。雖然我不知真偽，他沒跟我提過。那時《明星》的人都搖頭，相信是被排擠。黃瑞霞、雷坡、梁錦輝等人向我訴苦說：「都被《成報》的人『惡晒』了！」我個人覺得本人例外，《成報》來的那班人的確有做我謠說我跟陳霞子這樣那樣。我可以說，到一九六四年期間，陳霞子最信任的，只有我。

梁：你甚麼時候才轉任副刊主編？

劉：《晶報》開張時，就準備做這個。陳霞子開了一個「通天曉」欄目，是自問自答的。我是《晶報》的「通天曉一世」。那時想：「如果將來有讀者來信，就把這個擴大來寫，變成街坊服務版。」怎料我轉任校對後，《成報》的人也來了。第一個是李清平，他一來就把林壽齡踢走了，本來林壽齡做副刊的；我老頭子不當這個，林壽齡是副刊兼電訊版編輯。他們一來，李清平做了這位置，也兼寫通天曉。後來葉揚當後生，秤版的，又變成了校對，再轉成記者，五八年羅治平當編輯。後來六零年鄭心墀又來了……

這些人陸陸續續由《成報》轉過來，所以《明星》班底就覺得受排擠。我覺得沒有甚麼大不了，始終大家也只是工作。《明星》的人，如會計劉應群、出納那個又訴苦，就把他們調走了。

梁：《晶報》開始時是人才濟濟的！

劉：人多不等於人才濟濟！羅治平是人才，張寬義也很好！第一條新聞是他採訪的。一九五八至五九年張寬義是採主，羅治平是港聞，何劍緋也兼港聞。何劍緋走後，羅治平一直全盤主理港聞。

梁：起紙了吧？

劉：很快起紙了，由一萬不夠到萬多，是很短時間。之後我轉任校對，就不太清楚了。

梁：你甚麼時間做校對呢？好像只有很短時間？

劉：我當了三年校對。那三年間，正值《晶報》三週年記念。陳霞子對我不薄，給我一個月休假。當時他要我代表《晶報》招呼客人，招呼那些《晶報》的寫手，像靈簫生，另一是曹聚仁，還有高貞白，也是「叻人」，有名的，是國學家，很厲害的。

曹聚仁寫稿，我跟他才有聯繫，無所不談，成為忘年交。我跟他相差三十三年。

《新報》創刊時，很抵死，蹄風是我的世叔伯，其實他叫周叔。陳霞子叫他，每天寫一篇武俠小說。他寫到最後一期，就寫了「明天請看《新報》」。陳霞子問我為甚麼，那時我只是個校對，我回他說我已寫了便條給李清平先生，我不知他怎樣處理這事。陳霞子好像去罵了李清平一頓。我好像因此被他恨了，一直被他用政治的帽子套下來，說我是第三勢力。結果他又被炒了。結果王以達先生叫我代替他，說他好像不太可靠，我成了服務版的助編。怎料李清平還是在擋着我。他叫我不要管編輯部的事，雖然是社長叫我管的，但李清平還是我上司，我就順他的意吧。

他問我：「孔門七十二賢，賢賢何德，雲台廿八將，將將何攻。」這種考秀才書生問題難不到我。我用《史記．仲尼七十二弟子選》跟《後漢書》等內容去回他，說他騙人。廿八將也答齊了，功勞也答齊了，也就給了他，他卻不發出來。他又弄了個〈遊戲文章座談會〉欄目，結果我跟陳霞子說我不接手這個，因為怕真的有讀者來考我們，我們丟架而已。說起來也火。

梁：五十年代末，《晶報》怎面對中國大陸那一系列的事件？

劉：那是不會說的。一九五六年內地漢字簡化，我們不提；五七年反右不提。

梁：逃港潮呢？

劉：那是六幾年的事，已是很左了。那時我在副刊，就不管這樣多。若說五十年代，彭德懷在一九五八年被罷官，我們也是隻字不提。內地這樣，我們服務版也不敢亂來。

梁：副刊呢？

劉：我在五九年接手李清平的副刊。我負責原有的〈小開心〉。擴大了〈街坊服務版〉，而且另開〈家庭樂〉，那原來是胡棣周的，他那時還在做翻譯。我也恢復〈每日影談〉。我調校對時，我的〈電影雷達網〉欄被砍掉。胡棣周叫他恢復影評，他說：「若果不敢得罪粵語片的話，那就用西片。」但他卻搞不定，不會編，就讓我搞了。

雷煒坡沒走前，我倆是加薪最多的。從一百七十元加到四百多。他知道雷坡想走，就加薪。但報內風氣這樣，他也被「炒」兩次，怎也説是沒有面吧。金庸創辦《明報》，就讓他走了。也有其他左報的人被抓去了。

梁：你們文體是怎樣的？

劉：三及第的，但不是我們先創。其實早在三十年代，已在廣州流行。陳霞子、任護花也在寫這個。那是以白話文為主，加點文言跟廣東俗語。陳霞子叫我一定要學。其實，我一早之前就在寫這個。我想《晶報》高級點，就要寫白話文，我交一條〈通天曉〉給陳老總，他就改成〈天下萬物一樣水皮〉。那就是三及第，那就是我的範文了。

搞副刊版時，意識狀態跟李清平不一樣，他是投讀者所好，説得不好聽的，是媚俗。好似有條標題〈張秦殺妾晌三軍〉，在現代意識來説對女性很殘酷，他就好欣賞，好愛國甚麼的，王社長跟我搖頭，叫我不要這樣。

我接辦以後，有一個宗旨，是普及科學，就是提高讀者大眾的科學常識，破除迷信，還有加強讀者對中國文化民族的認同，愛我們的中國，就是不愛共產黨或國民黨。李清平是投讀者所好，低級趣味的也會有，而我卻沒有。所以會跟我有爭執。他是上級，也就算了。不過就會有點小衝突，逢有甚麼事情，他也會踏着我，不讓我上。陳霞子先生要我組〈家庭樂〉時，要我寫一個〈太史婆講廿四史〉。我可是個男人！他要我扮女人語氣寫稿，所以我被迫看粵語片，學會那種阿婆腔調。為何要叫太史婆呢？原來是戰前有個叫戴姓（戴昭宇）作者，以此為筆名。他放下了十多年後，卻被陳霞子先生在報刊上介紹過兩個副刊文章，第一個就是我，另一個就是童彥子先生，筆名叫伴霞樓主，專寫武俠的……

梁：你主編期間，哪一位作者讓你印象深刻？

劉：《晶報》初開時，怪論就是梁寬寫的。陳霞子覺得他比高雄要好，因為高雄是《三國演義》的筆底，例如「要騎馬過海」這種較低俗點的，梁寬不是這樣。「要騎馬過海」是高雄發明的。

梁：不是韓中旋嗎？

劉：才未到他！韓中旋是他的徒弟而已。我曾替高雄代寫過，筆名「五時花」。後來梁寬不寫後，六十年代才由高雄接手。這個青黃不接時期，我跟陳霞子先生和許洪根代寫。沒空時，全由許洪根寫，筆名潘真光。後來請回高雄寫怪論，以「區品喜」作筆名，這很「多口」吧！

梁：稿費如何？

劉：很低。〈太史婆〉那些，一百元一個月。

梁：高雄呢？

劉：高雄是三百元一個月，他是名作家。有些只有二百多，只有高雄跟梁寬有名，所以才會這樣特別高。

梁：曹聚仁呢？

劉：也是一樣。

梁：是月薪制？

劉：對，以月計的。

梁：高旅呢？

劉：上面原本想派他過來當總編輯，但不敢。高旅在六十年代是《文匯》的資料室主任。《文匯》在港初開時，他是主筆，總主筆是聶紺弩，總編是馬季良，就是江青前夫，也就是唐納。幕後人是潘漢年。《文匯》初開的班底，後來去了當官，副總理、部長也有。郭沫若成為副總理；

茅盾是文化部部長；夏衍是副部長。章乃器是國家糧食部部長。

梁：南宮博呢？

劉：南宮博沒在《晶報》寫過，他只寫過《成報》。他原名是馬彬，是《長沙日報》社長。

梁：馮鳳三呢？

劉：他在六十年代開始寫。他又叫羅翁，在《新生晚報》叫司明。梁小中說他是司空明，那是他記錯。

梁小中那時是我們的「論敵」。六十年代，他在《香港時報》，筆名張烈宿。

梁：馮鳳三寫了多久？

劉：差不多十年，直到七十年代。

梁：方龍驤呢？

劉：也有，他寫得很好。不過很可惜，上頭要刪改他的稿，我真的不忍心。他們認為他寫得很黃色。所以我奉命要刪。

梁：你高峰時是廿一個欄，怎做到的？

劉：不是同時寫廿一個欄，我總共在廿一家報刊中寫過，每家最少也有兩個欄。

梁：你一天最多寫幾字？

劉：過萬。不過，全港寫得最多的，應該是高雄。他每日二萬八千字。很多人也不信，但我真的幫他數過，真的有這麼多！他很歡迎人家去他家打麻將，就在干德道，他打得很大的！

黃：《晶報》哪來這樣多經費？

劉：暫時無可奉告。

黃：初時可以自負盈虧，後來不行了吧？

劉：《晶報》上頭跟我說，王以達社長是暹邏富商，太太是寮國富商，所以有很多錢，他們是這樣說的！

梁：《晶報》在六十年代後走下坡了，就是一九六七年……

劉：不是，那時《晶報》是全港第三大。我在機房看數量，有十七萬紙。第一是《星晚》、第二是《成報》，然後就是我們。後來全部左報《文》、《大》、《新》、《晶》、《商》也要取消狗馬經。

梁：羅治平也離開了？

劉：其實他是被裁，很可憐。因為取消了狗馬經，銷量應聲下跌。最慘是《正午報》，原來狗馬經有九萬多紙，第二日跌了十分之九，只有九千紙。

梁：說一下五十至八十年代副刊的轉變吧？

劉：一九五九至六四年間，陳霞子最信任我，他曾經想組個社論委員會，想拉我入局。他對我很有恩惠，我不敢接受。因為成分問題，上面的不太信任我。他舉了幾個人說，某某人是副刊的人才，可以寫社論；某君只能寫《人民日報》那種，不會寫三及第文章，我最合適代替他寫。

梁：但最後你沒有當上。但副刊呢？

劉：他叫我做副刊，我當然同意。我只做執行，除了〈太史婆〉，還有個〈詞語辨證〉那類欄日，我寫了一陣子，後來《晶報》越來越左，就很難寫了。

梁：現在的副刊變生活化了。

劉：對，都不同了。現在的記者也差很遠了，試過接受《明報》的訪問，我說鄧寄塵，結果變成新馬仔，都不一樣，那很糟糕。還有我說我老爸的事，明明跟陳霞子沒關係，就強行作出來。哈哈！

馬英

中文報協的過去與未來

馬英，世界中文報業協會總幹事。一九五三年出生，台灣政治大學畢業，一九七二年在《星島日報》實習，一九七四年畢業後正式加入《星島日報》，擔任體育版記者及國際版編輯。一九八四年開始擔任世界中文報業協會總幹事至今。

訪問時間：二零一五年七月二日

訪問地點：北角寶馬山樹仁大學新傳系錄影室

梁：馬小姐，你怎樣入行，又怎樣成為世界中文報業協會總幹事？

馬：一九七二年我在台灣政大讀大三的時候，被派回來香港《星島》實習了二個月。畢業後再申請《星島》正職，就被錄取了。

梁：當時採主是梁泰炎嗎？

馬：當時是潘振良。那是一九七四年。

梁：當時《星島》的情況怎樣？

馬：當然很好！同學們都很羨慕我們能夠加入《星島》。那時《星島》是人工最高的中文報章，入行時已是八百元，三個月試用期之後，就增至一千元。其他報館只有五百至六百元。

梁：記得一九六八年我加入麗的電視時也只有六百元！

馬：對，所以那時能加入《星島》，大家都「嘩」了一聲。

梁：你當記者？

馬：我加入後，在體育版做了廿七年半。

梁：你只做體育版？

馬：對。

梁：主編是誰？

馬：邵維新，是位老行尊。

梁：那時候《星島》人手多嗎？

馬：七十年代的《星島》，不算很多人。以採編來説，沒有「PATROL」（輪更式記者），晚上在編輯部工作，也只有幾十人。

梁：《星島日報》、《星島晚報》和《快報》，三家報章關係如何？

馬：《快報》在隔壁，我們在北角新聞大廈。我們提供很多「援助」給《快報》。例如我們在白紙上寫稿，而不是用原稿紙，世界盃、奥運時，我們要用過底紙寫稿，因為底下那張要給《快報》！

梁：做體育版以外，你還有做過其他版嗎？

馬：有。二零零一年以後，就在國際版做翻譯。一直做到退休。

梁：國際版人手多不多？

馬：不多，連我在內也只有六、七人。

梁：但每天刊登的篇幅也不少，我記得《星島》當年較注重國際版。

馬：對啊！但人手就是這樣了。

梁：國際版的主編是誰呢？

馬：我那時是叫主任，李景基，是比較年輕的。我一九七四年剛進《星島》時，繆雨是主任。

梁：繆雨後來去了《東方》，九十年代他在百德新街寓所過身也沒人知道，很令人惋惜。

馬：他為人真的很好，很可惜。

梁：你何時到中文報業協會工作？

馬：一九七四年加入《星島》後不久，世界中文報業協會是張祺新先生在負責，他接手世界中文報業協會那年，協會要在香港舉行大會，他在《星島》報社內「拉伕」，找人幫忙接待。有天，他走過我的案前，說：「馬英，來幫忙吧！」我過去幫忙，擔任接待工作。

我在一九八四年接手，那時張祺新先生被新加坡《聯合早報》招攬過去。他又是「路過」我案前，跟我說：「馬英，我走了，你來接手吧！」我就不知就裏地接手了。

梁：當時不是一份受薪工作吧？

馬：其實世界中文報業協會的工作是受薪的，但不多。《香港時報》社長曾恩波先生曾說：「這總幹事職位的工資，比菲傭更低！」

梁：只是一個象徵式薪酬！胡小姐先辦中文報協，之後再轉為世界中文報協。你能否說說當時那段歷史？

馬：一九六三年，IPI（國際新聞協會）協助

一九六八年，世界中文報業協會成立，圖為第一屆大會盛況。

工商晚報

世界中文報業協會今選工作小組委員

十五家報紙獲選為第一屆執委

本報董事何鴻毅報告報業概況

世界中文報協選出首屆委員

第一屆世界中文報業協會。（《工商晚報》，一九六八年十一月十九日，第四頁。）

亞洲各地發展新聞業，辦了很多活動、研討會等等，還在一九六三年舉辦亞洲報業研討會。

梁：是在希爾頓酒店舉辦的？

馬：是，還請了很多在東南亞的中文報章老闆前來。那是他們第一次正式聯繫，之後六六、六七年好像也有舉辦（六六年東南亞中文報業研討會），還是IPI主導，那次研討會引導中文報業協會的研究會成立。

梁：胡小姐不是先辦了一個中文報協嗎？

馬：最初提出要辦中文報業協會，一九六八年十一月十八日正式成立時，已叫做世界中文報業協會。

梁：當時有多少家報章參加？

馬：成立初時有八十多家。那時越南的中文報紙老闆也參加，其他成員來自菲律賓、印尼、新加坡、馬來西亞等地。（**梁**：只有東南亞等地的中文報章嗎？）不止，蘇里南……連美洲都有中文報章來我們這邊。

梁：三藩市的《金山時報》也有人來嗎？

馬：那時真的有很多報紙參與。

梁：你們組織甚麼活動？

馬：成立初期一直辦很多研討會，那時報行有很多技術需要，東南亞的報章技術比較落後，韓國也是這樣。有些連中文字粒也很缺乏。

梁： 他們怎樣營運？

馬： 靠台灣捐給字粒他們。台灣有個僑委會，幫助外僑報，會捐字粒給它們，但一旦字粒損壞了，就沒法補充。那些報紙有時會出現空白，或者被迫塞進字號不同的字粒。世界中文報業協會一直探討這些較為實務、技術性的事項。如排版、打字等技術問題，大家都會合作。

梁： 當時的領頭人是胡小姐嗎？

馬： 對，她是主席。提出要籌組協會的人是胡小姐，附議的是台灣《聯合報》王惕吾先生。如果沒有他的支持，也就辦不成了。

梁： 香港的報紙老闆也有幫忙吧，像《工商》、《華僑》等等……

馬： 對，世界中文報業協會的會章，就是由《明報》的查良鏞先生撰寫的。

梁： 原來如此。胡小姐做了多久主席？

馬： 我們的委員會每兩年改選一次，但她做主席做了很久。八十年代之後。她說在這位置上坐太久了，不應總是她坐

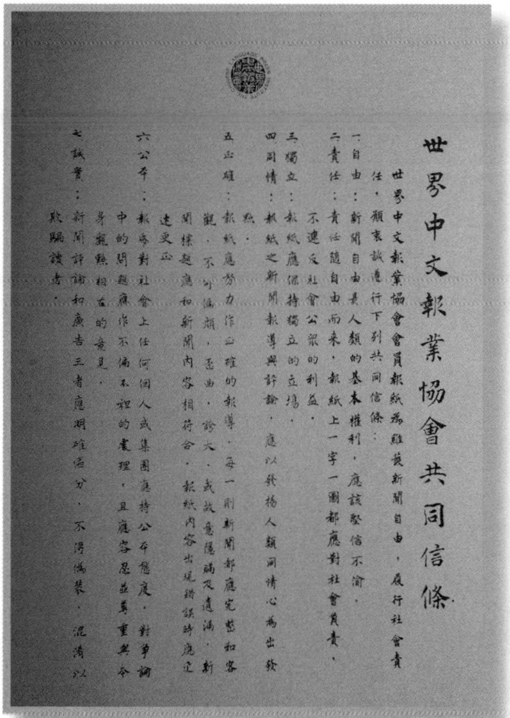

世界中文報業協會共同信條

世界中文報業協會會員報紙為維護新聞自由，履行社會責任，願衷誠遵行下列共同信條：

一、自由：新聞自由是人類的基本權利，應該堅信不渝。

二、責任：責任隨自由而來，報紙上一字一圖都應對社會負責，不違反社會公眾的利益。

三、獨立：報紙應保持獨立的立場。

四、同情：報紙之新聞報導與評論，應以發揚人類同情心為出發點。

五、正確：報紙應努力作正確的報導，每一則新聞都應完整和客觀，不可偏頗，歪曲，誇大，或故意隱瞞及遺漏，新聞標題應和新聞內容相符合。報紙內容出現錯誤時應迅速更正。

六、公平：報紙對社會上任何個人或集團應持公平態度，對爭論中的問題應作不偏不袒的處理，且應容忍並尊重與本身觀點相左的意見。

七、誠實：新聞評論和廣告三者應明確區分，不得偽裝，混淆以欺騙讀者。

世界中文報業協會共同信條。

着，所以退了下來。於是世界中文報業協會增加了會長與副會長這兩個職位。胡小姐做會長，岑才生先生當主席。

梁：岑先生做了多久呢？

馬：岑先生做了很久。

梁：應該是九五、九六年？那時他賣了《華僑》給《南華》，他該是退出協會吧？

馬：對，所以他成為我們的顧問。之後，《東方》的馬先生也做過一段時間，是馬澄發先生，馬澄坤先生不願出面，所以叫弟弟來擔任這個職務。不過也只是一段非常短的時間。

梁：他們是親兄弟嗎？

馬：是堂兄弟。他只做了一段時間，鄧立人先生繼任。（**梁：**是《天天》那一位鄧先生？）對，他只做了大約兩三年，之後《商報》社長李祖澤先生當主席。

梁：現時也是李先生做主席嗎？

馬：不是了，李祖澤先生在零八、零九年卸任，之後是《文匯報》社長張國良先生，他做了兩年後離開《文匯》。現在的主席是王樹成先生，也是《文匯報》社長。

梁：你們是因為胡小姐的關係，而將世界中文報業協會的會址設在《星島》報社嗎？

馬：協會成立之初，港台兩地都有會員，當年台灣出入境管制，不太方便。所以才將總部設在香港。

梁：早期是設在新聞大廈？

馬：最早不是。初時是在司徒拔道AIA（友邦）大廈。租金十分昂貴，胡小姐覺得不值，而且新聞大廈也有地方，所以就給協會一個辦公室。第一任總幹事孫述憲先生，他搬來新聞大廈。之後我們一直佔用《星島》的地方，直到現在。

梁：《星島》已經換了社址，也已經換了老闆，你們還在報社的大樓內？

馬：對，很感激新老闆仍然給我們一個地方。

梁：原來如此。孫先生怎樣當上總幹事？

馬：我不太清楚。協會成立之初，指定孫述憲先生擔任。淵源我不清楚。他做了七年後，就離開出外搞生意，他跟東南亞國家的商人關係很好。之後張祺新接任，他做了十年，然後就是我。

梁：鄧立人是《天天日報》的總經理？

馬：鄧立人先生同時是《星島》的總經理。

梁：世界中文報業協會這幾年的會員增多了？

馬：對，自二千年開始，不少來自中國大陸的會員加入，約十八間。我們協會的大門一直向他們敞開，只要是中文報章就可以加入。問題是內地報紙的加入要經過國務院批准。

梁：總幹事的工作會不會更吃力？

馬：這個不是大問題，反而是香港的報業較低落時，我們更困難。以前大大小小也有二十多間香港報紙，現在《華僑》、

千禧年後，中國內地報章開始加入世界中文報業協會，圖為二零零一年首次於中國舉行年會情況。

《快報》、《工商》、《香港時報》、《新晚》已經消失了。報業漸漸萎縮時，就變得不好當。

梁：免費報近年盛行，他們有沒有參與協會？

馬：《都市日報》是我們的會員，目前《am730》仍在考慮中，《頭條日報》因為《星島》的關係，也有參與。

梁：他們要交年費？

馬：要。但會費很少，象徵性的，兩千元一年。聽說報業公會的會費貴很多。我們會費真的不多，不知是孫先生還是張先生年代，買了股票收息，所以協會可以靠收股息營運。另外《星島》無償提供辦公室，可以節省一筆。

梁：現時只有你一人在營運？

馬：可以這樣說，原來還有一個人，但他在九七年移民美國，沒有再請人接替。始終協會工作不多，而且電腦能精省工作。所以現在只有我一人。

梁：你的工作內容是甚麼？

馬：聯繫會員，另外也有年會，這算是主要活動。

梁：你們會不會在海外開會呢？

馬：以前是一年在香港，一年在外。近來香港酒店消費昂貴，不易訂位，現在多在外地開會了。

梁：你要飛到海外組織年會？

馬：多數都由當地會員協辦，他們安排好，我們才去開會。我

世界中文報協現時多改於海外舉辦大會。

們今年的年會就在印尼。

梁：你們會期多久？

馬：兩三天左右。

梁：你們會討論甚麼？

馬：起初都是些實務性的議題。近年題目較為宏觀，像經濟對中文報章的影響、中文報章如何與時並進這一類。

梁：也就是數碼化的影響，其實相當大。

馬：對。

梁：近年紙媒好像在走下坡。

馬：對，近年好幾次討論到新媒體，亦有探討免費報章的問題。

梁：收費報紙的經營日漸困難。

馬：其實每個地方都不同，像馬來西亞，他們的報紙沒有受到很大影響，《南洋商報》、《星洲日報》等紙媒都有穩固的讀者群。

梁：張曉卿在馬來西亞經營得十分成功。

馬：對，他是我們的首席會員。

梁：你看報行未來走勢怎樣呢？是免費報支持收費報、網媒支持傳統報章嗎？

馬：我覺得是相輔相成的。若沒有《星島日報》，《頭條日報》是很難維持下去的。《頭條》編採人員不足，很多業務要靠《星島》。但若是沒有《頭條》，只有《星島》獨力支撐，也是一件很艱難的事。

梁：有被淘汰的可能嗎？

馬：有可能。

梁：你怎看報行的發展呢？

馬：不知道，目前來看估計很艱難，但應該可以捱一陣子。

梁：我覺得很悲情的是，剛才你說你入行時，相對於生活水平而言，人工相當不錯，但現時的工資很低，遠不足以維持同樣的生活水平。你作為中文報業協會總幹事，怎看這件事呢？

馬：這跟報業生態有關。現在不能再叫「文人辦報」了。以前的老闆較肯跟下面的夥計們分享成果。我記得胡小姐當老闆時，有幾年是出十五個月工資的。賺錢時，會多分一點花紅給夥計。但現在的老闆多數只分給上層的幾個領導，下層通通沒有。

梁：這一行很依賴記者質素。記者找到好的題材、故事，才能提升報紙的質素。現時工資這麼低，人才「貨如輪轉」，流動性很大。但是對整個行業來說就不太好了。

馬：對，這是很不健康的。我不太明白老闆的心態轉變。可能是眼裏只有報社高層，對基層卻視而不見。這是很可悲的，只可說是老闆的心態不同了。

梁：你在《星島》工作的時候。胡小姐是十分進取的。

馬：對！胡小姐的想法很前衛。她最早提出免費報的意念，當年我們十八區都有區報。

梁：但發展不下去，是資源不夠，還是用人不當？

馬：時間不配合吧。她也辦過綜合性雜誌，像《星晚周刊》、《娛樂一周》等等，當年雖是隨報附送，但內容跟現在的八卦雜誌差不多，甚至還健康一點，揭私隱的內容較少。但有專題、明星訪問等等，也做得很好。因為是隨報附送，雖有很多廣告，也不能回本。

梁：對，她在九五年開辦網上報紙。

馬：《星島》約在九零、九一年間已步入電腦化階段。

梁：今天她已失去了《星島》，這是因為她個人投資出問題嗎？

馬：這是高層次的問題。我只能説很可惜。《星島》易手時，它的現金流還是很大。也就是説當時《星島》不是虧本的，而且《星島》還有很多物業。為甚麼它要轉手，我們也不太明白。我在《星島》的時候很開心，整家公司的親和力很大。大家每天上班就像回家一樣，例如報慶，老闆又會跟我們一起吃飯、唱歌、表演，大家都很開心。我們還有運動會、部門間的球賽，胡小姐亦會親自出來頒獎，冠、亞、季軍更有獎金。不是很多報社會舉辦這類活動的。

梁：現在呢？

馬：沒有了。

梁：氣氛也變了吧？

馬：對，我從舊老闆時期工作到新老闆時期，現在大家只是以「打工」的心態在工作，部門之間亦少了聯絡，就算在大廈內時常碰面的同事也會不認識，以前不是這樣的。

梁：現在何先生還是世界中文報業協會會員？

馬：《星島日報》還是會員。

梁：是何老闆做代表嗎？

馬：不，是盧永雄先生做代表。

周融

報界打拼　拼出傳奇

周融，一九五零年生於香港，網上媒體《香港G報》行政總裁。一九六七年出身於《英文星報》，由記者做起，一九七零年升為採訪主任；一九七四年加入廉政公署任新聞主任，一九八零年升為總新聞主任；一九八四年加入星島報業集團，為《英文虎報》總經理及總編輯，及後為星島報業集團總經理；一九九一年創辦《Recruit》雜誌。一九九四年開辦出版之友印刷公司。二零零零年出任香港電台節目〈千禧年代〉主持。

訪問時間：二零一五年七月六日

訪問地點：北角寶馬山樹仁大學新傳系錄影室

梁：周先生早在一九六七年暴動時，加入了當時只有英文版的《星報》，短短三年升任採訪主任。你如何進入《星報》？又是怎樣「冒起」的？

周：其實不是我選的！記得香港在一九六七年發生暴動，五月新蒲崗開始暴動時，我還在讀中五，準備會考。我在北角仁伯英文中學讀書。

梁：所以你英文很好？

周：還好，後來工作時慢慢訓練得比較好。暴動時百業蕭條，基本上所有人都找不到工作。我記得當時只有政府工可以做。政府工的選擇有二，第一，可以去當警察，中五畢業，有證書的，就可以去考督察，工資有七百元；沒有證書的，當警員也有二百八十元。

梁：當年政府文員的月薪好像是三百七十元？

周：大概是那樣。當年會考結束的時間大約是六月初，因為暴動導致部分科目考試日期延後，中環等地交通堵塞，一片混亂。

我很幸運！親戚跟我說，有報章要請人。我父親那年去世，我不能繼續升學。放榜前已經要去找工作。我很幸運，剛見工就被請，立即開始工作。當時恆生銀行的出納，工資約三百元，政府文員也是三百多元；而英文報章記者的月薪是四百五十元，是非常高的。能當上英文報章記者，只能說是幸運！我英語說得不錯，因為我在校時是首席領袖生，美國第七艦隊軍樂隊來校表演時，也是我作為代表致謝詞。我的英語口語還好，至於寫作就是另一回事了。

梁：你家裏不是說英語的？

周：不是。只不過我看很多英文書、唱英文歌……因為當時在私立中學就讀，沒理由唱《哥仔靚》或鄭錦昌的中文歌，只會唱皮禮士利、Paul Anka、Pat Boone 等人的英文歌。多唱、多說，英語發音就會變得標準。

梁：你加入英文《星報》（The Star）時，員工多嗎？

周：當時報館洋人和華人分得很清楚，華人方面有個編輯是華人最高代表。

梁：有多少人？

周：先說編採部，當時我們屬於少數分文字記者和攝影記者的香港報章。英文報紙就是這樣，中文報紙則是文字和攝影由同一人兼任。當時《星報》大約有十二三個攝記、十二三個文字記者，各佔一半。那時公司不會發相機給攝記，要自己買，但公司可以借錢給你買，像 Nikon、Leica 或 Pentax 那些牌子，當年 Canon 還沒普及；亦有很多人用「盒機」，即是 Rolleiflex 那種，用 12mm 膠片的「大

Cathay Pacific the ONLY daily jet service between Hong Kong, Taipei, and Japan.

The Star

MONDAY, MAR 15, 1965 10 CENTS

A.O.C.'s Home is not for sale

$300,000

MANSION 'REPRIEVED'

Hunt for kidnap killer

FIAT

THE CAR FOR EVERY FAMILY

TURIN MOTORS LTD.

ALTHOUGH six months ago the British Government suggested that this Spanish-style house at 12 Repulse Bay Road should be "dispensed with" it will be at least a year before any action is likely to be taken to sell it.

The mansion, estimated to be worth $300,000, is the home of Air Commodore Dennis Crowley-Milling, Air Officer commanding RAF, Kai Tak.

It stands on 20,000 sq. ft. of choice land with beautifully-landscaped gardens and a tennis court.

The house has 15 rooms and requires a staff of 10 servants.

Last August a report tabled in the House of Commons said Services in Hongkong were costing "far too much."

The Air Commodore's home, Air House, was said to be too elaborate and costly – particularly in view of the small force now under his command.

The report also suggested his duties could be transferred to a local RAF station commander.

But inquiries have made it clear that nothing has so far been done to deprive Air Commodore Crowley-Milling of his residence.

It appears that the House of Commons recommendations have been shelved.

The Air Commodore lives at Air House with his wife and two children.

More pictures on centre pages.

Not so many babies

周融畢業後，旋即加入於一九六五年創辦的《英文星報》，圖為該報創刊號。（《英文星報》一九六五年三月十五日，第一版。）

片機」。

那時的記者要穿西裝、打領帶。我記得受聘後，第一件事是去買西裝。當時家貧，母親要向親戚借錢給我去買。因為家道中落，我與母親、姊姊還有兩個妹妹住在一間「梗房」。那時沒有現成的西裝可買，要去「大笪地」訂做，甚至暴動期間也要穿正裝上班。

梁：英文報章是不是洋人較多？

周：當時分兩種，一種是編輯文稿的副編，都是洋人，主要是澳洲人，因為老闆是澳洲來的。記者、採訪主任也是洋人。

梁：採訪主任是誰？

周：Alfred Lee，一個澳洲華人，但他不會中文。專責編輯、高級編輯、資深記者全是外國人；中國人大多做「跑腿」，只有幾位資深的可以跟洋人平起平坐，但工資差很多。洋人記者是一千二百、一千三百元，中國人只有八百元，差距很大。

梁：華人記者有哪幾位？

周：我想很多都已去世了，今年我六十五歲，那時我才十七歲。華人記者有Frank Chuan，後來去了新聞處，Albert Chan，Christopher Yip，也曾在新聞處工作，還有Kenneth Koh，後來去了廉署。他們都是我的前輩。華人代表是Frank Ng，他是最資深的華人職員。

梁：後來去了港台那位嗎？

周：是的。

梁：當時的採訪環境是怎樣的？印象中還是由新聞處發記者證給記者？

周：當時當記者，要先過試用期，報館才會去新聞處申請記者證，而且不是一申請立刻發證，要經過一段時間才可以。所以我初當記者時，公司給了我一封信，信頭寫着「The Star」，遇上警察盤查時，可以用來證明記者身分。五、六個月後才有正式記者證。當時新聞處通過電報機發佈一些資訊，最多的是天氣報告，但也有其他資料，還有一些發生了很久的事，例如「港督出巡某地」的消息，都是英文。當然也會有些採訪通知。但一般突發新聞，如車禍等，報館很依賴「買線」。其實所謂線，以警方線為例，是警方人員透過中間人，把新聞消息送給報館。

梁：機場有機場線。

周：對，機場也有一條線。醫院線有 QE（伊利沙伯醫院）跟 QM（瑪麗醫院）兩條。有些人在收症室工作，當有車禍傷者入院時，他們就會立即打電話通知代理人，再由那人通知買了「線」的報館。

那時一條線大約三百元，當年有十多廿份報章和電台「買線」，加起來可以賺不少！當公務員只有二、三百元工資，但收「線」可收到幾千元，可以大賺一筆！這算不算貪污？後期 ICAC（廉政公署）也有拘捕過幾個所謂的「線人」。

梁：我記得六十年代香港很腐敗，有很多賭檔，還有鴉片煙檔。《星報》像外國小報一樣，不但內頁有性感美女圖，還有不少「揭秘新聞」。你們怎樣採訪到這些新聞？會不會有危險？我記得你們還租了一個單位，偷拍大坑蓮花宮那一帶木屋區的毒檔、賭檔！

周：其實那不是租屋拍攝！當時我是記者，負責採訪，並不知道做這新聞的背後原因。在那個年代的香港，賭、毒檔不難找，大家都知道在哪裏。不過大家不會去碰九龍城寨，因為你還沒進去，就會被抓住揍一頓。

大坑蓮花宮後的山不高，天后廟後全是木屋。只要你走上六、七層高的舊樓，在天台上稍作遮掩，用長焦距鏡頭，就可以拍到了。基本上中文報紙不會去拍。英文報紙為甚麼做這新聞？我也不知道。現在想起來，你不會無故知道那些賭檔的位置。所以不排除有些人，特意揭露某處的賭檔，通知報館。

梁：會不會是警方？

周：有可能，也可能是「生意」對手。要知道，毒檔是盤很大的生意，可能有人想打入某地，利用報館的報道，迫使警方掃除原有勢力。

梁：所以你們被利用了？

周：其實絕大多數新聞都來自有人妒忌，報復而爆料。中外皆然。

梁：但《星報》特別多「揭秘新聞」。

周：我們肯做而已。蓮花宮後山是不容易上去的，路又滑又濕，被人追肯定逃不了。你只能佯裝上屋頂。天台有木屋，要趁沒有人時偷跑上去，觀察整個環境，迅速拍照，整個過程只有五至十分鐘。你不能固定死守，因為他們發現有人就會叫喊。一聽到聲響，「檔口」的人就會衝下來，你也要從六、七層衝下樓。這時候大家相當於在賽跑。被抓到的話，不知會發生甚麼事。那時，我打扮得衣衫不整，窮困潦倒。但對當地人來說，還是很注目。因為我當時很年輕，那個年代吸毒的基本上都不是我們那樣的人。不過可能我比較瘦，看上去還是有幾分像。確定毒檔方位之後，拍幾張照，就可以交差了。

梁：印象中你還訪問了毒販。怎麼做到的？

周：這不難！木屋區總有商店的，只要在附近走來走去，蹲一下，跟那些人聊幾句，問問「最近毒品來貨是貴了還是便宜了」這類問題，他們自然會回答你。有時他們更會跟你詳細透露「檔口」的情況！他們並不怕警察「掃場」，因為早已「派片買通」了。當然你不能跟他們說你是來採訪的，只要問完回去寫就可以了。

梁：除了這些，你在《星報》期間還採訪過甚麼獨家新聞？

周：暴動時，隨便走到街上也會有。有一次，一名外籍幫辦（麥基雲）在銅鑼灣被炸死，我第一個到現場採訪。那位外籍督察，在香港大廈正對面，即現時崇光百貨斜對面的路邊，看到一個寫着「同胞勿近」的袋子，覺得是假炸彈，想拿走，卻被炸死了。我記得當晚到場時發現，爆炸導致整條街燈光熄滅，一片漆黑。我們報館離那裏很近，在邊寧頓街四樓，一爆炸，玻璃窗幾乎被震碎。我立即跟攝記衝到街上，看到很多人逃走，身上流血，那個幫辦在地上抽搐，但他已炸得不成人形，全身焦黑，連血都沒有。隨後，很多警察趕來。那個年代，做「獨家新聞」很容易，看你能否碰上，像火災事故等，有「線人」就很容易。

梁：但是很震撼，你有沒有被嚇倒？

周：沒有，我很快就麻木了。

自己讀書時不知世故，也沒想過自己會當記者，但家境不好，面前是一份月入四百五十元的工作，你做還是不做？而且做記者常會看到一些罕見的事情，讓我覺得有新鮮感。因為家境問題，我在家只能搭木板睡，又要上夜班，所以我寧願留在報館久一些，多外出見識。我留在報館的時間比別人長，每天都花十三、四個小時待在報館不走。所以老闆也以為我很勤力！

The Star
Now, would YOU hang the bombers?
CITY
BOMBS GO ON...
EXPERTS today are reconstructing the Causeway Bay Red horror bomb which last night blasted to death a young European Traffic Inspector, married with two children and a wife six months pregnant.
Very powerful
FIAT
FOR YOUR NEXT CAR
CALL
TURIN MOTORS LTD.

暴動期間，《星報》社址附近發生炸彈爆炸，麥基雲督察被炸死。（《英文星報〔*The Star*〕》，一九六七年十一月六日，第一版。）

梁：政府在暴動後搞了很多活動。可以描述一下當時情形嗎？

周：一九六八、六九年後，政府辦了很多流行音樂演出（Pop Show），希望粉飾太平，打一場心理戰。一九七零年代，西洋樂隊帶動香港風潮，英文《星報》正好順應潮流。那時中文流行歌不多，都是翻唱英文歌，Joe Jr.、許冠傑、泰迪羅賓都是這樣出來的。所以英文《星報》和《星島日報》舉辦很多歌唱比賽，年輕人都跑去玩樂，政治感覺逐漸消磨。當年每逢週六、日都有流行派對，在卜公碼頭舉行勁舞派對（Dance Inn）。港英政府那時做了很多青年工作。當年披頭四流行，所以很容易掀起這種風潮。

梁：你在《星報》如何奮鬥，在三年內從記者升上領導層？

周：這不算是奮鬥！我沒想過自己會升採訪主任。很多人覺得我在華人記者中工作表現最出色，所有要聞都由我負責。那時，港聞分兩大線路，一條叫「Police Round」，與警方、治安有關。我不精於此道，Henry Parwani（白允理）卻是「頂呱呱」的。我在「普通 Round」。他是印裔港人，而我是中國人，懂中文，所以公司在很多事情上較倚重我。

其後公司將我調去娛樂版，掌管所有娛樂新聞。當時的娛樂版，內容多是抄自中文報紙，但我會找明星做專訪，如訪問影后李菁等。樂蒂自殺時也有報道。

STAR Pop Show a screaming success!

by ANDREW NELSON

THE STAR's Pop Show at the City Hall concert hall last night was a SCREAMING success.

Loudest scream

The Star TREASURE HUNT

1st Prize, $1,000 worth of gift coupons
2nd Prize, $750 worth of gift coupons
3rd Prize, $500 worth of gift coupons

ENTRY FORM
NAME .... AGE ......
ADDRESS ....
.... TEL ......
THE CLUE TO TODAY'S TREASURE IS: 4
"To get cigarette butts in"
MY ANSWER IS:

六七暴動後，港府與傳媒舉辦多場新潮舞會，構建「歌舞昇平」意象。（《英文星報〔*The Star*〕》，一九六七年十一月二日，第十四版。）

李小龍等已是後話了。

過了一段時日，我調回新聞部。我問報館高層，我已差不多是首席記者，為何要調我當編輯？原來，報館想看我自己怎樣做管理、有沒有填滿新聞版面的能力。當時我很不開心。

梁：那時《星報》老闆是 Jenkins（曾競時）？

周：是的，他覺得這是訓練個人能力的方法。

本來多是澳洲人出任採訪主任，但那些洋人做了一段時間後，有的升職，有的跳槽去《南華早報》、《中國郵報》（China Mail）、《虎報》，報館只得另請新人。

有出缺時，報館必定讓那個初來不久、資歷淺的澳洲人或英國人升任採主。資歷很深的華人，卻不能升為採主。這就是所謂的「玻璃頂」（Glass Ceiling）了，華人是不能逾越的。

當時華人跟某個洋人採主合不來，發生爭執。那個採主是個老粗，粗口橫飛，讓華人很不爽，把氣氛弄得很僵。華人員工表示，他不走，就不合作！

所以報館將他調走，卻苦無繼任人選。那時有位資深的華人員工，理應是他繼任的。但其他洋記者又不服，所以大家「講數」，結果是，「不如周融來做吧！」。

當年我二十歲，只當了三年記者，大家都覺得可以在後面操縱我這個「傀儡採主」。我知道自己不夠資格，我只是一個黃毛小子，不能和其他記者相比，華人記者中，七、八年經驗的大有人在；洋記者中有更資深的，四、五十歲，十幾、二十年經驗。面對這些「前輩」，我怎麼管他們？但當時高層說：「接受這位置，工資加很多，你做不做？」

若我接受升職，薪水就會大幅提升，可以從一間「梗房」，搬去「一廳一房」的房子。那時我已有一個小孩，第二個也快出生。只能硬着頭皮，答允當「採主」。對我來說，升職加薪最重要，所以就接受了。

梁：然後《星報》就開始發行中文版？

周：那是我一生中最難過的日子。身邊的人都針對你。夾在華洋中間，同期的朋友也不服你，所以很辛苦。但我捱了下來。每天，我比所有人早回公司，也比所有人晚走。例如有人八時要下班，五時才給他派工作，他很有意見。我就跟他說：「你做完後留下底片，跟我口述，我代你寫稿交稿。」所以，我早上七時上班，做到晚上九、十時才回家。那時只能用這種方法去慢慢扭轉同事的態度。不過，同事並不會完全接受你，只是覺得「還好」而已。我「少年得志」，一朝成採主，只有用這方法，才能讓下屬「順氣」。中文《星報》在一九七零年代出版。當時，曾競時找到和記祈德尊爵十入股。

梁：不是早就入股了嗎？

周：祈德尊爵士跟胡仙當時都有投資《星報》。和記持有少許股份而已。一九六八、六九年時，和記才拿了一大筆錢來入股。和記覺得，自己是英國的頂尖大公司，應該像滙豐持有《南早》一樣，有一份報紙幫忙出聲，所以才入股《星報》。

當年中文《星報》的航拍。

入股後，並非立即創辦中文《星報》。當時和記還有家直升機公司，報社就以「廣告換直升機時間」的方式跟他們合作。所以，我們常常坐直升機拍攝，例如董浩雲的海上學府大火時，我也坐了不下十次。後來，很多人坐習慣了，覺得很平常，都不想坐了。其後買了一部印刷機，增加產量，再創辦中文《星報》。

梁：所以你要兼任中文版採主？

周：名義上不是，也沒有加薪，只是要包攬中文版事務。當時英文《星報》日間出三版：早、午、late（晚）。late是二時半截稿的，早版則是十時截稿、十一時開印。然後午版是十二時截稿、一時多發行；晚版二時半截稿、四時發行，為了將報紙送上首班往九龍的渡海小輪。中文《星報》創刊初期，只出兩版：午報跟晚報，即是早上、中午各一版。因此，我要趕四個死線。就是八點中文《星報》初版、十點、十二點、一點、二點半……

梁：印刷廠在哪裏？

周：就在邊寧頓街報館裏面。印刷機設在地庫，另一邊是採訪部。當時，我們從四樓搬下來，地下又新增了一部印刷機。我們即寫即印，然後出版。

梁：那時銷路怎麼樣？

周：英文《星報》只有數千份；中文《星報》曾經有十萬紙，很厲害！很賺錢！

梁：當時報紙售兩毫？

周：應該是，不太記得了。當時的「cartel」在報業公會內，《華僑》、《星島》、《工商》、《南早》那些頭頭不同意加價就無法加價。最後大家經過商討才同意。開始時不貴，只賣一、兩毫。中文《星報》很成功，因為當時找了幾個中文報業中非常優秀的報人幫忙，如梁小中、羅治平、關卓華、韓中旋等等。「紫微楊」（楊君澤）也在當翻譯主任，英文《星報》寫完後，稿件就

BATTLE OF VICTORIA PARK

PAINTINGS TO AID SENKAKUS

ANNUAL APPEAL

PLEASE GIVE GENEROUSLY

威利警司打人。（《英文星報〔*The Star*〕》，一九七一年七月八日，第三版。）

JVC 星牌 NIVICO

A REVOLUTIONARY NEW 4-CHANNEL SYSTEM OF STEREOPHONIC SOUND

The Star

CITY

EMERGENCY OP FOR ANNE

ROW FLARES OVER BLOODY V. PARK CLASH

SONY

THE QUEEN—EXCLUSIVE PICTURE: P 24

一九七一年保釣示威，警方嚴厲鎮壓。（《英文星報〔*The Star*〕》，一九七一年七月八日，第一版。）

給他們譯成中文。

他們常跟我投訴：「你（英文部）這樣寫給我們是不行的，我們中文報紙這樣寫行不通！不如你講，我們寫吧！」正因為合作多了，我跟中文《星報》的報人關係很密切。

那時，還沒有流動電話，我要協調記者的採訪工作，記者採訪後打電話回報社，我跟報社內一、二位同事抄寫。很多時候我都要用脖子夾着電話在打字機旁記錄法庭新聞，邊聽邊打，像聽寫一樣。而且我要包辦內頁的內容。我記得，《星報》版面是小報，約十六版，經過我手的有十至十二版。幸好當時稿件較短，一篇十二段的稿件，副編會要求我改寫成六段。所以英文寫作能力在那時變得工多藝熟。

梁：你在《星報》經歷戴麟趾年代和麥理浩年代……

周：我在麥理浩時代，很快就轉職ICAC了。

梁：他開始注意香港的居住問題、福利問題，帶來很大改變。

周：那時感覺沒有很大差別，大家注意力都在「反貪」上。維園曾經舉行一次「中文運動」（註：應為保釣集會），就是「威利警司」那次（一九七一年七月七日七七大示威）。當時威利警司要追打我，我穿着西裝，大叫「Press」（記者），才沒有被打。

當時貪污問題嚴重，我在《星報》任職時，發現很多探長有「警黑勾結」的問題，想整治貪污犯罪也無從入手。

梁：《星報》曾經幫四大華探長報道他們的風光事件，像緝毒、破大案等等，後來卻發現他們和黑幫串通一氣，你能否說說具體情況？

周：那個年代，特別是六七暴動之後，需要警方高壓控制，維護社會治安，需要華探長合作。暴動後有段時期是「無警狀態」，警方跟不同群體做「善後工作」。當時只有英文《星報》做這些治安問題報道，中文報紙不會做。老實說，這些新聞對記者來說，很危險。只有我們這些年輕不知死的人……

一九七零年代雖然已有 PPRB（警察公共關係科），但 PPRB 難以取代「警探線」的人。因為 PPRB 還是洋人主理，提供一些他們認為要宣傳的資料，那些消息對記者幾乎沒有用處。還是要靠那些「噚友」，即警方出來的人，又或是跟警方有關係的記者。這些人大多跟着某個探長「搵食」，或時常待在某個警區。比如鄧雲有一個，顏雄又有一班。這些人跟報館交換消息，有時他們也會提供一些「免費料」。

那時，英文《星報》有個不成文政策，不能收「免費料」。因為很難知道那些資訊是否屬實，所以要付錢給線人。因此，他們可以多賺一筆。不過，他們的目的可能在於打擊警署內的對手，或是捧自己的人。有時他們「拼升級」，就會花錢請報紙報道某警長、警目如何立功。所以這是互惠行為，很多報紙只有這樣才能做出警探新聞。

梁：我記得中文報紙記者會收警方的紅包。

周：我們沒有收。我們報館都是採主收料。「線人費」我也不知道給了誰，報館內有更資深的人去處理。

我相信大家也明白，這裏面是有些問題的。但錢不由我管，我只負責收料。有時，那些探長請我吃飯，喝 FOV、「沙樽」、XO 等烈酒。又帶我們去舞廳，新加美、杜老誌等等，當然不只我一個人，找來不同報館的記者和編輯。

我那時二十多歲，舞廳那些「姊姊」們……大多是風韻猶存的舞小姐，對我來說吸引力不大，出入那些場所，只為獲取新聞資料。

有時他們希望我們寫報道，只簡單說一句「某探目拘捕了某人」，並沒有提供詳細資料。這時只能靠一些特別的手段。

其實，就算是今天美國的《華盛頓郵報》、《紐約時報》等等，也會這樣做。記者要獲取當權者的內幕消息，最容易的做法就是從憎恨他的人手上拿到，當然必須作一些權衡，這是我們這一行逃不開的現實。

梁：那時很多警方、政府的高官，來港時只帶一個皮包，離開時卻是盈箱累篋，你怎麼看這個現象？

周：誰敢動他們？有時，他們正是你上司。以前我們報紙的老闆是同性戀，當時是犯法的。

梁：麥樂倫督察事件是經典例子。

周：其實大家也知道，有一些政府高官是同性戀，只是秘而不宣而已。我記得在《星報》時，採訪一宗車禍。有個女傷者說我們不能拍她，但我們記者都拍了下來，也登報了。原來，她是一個華探長的情人……

梁：不是司徒志仁的情人吧？

周： 不是，但也很麻煩。不久，報館又報道一宗賭檔新聞，那賭檔剛好在那個探長的管轄區。同時，跑馬地區的警察又「越界」掃蕩灣仔區賭檔，兩區警探發生衝突，我們有記者剛好經過，拍到雙方在「講數」的照片。

所以《星報》惹麻煩了，但還在報上刊登記者被打的新聞。之後《南華早報》報道說，警方內部一些同性戀者的檔案不見了。翌日老闆叫我去見他，要求我別再碰那則新聞。我向他抗議，他卻跟我說：「別跟我說太多，總之不能再碰。如果再碰，你就不要在這裏做；第二，不僅如此，發生事件的那條街，就算有火警，英文《星報》的記者也不可以進去！」可見報社受到很大的壓力。你明白了身為記者的無能為力。當年有一句金句，「筆桿比刀劍更有力」，這只是說笑而已！

那時，我發現記者工作中有很多事都是徒勞無功。這是我後來加入廉署的原因，我覺得在廉署可能更有作為。

回看那時，可算是貪污最猖獗的時代。因為暴動以後，大家發現生命很短暫，所以就萌生了在釀成災禍前「賺盡世間錢」的念頭。

我有一個當雜差的朋友，他的工作是幫九龍一個小區探長收錢、派錢。有次我問他，他們「油水」有多少，他閃爍其詞：「我那位探長油水不多，跟某某探長比差很遠。若一天能收足的話，可以買到一座四層高的唐樓，但他有很多人要照顧。」一個小區也可以收這麼多錢，那些總探長就更多了。

梁： 上面的洋人警官也會收賄嗎？

周： 洋警官的賄款，也是從華探長分出來的。只有升級試，他們才會直接收賄，因為升級試委員會只有幾人。而主管大區的警司，例如九龍區的葛柏，很多警察都要賄賂他。不過，他收的賄款不如手下多。想想「六億探長」，一九六零、七零年代的六億元，換算成現時幣值，就不止六十億元了！

梁：一九七二年麥理浩來港，其實他已在積極求變，所以才成立ICAC，然後你才加入……

周：但當時在報館不是看港督做了甚麼，而是看每天發生甚麼事。那時最嚴重的是葛柏事件，麥理浩委任百里渠爵士調查，後來的事皆因葛柏事件而發生。其實之前已發生韓德事件，追查時才牽扯到他的上司葛柏。

韓德事件很有趣，他是個警司，但他每餐都去凱悅酒店、「Baron's Table」，還要付現鈔。他的消費是收入的數十倍！

所以，《防止賄賂條例》第十條的「維持高於與其現在或過去的公職薪俸相稱的生活水準」與「控制與其現在或過去的公職薪俸不相稱的金錢資源或財產」這兩項條款是當年最有效的「大棍」；但自從八零年代地產興旺以後，這兩項罪名已幾乎不能控告了！

大家可能記得，以前某警司、探長說自己老婆做

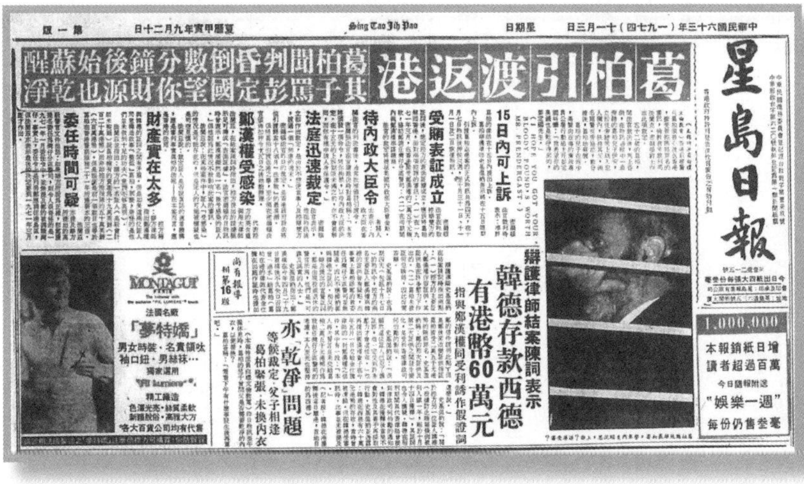
星島日報
中華民國六十三年（一九七四）十一月三日 星期日
夏曆甲寅年九月十二日 第一版
葛柏引渡返港
葛柏聞判倒數分鐘後始蘇醒
其子罵彭定國望你財源也乾淨
15日內可上訴
受賄表証成立
待內政大臣令
法庭迅速裁定
鄭漢權受感染
財產實在太多
委任時間可疑
辯護律師結案陳詞表示
韓德存款西德有港幣60萬元
指與鄭漢權同受利誘作假證詞
亦「乾淨」問題
本報銷紙日增 讀者超過百萬

葛柏引渡。（《星島日報》，一九七四年十一月三日，第一版。）

韓德涉貪污受查，意外揭發總警司葛柏案。（《工商日報》，一九七三年八月八日，第一版。）

妓女賺錢，但後來可以炒樓，情況就不同了。所以過去這麼多年，「第十條」基本上已經用不着了。這就證明法律只能在當時某個特定環境下才有效。

梁：為甚麼你在報館工作如日方中時，突然跑去ICAC？

周：剛才說到，當時我認為筆沒有比劍來得鋒利，二十多歲的人，覺得世界不應是這樣。公眾也對ICAC有很大期望。另一方面，那時打政府工能賺很多錢。我申請加入ICAC的時候……

梁：你是以IO（新聞主任）職級加入ICAC的？

周：不，是SIO（高級新聞主任）。那時，有人跟我說ICAC招聘員工，我就糊裏糊塗地遞交申請信，也不知道申請甚麼職位。而且交申請信時，已經過了截止日期。

後來，余黎青萍憶述：「對啊！你過期了，但我一見到是你，就跟姬達說：『這正是我們要的人！』」這才請了我。她記得當時姬達拿着我的應徵信去諮詢霍德，霍德就說：「周融是香港這個年代最出色的記者，請他沒錯！」

那時，我在《星報》月薪約是三千五百元。加入政府的工資更高，有四千九百七十元，加上ICAC津貼七百元，還有二千多元房屋津貼，實際工資就有八千元了！增加了一倍多。

當時，報館想挽留我，説讓我升任副總編輯，加人工至四千元。不過，就算我能當副總編輯，但我不是白人，還是當不了總編。七零年代的香港就是這樣，華人雖然可以當 AO（政務主任），但到某個位置後，就沒有升遷空間了，跟今天不一樣。所以我覺得，是時候轉職了。另外，報館雖然也加薪，但比起廉署還差很遠。廉署薪水之高，讓我可以從「一廳一房」、四百多呎的單位搬去「兩廳三房」、一千多呎的單位。

梁：而且你在很短時間內升至 CIO（總新聞主任）。

周：對，三年內連升兩級。我加入 ICAC 的時候，我的上司 PIO（首席新聞主任）是一位洋人，他原來在英國的電視台工作，能幫姬達在 BBC、ITV 那些電視台做宣傳工作。當年，香港的英籍官員很注重母國的看法。若英國當地的傳媒替他們宣傳，他們回國後就飛黃騰達了！那位外籍 PIO 做了兩年半就離開了。當時他們根據他的工作，認為他不太了解香港，於是提拔了我，所以我可以在短短兩年半內成為 PIO。

廉政人員增添新血

卅名新人將加入廉政公署工作

提高質素新聘職員全是大學生

廉政公署招募人員

八百大專生應徵

初試合格者將再面試

廉政公署成立初期，招攬大批大專生成為生力軍。（右：《華僑日報》，一九七八年六月二十五日，第五版。左下：《華僑日報》，一九七五年四月三十日，第十版。）

升職後，部門分拆，增加很多工作。警廉衝突後，廉署不再是純粹的「執法者」角色，增加了反貪教育、社會關係、轉變民心方面的工作。因為工作範疇增加，所以 CIO 的位置增至兩個。

梁： 所以黃華騏才加入？

周： 不是，他是跟我同期加入的。他那時當 PIO，但只當了很短時間就離開了，蘇全義來接替。他負責影像部門，而我是另一部門。

當我即將再次升職時，有位新聞處的高級人員叫廉政專員不要提拔我。那新聞官說：「他太年輕了，才二十八、九歲，這樣快當上 CIO，以後就沒有甚麼職位可以做了。可能再升就是助理處長了。他不可能甘願在接下來那麼多年一直當 CIO，若提拔他，他就會離開。」但廉政專員……（**梁：** 還是姬達？）好像是 Peter Williams（衛理欽），他沒聽新聞官的意見，讓我升職。幾年後，我真的跑了！

梁： 警廉衝突那段艱難日子你怎樣度過？你怎樣處理警隊、廉署、報館三者的關係？

周： 我不用處理警廉關係，新聞部不必跟警方打交道。那時，同事們對特赦令感到氣憤。但那是政治決定，廉署無能為力。

特赦後，報館、記者並沒仇視 ICAC，他們覺得 ICAC 是事件中的受害者。他們認為 ICAC 沒做錯，反而是做得太好，才變成受害者。

梁： 會不會是你跟報館關係好，所以工作比較容易做一點？

周： 我覺得完全沒有影響。那時，廉署內部很緊張，想偵破一些「大案件」，讓市民重拾信心。當時曾拘捕一些收「利是」的公務員，如郵差等等，這些小案件反而容易引起爭議。後來才有較為嚴重的案件，如工務局人員受賄。

很快，市民又對 ICAC 充滿信心了。其實，市民是希望廉政公署成功的。香港人的善良之處在於，他們並不想看着你死，你做正確的事，他們便希望你成功，雖然有時也會罵你，但那是愛之深責之切。這對今天的政府、建制派來說也是一樣，市民希望你爭氣、做得更好，因為你若失敗，他們也不可能幸免於難。

梁：那個年代，是否有很多人聽到廉署的名字，都會避之則吉？

周：這倒是的。那時，我被警察截查或抄牌時，也不敢說「大家是夥計」，只會讓他快快寫好罰單，最好不要讓他有機會問你在哪裏工作。你有 ICAC 的證件，也不會亮出來。

特赦之後，警廉關係正常了很多，不再是我是貓、你是老鼠那種二元對立，增加了合作機會。警廉衝突發生一年後，ICAC 跟警方辦了一次警廉合作高峰會，我以總新聞主任身分列席，在那個會議內，是職位最低的一個。

當時警方由警務處副處長 Roy Henry（韓義理）（註：一說英文名為「Robert Henry」）主理，廉署方面由 Jerry Harknett（夏烈）（註：原名「Gerald Harknett」，時任廉署執行處副處長，與韓義理職位對等）主持，所有最高級的處長、助理處長都在會上。我是唯一一位非紀律部隊的人員，也是唯一一個中國人，當時還沒有中國人升至助理處長。PPRB 的 Drew Rennie（凌基理）也在，他的職位本應由助理處長出任（凌基理，原名「Andrew Rennie」，時任總警司，比助理處長低一級）。那時，我們隔着桌子，跟警方大眼瞪小眼。我旁邊有個 ICAC 外籍調查官低聲跟我說：「對面那幾個我都拘捕過，另外那幾個本來要拘捕的……不過全都特赦了，現在才能坐在我們對面。」

梁：你為甚麼離開 ICAC？

周：一九八零年代，社會又轉變了，外面的機會更多。

梁：當時中英談判還沒開始。

周：還沒有。一九八零年初，地產開始蓬勃，李嘉誠的名字逐漸為人所知。當時，大家都在談論地產，像賽西湖大廈單層售價變動等等。

外面工資也在暴漲，升幅差不多有百分之二十至三十。公務員薪資約增加百分之十，跟外面不能相比。一九六零至七零年代，政府是個安樂窩，人工比外面高很多，也不受外界因素影響，所以很多人爭相投考政府工。我也在那時加入廉署。

我很幸運，將好處通吃。在一九八零年代，大家覺得外面的機會增加，ICAC 的同事時常在午餐時討論，應否到外面闖一下。那時政府的工資仍比外面高約百分之三十。

但我覺得政府工作很悶。我是個很容易覺得悶的人，升至 CIO 後，很多事情同事都幫忙處理了，基本上無事可做。所以我認為是時候到外面做生意了。

梁：你一從廉署出來，就創辦一份馬經。為甚麼要辦馬經？你辦了一年，虧損嚴重……

周：我自《星報》時期起一直在賭馬。我不是純粹賭錢，而是研究。我覺得我能從這門深奧學問中，學到某些東西。

梁：你當時是跟吳了林合作還是……？

周：不是！我在《星報》時期已跟他相識。那時我很瘦，他還叫我跟他學騎馬！

外國的馬經很重視數據分析，當時還在用人手造版做那種簡單分析，所以在港不甚流行。我想到利用電腦，可以讓馬經內容更豐富。當時，電腦技術還不是很先進，但若將資料整理出來，用電腦排好版，就很容易閱讀。

我為此去日本觀摩，雖然我不懂日文，但能發現日本的馬經有很多數據。我發覺這樣做才是正確的，所以用這種手法去辦馬報。

當年的時機很差。我從廉署出來，將我的離職酬金一股腦投資在馬報上。不幸正遇上港元貶值，幾乎十港元兑一美元。

梁：那是一九八三年？

周：對，本來開始經營時並不差，也有廣告收入。而且我們辦報的方法，已跟今日的馬經一樣，但在當時而言，比其他人先行大約三至五年。我訪問了很多練馬師和騎師，將他們當明星一樣捧起，很受歡迎，可惜沒有很多廣告。因為經濟氣候不佳，爭取不到廣告，我也沒有足夠資金維持經營。

梁：會不會是你們擺出來的陣勢很花錢，跟晨鳥（許培櫻）、羅治平那些老派馬報人做法不同？

周：他們賣「貼士」，我不是。我以為大家對賽馬資訊有興趣，可是那時的讀者重「貼士」多於資訊。我誤判了！所以做了七個月左右，就要壯士斷臂，再做下去還錢都還不了。我跟合作夥伴揹了一身債，我負責清繳朋友的稿費。花了兩年時間，才將欠款還清。

梁：你怎樣加入《星島》呢？

周：一九八三年，我決定停辦馬報時，有人叫我找查良鏞先生。他們說，查先生會繼續投資那份馬經，因為他賞識我。但可能我跟查先生沒緣份，找了他三次都見不到他。我結束馬經後，通過潘振良先生去找胡仙小姐，找份工作。

當時還有一家公關公司想請我。我在兩份工之間，難以抉擇。胡仙小姐問我：「你想做甚麼工作？」我答她：「想回去英文報紙，看看《虎報》行不行。」她再問我想做哪個職位，我不想去編輯部，所以她叫我當總經理，由此開始了《虎報》的工作。

梁：不久你就要兼任總編輯？

周：我八四年加入，以前做記者時一直覺得：「當記者真沒用，當採主就『威水』了，可以管記者」；但當採主時，卻發現總編輯才是管事的；當總編時，又覺得沒用，因為有管錢的總經理

周融創辦招職分頁《Jobs Market》，圖讓《虎報》獲利。（《星島日報》，一九八八年十一月一日。）

看着；總經理也有個老闆在管着；最後當上老闆時，才發現還是沒有用，這麼多員工在管着你！環環相扣，像「鬥獸棋」一樣！

那時我想讓《虎報》賺錢，所以開辦《Job Market》。後來，胡仙換了《虎報》的總編輯，將 Alan Castro（賈思曹）換了，讓《南華早報》一位七十多歲的老先生來接替，做了一段時間。

胡仙發現經營狀況還是不太好，問我有甚麼人選，我自薦一併兼任，可以省事。我跟她說，若能提升《虎報》銷路，就能快點賺錢，而且可以省些工資，我只要部分總編工資就好。兼任總編輯是這樣一回事。

梁： 做了多久？

周： 兩年多。我早跟胡仙有協議，不會一直留在《虎報》，希望日後試試《星島》其他業務。

梁： 你任職《虎報》時，它是否已扭虧為盈？因為《Job Market》辦得很成功……

周： 還沒有。其實從成功到轉虧為盈是要時間的，直到我離開《虎報》那一刻，才開始賺錢。當時，我有點不高興，就像我爬上額菲爾士峰（珠穆朗瑪峰），卻不讓我登頂插旗一樣。胡仙跟我說：「還插甚麼旗，你已完成任務。你現在過來做《星島》集團總經理，我另有差事給你。」所以，我沒有選擇，只能接受老闆的差遣。

梁：有沒有加人工？

周：有，我很會講價。

梁：你做了多久？你沒再碰報紙編務，只負責處理賬目等行政事務？

周：我做集團總經理時，並不處理報紙業務。《星島日報》的事務，只有胡仙有決定權，我不會去碰。

梁：當時《星島》有很多副業，有出版公司、健康中心等等。

周：對！但我不做那些，我只負責開創新業務。例如我開辦星島教育出版社，專門出版教科書，辦了一份英文雜誌，又創建了一家類似Hallmark的公司，是印賀卡的文儀公司。還幫她處理私人業務如《快報》、收購雜誌等等，那些是《星島》集團以外的業務。

梁：玉郎集團收購案呢？你有參與嗎？

周：有，正是我負責。其實，收購玉郎集團是正確的。但過程花了太多時間。從商業角度看，《星島》做對了。因為《星島日報》是一張「Newspaper of Record」，是「大報」。銷紙不多，但廣告多，而且社會地位很高。《星島》集團自《星島晚報》沒落以後，就欠缺一份大銷路的報紙。玉郎集團持有《天天日報》，銷量大，《快報》銷路難以跟《天天》相比，若能成功收購，就應棄《快報》，取《天天》，這是完美的策略。正如今天《頭條》跟《星島》，是十全十美的搭配。但只有何柱國才有決心與財力做到。

梁：《天天》是否因為走情色路線，拉不到廣告而沒落？

周：沒關係的，《星島》如能收購到全港銷量第三大的報紙，還是可以慢慢將報格改變過來。但收購過程中，《星島》買入股份不足，因為黃玉郎先生不願意放棄，將股權分散，最後過了很久才收購成功。收購過程末期，我覺得自己不是負責此事的合適人選，若換成別人，更容易談成交易。

梁：你是甚麼時候離開《星島》的？

周：一九九一年。當時胡仙在澳洲的投資出現問題，令《星島》要砍掉很多業務。很多我經手的業務，在差不多回本時，全部被變賣去填數。例如我幫她將《快報》賣給南華傳媒。南華傳媒就是在那前後成立的。原先我負責的業務，不是結業，就是被變賣。我覺得意興闌珊，於是離開。

此致：所有玉郎國際集團股票持有人

我們同坐一條船　保障投資有權選

玉郎集團發出通告：將於本年五月一日，星期一，下午三時，在銅鑼灣怡東酒店三樓，舉行股東特別大會，表決出售玉郎中心議案。玉郎集團近期接二連三發生的事件，身為玉郎股票持有人的你，有沒有考慮到本身的利益？

1 玉郎主席黃振隆及其董事會有否履行他們對股東的承諾？

2 商罪科的調查行動，會否影響到股東投資的利益？

3 主席黃振隆及其董事會有否適當運用集團資源？

4 玉郎主席黃振隆欲獲低價配股，內裡原因何在？其超過5,000,000元的稿費怎樣解釋？

表決反對出售玉郎中心

表決反對出售天天日報動議

爭取董事會加入獨立成員

周融協助《星島》收購玉郎集團及《天天日報》，引起《天天日報》股東不滿。（《快報》，一九八九年四月二十九日，第九版。）

梁：你怎樣看那幾年整個《星島》集團的業務？

周：自八零年代開始，報業急劇變壞，經營環境越來越差，不只是個別報章，而是整個行業。

梁：一九八零年代至九零年代報業還是很蓬勃吧……

周：「小漲大回」，時好時差，但大趨勢是向下走的。只有《蘋果日報》使它稍微回升。哪個報業集團老闆靈活處理、順時而變，就可以生存下來；不行的，就被淘汰。那時有二十幾張報紙，現在剩下這麼少，而賺錢的報紙只有數張，這樣看來，難道大勢不是差了嗎？

梁：我記得《中英聯合聲明》簽了之後，很多報人都跑了。

周：《聯合聲明》不是關鍵，也不是個別人員問題，而是老闆能否作出改變。今天《星島》成功，是因為何柱國收購後成功轉型；《東方日報》也是成功的例子，直到今天仍是銷量第一；黎智英，從無到有，是成功的，但現在的《蘋果》與全盛時期相比，銷紙跌了六成多。除了這三張，其他報紙就算沒有蝕本，能賺多少錢？質量好又能賺錢的報紙，有多少張呢？

回看一九九零年代，很多報館，包括《南華早報》，大量投資買機器、擴充社址等等，到今天是不是「over capacity」（產能過剩）了？世界大勢就是這樣，香港報業最後可能跟外國一樣，只剩下兩、三張大報紙在支撐。

梁：你在《星島》時，胡仙還請來了大班鄭經翰？

周：他只做了很短時間，之後辦《花花公子》雜誌。

梁：一九九一年你離開《星島》，為甚麼會想到創辦《Recruit》，又為何會與港鐵合作，在地鐵內發放？

周：不是我主動創辦的。那時，我的朋友Martin Clench找我，他跟地鐵有合約，問我有沒興趣參與。我看完計劃書後，只同意做幾個月的顧問。因為我認為很難長期經營。

後來他與瑞士生意夥伴覺得從賬面上看經營狀況不太好，向我訴苦。我幫他想辦法，改變營運模式，變成免費派發，只收廣告費，變更了很多。所以我才加入，但過程不易。因為改變了投標時提出的營運方式，要不斷跟地鐵商討，讓他們接受，我花了很多功夫。

梁：你是否五年五年這樣做下去？

周：我做了十年。當時《Recruit》跟地鐵的合約完結了，很多報紙虎視那份合約。因為《Recruit》

實實在在地影響到《南華早報》的《Classified Post》。《南早》覺得要把位置搶回來，做蝕本生意也在所不惜。他們願意付給地鐵的分賬，比我們每年盈利多很多，而且我們只將部分盈利給地鐵公司，所以無法跟他們競爭。

梁：《Recruit》有一段時間不是改在街上派發嗎？後來又辦熊貓網？

周：對，但熊貓網很快就不行了，兩年左右已無法經營，我跟股東達成協議後退出，賣掉自己的股份。那是二零零二年的事，我做了十一年左右就走了。

梁：你在同一時間辦「出版之友」，配合《Recruit》的印刷。

周：我在一九九五年開始這業務，之後也是賣了股份，離開了。當時「出版之友」為《蘋果日報》印刷，可能是有史以來最賺錢的公司。我們投資了大約四千多萬，但我們最後卻買了四億多的印刷機器，數年內已經大賺一筆。《蘋果》開始自行印刷後，我們就賣了給《星島》。

梁：看來你的經歷也相當傳奇。

周：兜兜轉轉，一九九零年代末期，港台找我去當節目主持人。我覺得做傳媒唯一「過癮」的地方，就是前線工作，做管理層是很痛苦的。所以我又回去前線工作。我賣掉所有業務後，只待在港台，寫書、辦座談會或做公關顧問等。其實我已到了應該退休的年紀，卻又剛好因「佔中運動」走了出來。現在，我覺得應該試辦一下網媒。

梁：你現在辦《香港G報》，能否說說你的構思？

周：其實原因很現實。辦一個電視台，最少也要二、三十億；辦一份正式的報紙，自己有印刷機的，也要花六、七億；一份免費報紙，找人代印的，也要數千萬；但辦一個網媒，基本上只要幾百萬，便宜的一百多、兩百萬就能開始運作。我覺得，網媒最好的地方，基本上就是文字、圖片、影像、聲音，你全都包辦，最「過癮」不過了！而且市場無限大。

梁：你的目的為何？

周：我們回看香港，傳統上有兩個對立面，即是建制派跟「泛民」。其實「泛民」沒甚麼問題，直至他們搞了「佔中」、「鳩嗚」等離譜的事，我才不能接受。當反對派是沒問題的，但若傷害香港、傷害人，我就無法接受了，要出來聲討。

「泛民」有很多年輕人，年輕人創意無限。他們是最早使用電腦和互聯網的人，而建制派在網絡上力量很小，所以我才做這邊。

從生意角度而言，「泛民」媒體中，「蘋果動新聞」有最多廣告。但《蘋果日報》銷量跌得很慘，是它的政治立場使然。其他「852郵報」、「D100」只靠捐款，因為他們的政治取向，讓人不太想在那裏下廣告，直到他們大獲成功為止。

若看建制這邊，基本上競爭性不強，傳媒也不多。我算是早期加入的，有創意，就做些新事物吧！若要成功，在未來的網媒世界裏，是否可以在新聞之外另闢蹊徑呢？因為主打新聞，肯定無法與《東方》、《蘋果》等傳統媒體競爭。

辦另類的網媒，就如辦雜誌一樣，可能得到的回報很大，但要養助它二至四年。就市場而言，大家認為只有年輕人玩互聯網，其實是錯的。年輕人確實最先玩互聯網，可能有一百萬在玩，但自從佔中之後，年長的人才開始認識互聯網和社交媒體，並且沉浸其中。而這批人比年輕人多好幾倍，當他們加入網絡世界時，並不會看那些無事生非、挑撥離間的消息，而是看我們的正面資訊。這就是我們的市場。

梁：投資了多少？

周：幾百萬而已。

梁：但每月營業額也不少，有幾十萬吧？

周：不是，我們全部員工加起來只有九人。而且我還有儲蓄，能支持一段時間。現在才做了兩個多月，反應比預期好上五、六倍。我沒有想到可以這麼快做得這樣好。從網頁的數據來看，瀏覽量和分享次數不少，形勢很好。

梁：有人投資嗎？

周：沒有。本來想引入投資者，但很多人看了以後敬而遠之。我認為，每個人最終都會問自己，想給社會留下甚麼，如果是我力所能及之事……

梁：你現在每年二百多萬元支出，可以支撐多久？

周：一年一年的話，我還可以應付，只是不敢說可以應付十年。但不能一直做蝕本生意，如當年做《Recruit》一樣，我預計在兩年內收支平衡，沒想到第七個月已經開始賺錢。

梁：那《G報》呢？

周：我現在完全不去想賺錢的事，六個月後再說，先盡力做好，現在才過了兩個月。因為有句市場學名言：「做好你的產品，錢是自然會來的。」

梁：現在內容主要是？

周：內容分三種：正能量、很多從外面拿來的影片……其實，每個網媒都是一個收集到好東西的平台，方便閱覽，像雜誌一樣。互聯網的問題是，它有太多東西，沒人能接觸到所有東西。另外是一些好文章，找些部落格作者供稿；還有一部分是新聞、評論性文章。我們注重評論多於新聞，因為做新聞成本很高。香港目前正在經歷一段「敵我分明」的時期，這是一個不錯的賣點。

我不成功沒關係，不要成仁就行。我覺得，日後時機對了，我就去外面找人來投資、下廣告或補助，甚麼都行。我覺得這可以做到。

梁：請你總結一下，整個香港報業現狀如何？未來又會怎樣？

周：我覺得未來一定會出現整合。目前的經濟還沒有大問題，報業還可以經營得很好。如無意外應該是《東方》、《星島》留存。《蘋果》已出問題了，時賺時虧，雖然台灣業務還可以幫到香港，但今年會怎樣，我真的不知道了。網上業務的問題是，無論怎樣賺錢，都養不起一份傳統報章。除非不辦紙媒。但是「蘋果動新聞」的廣告費，不足以維持大規模的日常運作，還要靠《蘋果日報》才行，這是有點微妙的。情況跟《Recruit》一樣，傳統報紙一定要進入互聯網，但網上收入是不合邏輯的。無論如何，網上業務只能幫公司在市場上拿到很多投資，不過只有金主肯付錢才能繼續做，直至公司賺錢為止。但大家可能會發現，賺的錢沒有想像中那麼多。

梁：但是世界在變，像Google一樣，原來不被看好，現在卻「發達」了！

周：不能這樣說，Google、Facebook，它們的估值（valuation）是多少？如果傳統估值是二、四十倍，它們已經躍升了很多。很厲害的公司，到底要做到甚麼地步才能與估值相符？只要市場願意給你，你就自然會有錢。但給你錢，未必表示你能賺錢。最賺錢的是炒起股票的人，其次是公司的創立者。買股票的人也未必能賺錢。何時才能賺錢呢？大家都不知道。但這個趨勢似乎會維持一段時間。問題是有多少報紙可以成功轉型，兩樣兼收並蓄。其實外國也是一樣的，大家都在做同一件事。但又有些網媒來挑戰你、搶你的東西。那你怎樣保護自己呢？又是另一個問題了。

楊祖坤
在《大公報》的日子

楊祖坤，《大公報》前總編輯，一九四三年出生，一九五九年以見習生身分加入《大公報》，由記者做起，升至總編輯，是香港少數出任此要職的港人，二零零三年退休。

訪問時間： 二零一五年七月十四日

訪問地點： 北角寶馬山樹仁大學新傳系錄影室

梁：今日我們很高興請來《大公報》前總編輯楊祖坤先生，他一輩子只做這一份工作。請你說說，你是怎樣加入《大公報》的？

楊：我在一九五九年十月加入《大公報》，當時剛好在廣州讀完書。

梁：你是廣州人？

楊：不，我是地道的香港人。當時很多青年喜歡回廣州或中國其他地方讀高校。

梁：你就讀哪一家院校？

楊：廣東師範學院，讀中文系。我在一九五九年回港，經朋友介紹，投考《大公報》。為甚麼要考《大公報》呢？我很喜歡文學，想着若當不成作家就當記者，最後投考了《大公報》。記得投考時，《大公報》秘書楊秀峰先生是考官，他很認真，除了面對面提問外，還要求我寫一篇文章，寫我從家到報館的所見所聞、所思所想。

那時的《大公報》社址在干諾道中一二三號，就是現時信德中心、新填地那邊。我住在西營盤，離那裏步程約十五分鐘，他這個問題真的考倒我了。但沒多久，他們來信說我已被取錄，成為港聞課練習生，其實是見習記者，這就開始了我的記者生涯，一直做到二零零三年退休，期間歷任港聞記者、港聞課副主任、經濟課主任、副編輯主任、編輯主任、助理總編輯、副總編輯、總編輯，共八個職位。

梁：你在香港讀中學？

楊：對，漢華中學。

梁：你五五年中學畢業？

楊：當時大陸時不時發起政治運動，我真正讀書的時間不多，大學時期適逢大躍進，學校將我們這批學生送到清遠伐木。所以我當大學生的第一件事就是去砍樹！砍下的樹木用來建校舍，當時是一九五七年，校舍還很簡陋。一九五九年我就「畢業」了，只讀了一年多就回來香港。因為工作需要，學校認為我應該留在香港，於是我也沒有再回去。

干諾道中一二三號，原為前《華商報》社址，後為《大公報》社址。（《風雨故人情 華商報歷史照片文物專集》）

梁：能否說一下你加入時《大公報》有哪些人在？

楊：當時社長是費彝民先生，總編輯是李俠文先生，而副總編輯是李宗瀛先生，他後來創辦了《東方地平線》英文雜誌。羅孚也是副總編輯，不過他是掛名的，實際上是《新晚報》的總編輯。在這裏我要說一下《新晚報》的誕生背景。《新晚報》實際上是《大公報》的子報，是直屬《大公報》的。但為甚麼不叫《大公晚報》呢？

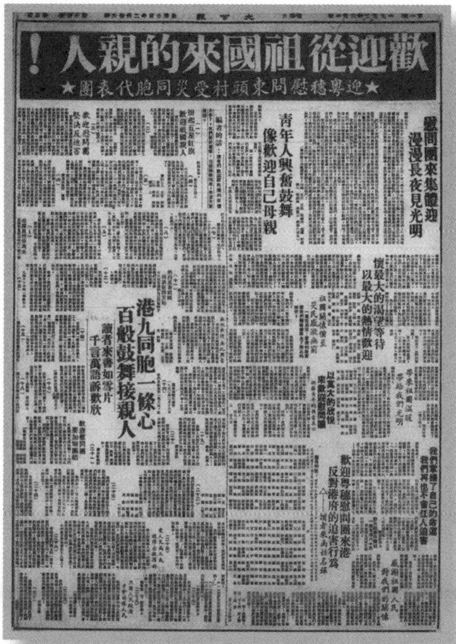

歡迎從祖國來的親人！

★迎粵穗慰問東頭村受災同胞代表團★

慰問團來集體迎 漫漫長夜見光明

青年人興奮鼓舞 像歡迎自己母親

懷最大的渴望等待 以最大的熱情歡迎

港九同胞一條心 百般鼓舞接親人

讀者來書如雪片 千言萬語訴歡欣

歡迎粵穗慰問團來港 反對港府的迫害行為

一九五二年三月，粵穗慰問團欲來港訪問火災災民，卻釀成「三一事件」與「大公報案」。（《大公報》，一九五二年三月一日，第五版。）

其實是有一段故事的。一九五零年代，《大公報》是左派報章，反映香港居民和工商界的社會、經濟訴求以及對政府施政的不滿，維護香港大多數人士的利益，亦維護「香港屬於中國」這個大前提。我們以此方針辦報，因此是異類，被港英政府視為「眼中釘」，很多事情都受到阻撓。

一九五零年代，港英政府想試一下中國對在港報紙的立場是甚麼。當時我們刊登《人民日報》一篇評論員文章，抨擊港府處理粵穗慰問團事件的手法。當時東頭村大火，災後哀鴻遍野，情況很慘，內地為了表示對香港災民的關心，組織了慰問團，亦準備運來一些物資。在五十年代，大家可以自由來往香港與內地，不用證件。

那時已預定了來港日期，但慰問團在橋頭被截停，沒法來港。這消息傳到迎接慰問團的同胞耳中，眾人就鼓譟起來，引起騷亂。《人民日報》針對這次事件發表一篇評論員文章，《大公報》、《文匯報》轉載，結果被控告「煽動」罪，票控我們社長、總編輯。當年值班總編輯是李宗瀛先生。

梁：有沒身陷囹圄呢？

楊：當然來抓人了。我們請了陳丕士大律師來打這場官司，最後《大公報》被迫停刊七天，但是在這七天裏，我們仍然每天上班，寫稿、編輯、拼版，只是沒有印刷，人人照常工作，以示對當

大公報被判停刊六個月
費彝民李宗瀛同被判罰
兩被告要求發言法官即制止
辯護律師當庭表示決提上訴

《大公報》因刊載《人民日報》批評港府的文章，被判罰停刊六個月。（《文匯報》，一九五二年五月六日，第四版。）

局打壓的抗議。這事發生後，港府想扼殺我們《大公報》，敬愛的周恩來總理正告當時的英國政府：「香港《大公報》是中國人民的報紙，亦是我們國家的財產。」自那一刻起，正式公佈《大公報》是一份「中國人民的報紙」。

正因此事，我們發現原來港府可以隨時「拉人封艇」，這樣的話，只有一張報紙顯然不行，所以在《文匯報》、《大公報》之外「另起爐灶」，辦了《商報》、《晶報》。這其實是不夠的，所以在那之前已另辦一份晚報。為甚麼不叫《大公晚報》？因為擔心《大公報》出事時，《大公晚報》會一併被查封，所以另定新名《新晚報》，但辦公、編輯、承印，都是同一組人，在同一地方。當然港英政府也對此心知肚明，但在外人看來，仍然好像兩份獨立的報紙。就這樣，開始了《大公報》、《新晚報》兩份報紙並行的日子。

梁：那是何年？

楊：一九五一年開始。

梁：説回你加入《大公報》時，一九五九年《大公報》對大躍進後的大饑荒有如實報道嗎？

楊：大躍進有報過，但現在看來，引用的材料有不少是誇大、失實的。

梁：費彝民跟李俠文兩位只是《大公報》的「代理人」嗎？

楊：不是「代理人」，而是參加報紙的管理經營。《大公報》一直都是民營，解放前夕《大公報》員工起義，接受國家領導。費彝民、李俠文兩位先生，一直在《大公報》長期工作，也支持國家營運這張報紙。說起來，《大公報》創辦人英斂之先生其實是一個滿洲旗人，是八旗子弟，一九零二年六月十七日在天津創辦《大公報》。之後交給王郅隆接手，但他經營困難，找到胡政之先生，加上吳鼎昌與張季鸞，成為三位《大公報》元老，組成「新記」公司，將《大公報》從經營困難的環境中改變過來，變成全國第一大報。而《大公報》亦是唯一一張國民黨蔣介石、共產黨毛澤東都看的報紙。

梁：日軍侵華時，《大公報》在上海、天津等地的分社都不能經營，因此跑去重慶跟香港嗎？

楊：我們的社訓是：「不能在日寇鐵蹄下辦報！」這是我們最高領導張季鸞先生跟胡政之先生下的命令。當日軍攻至，我們的印刷工友，揹起印刷機，往南遷移，先後走到武漢、上海，再到桂林、重慶等地，前後共六度遷移。

梁：香港《大公報》呢？

楊：香港《大公報》誕生又是一段故事。當年胡政之考慮到日軍攻勢急迫，他在重慶辦報時，要在防空洞內編報，很艱苦。他說要找一個更好的辦報環境，才能將信息傳開，同時中國最後的命運未明，所以想

香港《大公報》創刊號。（《大公報》，一九三八年八月十三日，第一版。）

要在香港辦報。因為香港由英國管治，較為安全。那是一九三八年。

梁：誰人來辦呢？

楊：胡政之，他在淞滬抗戰紀念日——三月十五日創辦香港《大公報》。

梁：當時人手多不多？

楊：絕對不多！不到兩年，日軍侵港了。我們社訓是「不能在日寇鐵蹄下辦報」，當然有行家能辦下去，但我們絕對不行。因為我們在他們的新聞管制之下，要抽樣，要改稿。我們怎能接受呢？要知道以前我們寫「日寇」時，會被抽檢，不能寫「寇」字，會被劃去，變成「日X」！

梁：也就是自一九四一年聖誕開始，一直到……

楊：一九四八年才在香港復刊。

梁：為甚麼這麼晚呢？

楊：其實是籌備問題。那時我們《大公報》在內地出版，所以同時有幾個版本要籌備復刊。

梁：剛才你說英國政府一直打壓《大公報》，那件事後有否放寬，還是更困難？

楊：《大公報》辦報過程與英國如何管治香港的政策有關。當然也有中國政府對港政策的影響。因為若當時中國要收回香港，以中國的人口與軍力，真的過羅湖橋就行了。但為甚麼要留下香港不收回呢？（**梁：**當窗口用嗎？）對，就是這樣，也是長期利用的問題，說到底，是兩制不同的問題。那時，中國政府被封鎖，難以自行與國際間聯絡，就算現在西方評論也稱香港為「超級聯絡人」。

梁：一九五零年代香港間諜滿佈，《大公報》又怎處理呢？

楊：說起間諜，香港真是「伊斯坦堡第二」了！真的有很多，英、美、蘇，我們中國「負有特殊政治任務的人」亦在香港，（**梁：**地下黨嗎？）亦有！台灣國民黨特務也有很多，因為他們行「反攻大陸」政策，蔣介石一直在香港搞策反活動。那時，《大公報》出了一個外國間諜，《文匯報》出了一個台灣間諜。《大公報》那個叫周榆瑞，是編輯部的。他很有名，當時他的英文跟法文都是一流的。

梁：你們怎樣發現的？

楊：他後來事敗，所以倉皇出逃。

梁：去了哪裏？

楊：逃到外國了，最後在英國終老。後來他寫了本書，叫《徬徨與抉擇》，點名批評我們社長費彝民先生。

梁：是哪一年的事？

楊：一九六零年吧。

梁：《文匯報》是哪一位呢？

楊：劉粵生。他是港聞課主任。一個奇人，嗜酒，又好打牌。他可以跟行家們打牌，未必每天回報社辦公，只以電話交代手下做事。結果有一天，本來還在跟人打牌的，打完以後他就人間蒸發了。

梁：為甚麼會不見了呢？

楊：身分被揭穿了，所以出逃。事後聽説他坐快艇轉輪船接應。大約是六十年代，他失蹤以後，《文匯報》上下非常震驚，貴為港聞課主任，也算是報社高層。此時，有人傳他不甚正派，後來中

周榆瑞逃至海外後，撰寫《徬徨與抉擇》一書。

工商晚報
THE KUNG SHEUNG EVENING NEWS
狗評專家破殺案
羅江判監廿四年
並判賠償三萬元給死者家屬
法官責被告與禽獸無異
被告聞判時神色極慌張
最後消息
粉嶺公立學校校長彭富華
接騷擾電話警方展開調查
一現役軍裝警員涉嫌打生菓小販
文滙報副編輯主任
劉粵生離奇失踪
警方正加緊調查
現在所得資料無法證實劉某經已離港
劉粵生失踪之前
與蕭姓記者來往
香港不可能自治與獨立
National
樂聲牌大

「劉粵生」失蹤。（《工商晚報》，一九六六年十一月九日，第一版。）

央社發了條新聞，說：「劉粵生先生由香港平安抵達台北，已獲委任為《中央日報》副總編輯」。

梁：五十年代也是多事之秋，你們怎樣面對呢？

楊：我們站在愛國同胞的立場，對鎮壓事件是堅決反對的。同時亦讓愛國同胞的聲音發出來。五十年代，國民黨特務煽動暴亂、攻擊香港左派工會、學校，如在荃灣那邊打死打傷愛國同胞，更有婦女被強暴。

梁：你對三反五反時期《大公報》的報道有印象嗎？

楊：都如實報道。

梁：不是有很多冤案嗎？

楊：這很難說，像反右、大躍進一樣。話說回來，當報人的，很多時候也是很被動的，不能不報。例如新華社、《人民日報》等消息來源，你不會不信任他們，最多只在文首加上「新華社消息指」等字眼，變成我們的轉載。我們吸收了他們文章的消息內容之後，再用讀者接受的文字改寫，但消息來源仍是他們。他們這樣做，我們也只能照登假報道。例如在大躍進時候，有個小孩睡在稻田中央，說畝產萬斤。事後揭露是假的。記者拍照時，那些人將旁邊稻田的稻米都割下來，再插在拍照的那塊田內。造成產量很高的假象。這就是浮誇了！當時我們作為記者，還未有深度與高度，對這種浮誇風進行抵制，也沒那個條件去做抵制。自己沒辦法親歷其境，沒想到是浮誇的！特別在全民大煉鋼時，將鐵閘飯鍋都熔了，亦是一例。

梁：當時《文匯》、《大公》也照報不誤嗎？

楊：對啊，照報不誤。這可以說是我們新聞報道史內最黑暗的日子。我們沒辦法進去拿第一手資料，而是信任官媒。誰料都被領導們弄成那樣，不是我們故意去做一些虛假報道。特別是文革以後，我們變得精明了，不是你說甚麼，我們百分之百信任你，要作核實，不對的，就不會報道。

梁：一九五九年，你加入《大公報》時，工資怎樣呢？

楊：我加入《大公報》時，工資有一百五十元，那時我們待遇在報界中算是中上的了。三個月轉正職後，加十元，變成一百六十元。一年之後加薪到二百一十元，算是很大幅度！

梁：《大公報》有多少人呢？

楊：港聞課來說，只有十來人。不太多。我們還有要聞課和翻譯組；要聞附設翻譯組，翻譯不成單獨一課。要聞課的人大都懂得翻譯的。

梁：你也兼作翻譯？

楊：不，我是港聞部的。一九五零年代初期，新華社的電訊不像現時一樣穩定、暢通，要靠廣播。那時廣播內容是這樣的，有一把很美的聲音在說：「請記錄……現在是新華社播放新聞，請記錄……」我們要用人手抄下來，另外是密碼廣播。就是電報機「噠噠噠」，之後一條字帶出來了，要待懂密碼的人翻譯。這是要聞課的工作，我是港聞的。《大公報》向來重視與香港各界人士聯絡，所以我們很早就有社團版，與工商界聯絡，也是很有名的。

梁：你當時採訪甚麼新聞呢？

楊：我採訪突發新聞。記得師傅黃子平先生，帶我去一些從來沒去過、很多人也不會去的地方。（**梁：**九龍城寨嗎？）沒錯，就是九龍城寨！第一次上班就去了！真的有人吸鴉片、海洛英，黃、賭、毒……甚麼都有。無牌牙醫最多，但這些也只是在外圍。一進去，又是另一個世界了，讓我很震驚，為甚麼香港還有這種地方。因為當時很微妙，這地方港府不管，是個「三不管」的地方。是中國政府的地方，但中國政府又沒法派人來，就變成沒人管，很多違法事情都在裏面發生。

梁：當時中國大躍進失敗後發生大饑荒，你有沒做這類新聞呢？

楊：沒有。

梁：是政策的關係嗎？

楊：對，主要因為政策的關係。現在從新聞操守來說，的確值得商榷的。我記得當時邊防軍警稱要逃過來的人為「逃荒的同胞們」，這些逃荒者不帶政治立場，而是因為饑荒，沒工做，而要逃荒。所以當時邊防軍警用擴音器指導難民如何走難，邊防軍喊道：「逃荒的同胞們，請你們走那條路，路比較好走！」但問題是到英界時，就被逮捕了。後來才有「抵壘政策」，到達市區就沒事的「抵壘政策」。我們當時不報道這事件，現在說起來，作為一個記者，不報道這事，絕對是不對的！當時我們以為，不報道負面消息，就是完事了，但其實不是，是如何去報道才算正確。

梁：一九五零年代末，香港還是很腐敗，黃、賭、毒、貪污盛行。你們有沒對這現象作深入報道呢？

楊：這倒是有的。這是我們的工作重點。一方面我們要揭露社會的不合理現象，例如我們當年做得很好的「三狼案」，黃錫彬喜歡吃芹菜炒豬腰之類的消息，都是我們報道出來，王津先生跟進的，他是一個很資深的記者。所以這道菜因此成名，對血壓高有幫助的。我們那時的社會新聞，也算位於前列。因為我們是全情投入的。

除此之外，我們港聞很有特色，很值得同情的就是當看到的貧苦現象，我們會向讀者呼籲救助。很多讀者，甚至是無名氏，將幾千元送來。我們肯定捐款人都是工商界的人。

梁：六十年代初天災不斷，有風災也有旱災，《大公報》又怎做呢？

楊：一九六二年颱風溫黛正是我去採訪的！記憶猶新。我去沙田採訪，真的是滿目瘡痍，死去的家畜臭氣熏天。後來，一九七二年秀茂坪死傷更慘重。我也在寶珊道採訪。那時，旭龢大廈整座都倒塌了，知名法官列顯倫也受困其中，幸好他沒事，是個奇蹟。

梁：制水期間呢？

楊：制水期間我們也有去採訪，跟大家一樣，我想與全港報紙都差不多。

瘡痍滿目哀鴻待救

一九六二年颱風「溫黛」襲港，楊祖坤親自前往沙田採訪災情。（《大公報》，一九六二年九月四日，第八版。）

大公報
「伊安德」輪昨晚返港
珠江水今可泵入水塘
第二艘運水船今晚啓程赴珠江
風暴戴莉斯離港八百浬
錄音機內可藏炸彈
裝計時器可使爆炸
北京京劇團今赴澳
15歲少女失蹤十天
被人姦污迫去伴舞
施務露金鷄鐵樹酒
大地雨衣
樂口福

六零年代香港飽受缺水之苦，東江之水越山來以前，只能依靠運水船。（《大公報》，一九六三年六月二十六日，第四版。）

就是先叫大家都將盛水工具準備好。以前有說「樓下閂水喉」，其實是大廈水壓不足，四樓以上已算是「高層」，水壓很難把水供到上面的單位去，所以才有「樓下閂水喉」一說，跟制水不一樣。那時香港水務設施不足，水塘容量不足，所以難以供應全港。正因如此，才有東江之水越山來。當時是周恩來總理親自拍板下令，一定要支持香港同胞，無論工程如何艱難，都將東江水送到香港。

梁：之後就是文革，你們最初對劉少奇的報道都很正面，到毛澤東要奪權後，才搞得很嚴重？《大公報》又怎處理呢？

楊：其實每年國慶，我們要掛國旗跟領導人的照片。一九六零年至六六年之前，都掛上毛澤東與劉少奇兩位領導人的肖像，還有兩支國旗。六六年那時還想這樣掛，六七年後，取消了劉少奇像，只剩毛澤東像了。

我們沒有經歷過內地的文革。其實在香港沒有文革，只有受到文革影響而造成的一九六七年「反英抗暴鬥爭」。這有很多經驗要汲取，有正面的，亦有負面的。無論如何，當時是愛國同胞受到壓迫，有壓迫必有反抗，這是真理。但反抗形式，是不是應當如此？

當時有一小部分人放炸彈，害到自己人。為甚麼呢？因為受到當時林彪、江青和四人幫影響，他們奪了權。所以到最後所有重大錯誤，只能算四人幫的賬，他們也奪了外交部的權。當時周總理管外交部，透過外交部向我們透露消息。費彝民社長是周總理在香港與外國友人的主要聯絡人。所有外國友人要見周總理，大多要經費彝民安排上京。所以很多外國記者來港，都會與費彝民搞好關係，日後要上京訪問，就讓費彝民先生安排。因此，費彝民先生雖然名義上是社長，實際上不太理會社務，主要做周總理交託的外交任務，他跟社會上層人士有良好關係，如利銘澤先生、安子介先生、霍英東先生等等，都因為他的聯繫，成為堅定支持祖國的大資本家。

梁：這一段時間，報館有內部鬥爭的吧？你怎自處呢？

楊：沒有！這點很明確，因為上面清楚説明在港不實行文革！即不做「鳴放」、不做大字報，所以香港很平靜。最慘是受到「武鬥」的影響，完全不講理，想怎樣做就怎樣做，只講「四大」：「大鳴、大放、大自由、大民主」。甚麼都以「我」為中心，甚麼都要鬥，與天鬥其樂無窮，與人鬥又其樂無窮，就是一味鬥……

梁：你們不是組織了「鬥委會」嗎？

楊：那是面對港英的壓迫，「反英抗暴」用的。不是針對自己人。我們不搞文化大革命，但受文革的影響，「反英抗暴」。「鬥委會」是全港性的。

梁：報館呢？

楊：報館也有鬥委會，領導報館職工反對英國無理鎮壓。

梁：期間你們有多少位同事被警察毆打或被監禁？

楊：很多！最少也有十個人。記者有黃澤、羅向榮、譚思進、王寧……

梁：你呢？

楊：我沒被捕，倒是第一個被打，但是沒有被捕。我在新蒲崗被打，很傷。當時新蒲崗人造花廠工人罷工、靜坐表達訴求。港府鎮壓，我們如實報道。那時，我長駐新蒲崗報道，當然被「點相」！

有一天，我跟同伴兩人在新蒲崗爵祿街，忽然一輛私家車衝出來擋住去路。車上四個大漢下來，每人手持一條用報紙包着的物件，事後才知是鐵尺。不由分説，向我們兩人撲打。我的眼鏡掉地，沒了，相機亦沒了。我們一介書生，手無寸鐵，被打得遍體鱗傷。打完後，那些人坐車呼嘯而去。事後知道那是「港英特務」或是「便衣警探」，要「懲戒」我們對工潮的報道。

結果我們被其他報館行家送回報館。費彝民先生對此事十分關心，將我與同伴送去中環港中醫院的加護病房，還派一位特護來看我們，社長對我們不薄。住了兩晚，沒事。我那時年輕，可以受得了。

目擊記者黃澤被毆
一位同胞猛然覺醒
函本報控訴港英好話説盡壞事做盡

【本報訊】[illegible]青年昨致函本報，內容如下：上星期六，我因事到中環，正好遇着[illegible]合大示威。他們都手持毛主席像和抗暴標語，沿途高呼「打倒[illegible]」、「港英必敗，我們必勝！」等口號。我情不自禁地也跟着高呼。正當我感到非常興奮的時候，突然發現人群中跳出四五個便衣特務，向一個人撲去（後來才知道是在旁採訪的大公報記者），扭着他們把這位記者迫入中環街市一所公廁內。數分鐘後，只見幾個便衣特務[illegible]一個血淋淋的血人出來，吓！這個就是大公報記者。[illegible]此情形看來，[illegible]使我[illegible]火。幾個月來，在愛國報紙登出的，全都是事實，反而港英所說什麼「容忍和善」，全都是假話。現在，我清醒了，覺悟了。我完全明白港英的什麼「容忍和善」，原來就是這樣的。現在，當我把眼睛閉上之時，便想起那血淋淋的大公報記者。我們一定要報仇，一定要替港九被迫害的同胞報仇！

「反英抗暴」期間，左派記者被警方毆打時有所聞。（《大公報》，一九六七年八月三十日，第三版。）

梁：那時只是剛開始吧？

楊：對，之前港英政府只是控告我們「煽動」，現在是以武力對付我們。以此威嚇迫使我們不報道，結果兩種手法都不行。記者怎會怕被打呢？

梁：那時報館有發慰問金嗎？

楊：沒有！

十位報人「庭」上大義凜然反擊港英

港英官員公然鼓吹「兩個中國」
愛國報人橫眉怒目批駁謬論

五記者舌戰「法官」審「證人」
鬥到對方語塞腳軟狼狽甚

黃澤昨天帶傷出「庭」
握拳振臂怒斥港英

左派記者被打報道。（《大公報》，一九六七年九月二日，第三版。）

梁：坐牢的同事呢？

楊：也沒有，但薪水照發給家屬。坐牢的同事也很有骨氣，本來法庭叫他們認罪，因為扣除拘留的時數，就可以當庭獲釋。但他們不認罪，所以分別被判一至三個月，最重的是黃澤，五年。

梁：在裏面有沒有受到暴力對待呢？

楊：應該沒有。我聽他們説因為在監獄內也有些朋友，任何地方都有左、中、右的人，因此找到獄友支持他們。

梁：被捕過程中，有沒有受軍警暴力對待呢？

楊：這要看運氣了，要看那時的軍警素質怎樣。若然是粗暴的，就真的被打。像我只是個寫稿人，無辜被人打一頓！但這樣能解決問題嗎？根本不能！反而讓記者們多添一個話柄，説軍警打記者！讓讀者們更支持抗暴。

梁：之後你們沒有參與派傳單、放炸彈？

楊：這要分清楚，炸彈絕對不是我們放的，我們也沒參加這樣武鬥。我們只有報道。只是後來發覺這些「武鬥」很擾民，所以也沒有再大量報道。當時的「菠蘿（炸彈）陣」總有一張字條寫上「同胞勿近」，有真有假。但説回來，真假也好，搞這些事是不正確的！當時來説，未必有很多人說這樣不對，但冷靜下來想想，要對付甚麼呢？要「武鬥」的，不用這樣「鬥爭」，讓解放軍下來就好了。若然要「鬥爭」，就要有理有據有智地鬥爭。

當年這個反英抗暴鬥爭，目標、口號叫得那麼高、那麼響的原因就是受到澳門「一二．三事件」的啟發，那時澳葡政府低頭認罪，就以為香港也可以這樣做。

梁：那事之後，《人公報》銷路直線下跌。

楊：當然，這是脫離民眾的結果。我是普通群眾的話，見到你們鼓勵大家放炸彈，也知道這是不對的！

梁：銷路跌得怎樣？

楊：具體數字我不清楚，我不管發行，但真的少了很多。所以要重新思索發展方向。

梁：那時候的《大公報》是很「乾淨」的，狗馬經、情色的內容都被丢棄了！

楊：這是很短的時期而已。我們只取消了馬經在一段很短的時間內。我們是最早辦馬經的香港報章，馬經是香港人的生活方式之一，香港人都會看馬經。當然不是叫你全副身家都放在上面。現時澳門的「娛樂事業」不也一樣嗎！

梁：你們報紙是否禁用粵語？

楊：《大公報》在香港眾報紙當中，可說是最少廣東方言的一張。這未必是內地的死命令禁止寫方言，而是報紙的領導都不會廣東話。他們大多都是從內地來的，除了李俠文先生，他是中山人。《大公報》早已是純正白話文的報紙。反而最多廣東話的，就是《新晚報》。當年高雄在《新晚報》寫三及第文學，大受讀者歡迎。

梁：三蘇（高雄）是《新晚報》出身的嗎？

楊：高雄最出名的專欄之一叫〈石狗公自記〉，為甚麼叫「石狗公」呢？石狗公是「充斑（班）」的魚，類似石斑，但其實是石狗公！

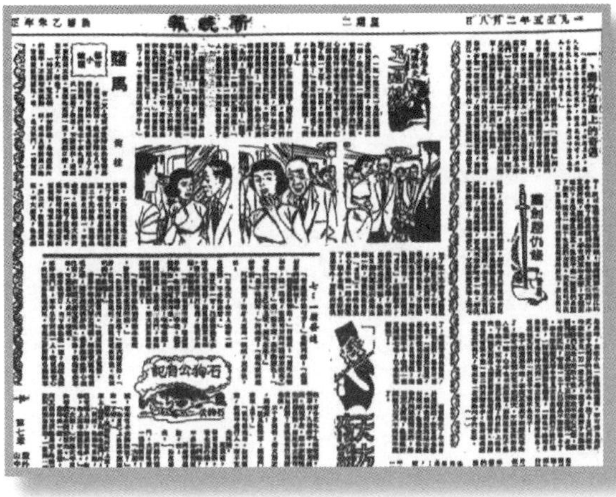

高雄以三及第文體撰〈石狗公自記〉，為《新晚報》特色。（《新晚報》，一九五九年二月八日。）

一九四五年《大公報》報道日本投降。（重慶《大公報》，一九四五年八月十五日，第十五版。）

所以〈石狗公自記〉講的是某人「充大班」、扮闊佬的故事，寫得很生動形象。另外有怪論，也是三及第文體寫的。這些都是《新晚報》所鼓勵的。《大公報》這些內容相當少，不過報社沒有就文字、語言作統一的要求，但大家也有共識，知道《大公報》是一張較嚴肅的報紙，所以文字要規範化。再加上讀者來自五湖四海，很多人不會廣東話。我說：「難道要毛澤東、蔣介石懂廣東話嗎？兩人都是我們《大公報》讀者，若我們登廣東方言，他們會看得一頭霧水的！」用文言文倒是沒問題，例如我們具有歷史意義的標題「日本投降矣！」就是文言文。張季鸞與胡政之寫的社論也夾雜了很多文言。

梁：毛澤東將漢字簡化與羅馬化時，《大公報》又如何處理呢？

楊：這未必是毛澤東自己搞出來的，他有一個文字改革辦公室，他們討論後認為漢字筆劃太多，難以讓文盲學習，所以將漢字簡化。但簡化有成功，亦有不足。

梁：香港《大公報》沒有跟着推行吧？

文革期間，《大公報》緊隨《人民日報》，報頭及頭版千篇一律。（《大公報》，一九六八年一月一日，第一版。）

楊：我們《大公報》要面對香港和海外廣大讀者，讀者看不懂簡體字，登簡體字他們怎會看呢？

梁：羅馬化呢？

楊：那更是下一層了，在大陸也無法用羅馬拼音代替漢字。甚至毛澤東親筆寫的詩詞也是繁簡並用的！

梁：說回六十年代，反英抗暴期間，香港社會很貪污，《大公報》怎處理？

楊：我們一貫立場是揭露港英政府所做的有違港人利益的一切，例如法律不公、苛政，或是大家關注的事件，涉及系統性、政策性的問題會損害港人利益的，我們會去揭露、反對。要報道香港的事實，同時也是為回歸而準備。

梁：《大公報》不是很愛用「八股文」嗎？

楊：那時，很多部委都被造反派奪權，四人幫有很多一式一樣的「樣板」，像「樣板戲」一樣。當然，樣板戲也不是樣樣都不好，有一些真的不錯。但如果大家創作文藝作品都要依循某個樣板，那豈不是千篇一律，沒有創作自由？那時的報紙編排一成不變，報頭旁邊是一篇毛澤東語錄，今天《人民日報》用這一段，你也要用一樣的，不能用別的。地方報紙的頭條就是《人民日報》的頭條。這樣哪會有人看呢？

梁：維持到甚麼時候？

楊：打倒四人幫之後。

梁：這時期很長，你們怎麼熬過來？

楊：沒有很特別，一點也不辛苦。我們根本不用做！每天用不着，找頭條新聞，《人民日報》都定好了。

梁：不用採訪嗎？

楊：要。只有要聞跟着《人民日報》，港聞還有很多事要做。如六七年「反英抗暴」時，《人民日報》發社評，要港英政府釋放新華社和我們的記者，否則後果自負。死線已定，當晚過了凌晨十二時以後，真的有行動，紅衛兵火燒北京的英國駐華代辦處。那行動當然貽笑大方，燒的時候紅衛兵歡呼雀躍，結果後來國家要賠償，這是國際規例。由此可見，當時文革中的所作所為都很膚淺，只有狂熱。

梁：一九七零年初，政府貪風更甚如葛柏、韓德那些官員，你們怎樣處理？

楊：我們也有報道，後來的佳寧案等等，都有深入報道。

梁：記得你們不太相信港英政府和廉署能成功反貪？

楊：這樣說吧，只有廉署就不可能成功。若說集團式、系統性貪污被打倒，這就是他們的功勞。但貪污問題一直存在。香港有廉署，大陸也有紀委、反貪總署，還是有腐敗現象。所以我們《大公報》只是客觀報道，不會宣揚是德政。因為我們跟他們矛盾很深，沒法化解。當時政府的「吹風會」，我們是沒份的！因為他們歧視我們。有時，官員見到《大公報》的人走過來，就會閉嘴，深怕走漏消息。當然，不是說新聞處有甚麼秘密怕被我們揭露，而是他們怕外界有甚麼聯想、誤會。

梁：七十年代，《大公》跟《文匯》開始招募大學生，為甚麼會這樣呢？

楊：任何一個機構都要有接班人。《大公報》有個傳統，不看重學歷，而是看你能否做事。這很重要，張季鸞跟胡政之都是留日回國的知識分子，熟悉日本政情，但他們都不是正牌的大學出身。我們有一條不成文規則，學歷不拘，最重要的是在報館工作的成效如何。後來也證明，學歷只是人生旅途中的一站，不影響你之後的階段，更大的學習階段在前方，也就是社會大學。《大公報》這樣用人，有學歷當然好，我們收了不少燕京大學高材生，如李俠文先生、李宗瀛等等，復旦等名牌大學的也不少，但也有不少職工沒有大學學歷。我沒有讀完大學，也當上了總編輯，這主要看你的貢獻和做事能力。

攝於《大公報》編輯部。

為甚麼後來要招聘大學生？因為想吸引年輕人。招聘年輕人不外乎兩條路，大學畢業生和中學畢業生。沒理由收小學畢業生吧？中學生主要由愛國學校如香島、培僑、漢華、福建等培養。學校選出尖子，說服他們不要讀大學，加入我們。

梁：九十年代以後就沒有大學生加入了，為甚麼呢？

楊：這當然了，有些大學生理想中的愛國報章與他所面對的現實有所落差了，就不做了。老實說，《文匯報》那邊更多，一個接一個跑了。留得最久的，就是剛過世的陳南，後來他也去了《商報》，但他是最久的一個。

梁：「六四」以後，都是外派來港的領導了。

楊：我不想批評了。我想我可能是《大公報》最後一位本地總編輯，可能沒本地人再承繼了。

梁：這算是失敗嗎？外派的編輯不理解民情，做幾年又回去，根本無法辦好報紙。

楊：説的沒錯。但要看領導人的想法，他們從全局看問題，一聲令下，下面的人就要雷厲風行地執行。

梁：能否説領導不相信港人？

楊：各有各理解！還是相信的，如果不相信，我怎麼能當上總編輯？

梁：但那是你的年代，現在已經不能相信了，對嗎？

楊：現在來説，內地與香港已部分融合了。就説貿易機構，你看中國銀行有沒有本地人當CEO呢？早就沒有了！貿易公司如華潤、中旅社等等也沒有。在他們的政策中，這些是國家企業，領導必須由國家任命，要在國內先選人，本地居民大多只能當副手。

梁：所以我們只能當二等公民？

楊：你的概括很尖鋭，但我不同意。我同意你説的，選派有缺點，選派的人不了解當地民情。「內派幹部」對香港不熟悉，而且有相當多人「抱着一種過客心態」，雖然未必所有人都是這樣。因為他們任期不能超過七年，任期結束後只能調回內地，所以來港只能當個過客。他們來到這裏衣食無憂，所有薪水都送給內地家眷，在港所有支出，如用車、司機、食宿等等，都有保證。「娛樂費」、「應酬費」也是公費報銷！他們不知道港人交房租、憂柴憂米的問題。他們不用交房租，如何了解港人生活疾苦？

梁：以前報行生態跟現在有甚麼分別呢？

楊：這點要從人員方面來説，以前大學生不多，突發記者有不少過氣警察參與。因為他們熟悉那些打打殺殺的事情，離職後順理成章來當記者，或是對這行很有興趣的，就過來當記者。一般來說學歷不高。

梁：《大公報》也是這樣？

楊：那時的大學生真的前途無憂，都有金色大道可走。前特首曾蔭權在加入政府時也沒讀過大學，他只讀到中六而已！可想而知當年「大學生」身分的可貴。現在普及了、對大學生的看法也不同了，要看是不是名牌大學，競爭更加激烈。

梁：你們那時的社會地位很高，現在變差了，是嗎？

楊：你說今天社會地位差了，我倒也不這麼認為。回歸以後我們的社會地位高了很多。

梁：記者這一行，好像變得朝不保夕。

楊：這不是社會地位問題，是「事業夢」的問題。你能否在《大公報》內登上事業頂峰，這要以後再看。目前來說，這是制度問題。高層職位，尤其是第一把手，現在要經國家人事部批准，這是必然的。他們是有聘書、委任狀的。

梁：跟你以前的年代大不相同了。

楊：正是。我也是在這個情況下被委任的，屬於國家公務員級別。

梁：要先成為黨員嗎？

楊：不用，現在也不需要全是黨員。但是你做到總編輯，當然要有一定的認同跟知識，你不愛國怎做總編輯呢？你當特首，愛國愛港也是基本條件吧？難道你叫「泛民」來做？他們大呼「我不是中國人」，那怎麼做呢？所以這是很明顯的。

梁：剛才說到你們在文革時期經歷了一個倒退階段，之後發展又怎樣呢？

楊：改革開放之後，從根本上發生改變。過去極左的一套沒有市場了，新華社的人也被撤換了。當年，新華社有人中了「四人幫」的毒，徹頭徹尾執行「四人幫」的指示。當然這也沒辦法，是上頭的指令，包括「反英抗暴」極左路線等事件，都是他們下令執行的，所以「罪魁禍首」就是「四人幫」，其次就是最先接受指令的人。

梁：不是鬥委會主任嗎？

楊：不是，這一點要澄清。大家都以為楊光是接受指示的人，我跟你說：錯！

梁：那是誰呢？

楊：是新華社的主要領導。因為新華社代表中央。香港是中國的地方，不能派外交系統人員前來，所以要新華社這個「新聞機構」兼任。所以新華社的「社長」、「總編輯」，其實都不是做新聞工作的，而是要傳達中央的指示。

梁：李沖（總編輯）不是做新聞的？

楊：李沖絕對不是做新聞的！祁烽也不是做新聞的。新華社另有一班做新聞的人。所以你說「六七事件」若有甚麼過失，第一個就要怪「四人幫」，因為他們奪權了，然後就是當時執行命令的新華社主要領導人。沒有選擇，你不執行也不行。你將所有責任歸諸楊光，其實他也只是一個執行者，因為背後指使的人都不會出面，只有楊光出面當鬥委會主任。

梁：改革開放後，《大公報》的待遇與人手有沒有改變呢？

楊：回歸以後，有些領導以為回歸了問題就解決了，又有駐軍，又有主權。於是說花在香港的錢不少，看看可否節省一些。當時提出了很荒謬的說法，要《大公報》跟《文匯報》合併。這是很荒謬的，只是為了省錢！

每年國家給《大公》、《文匯》兩報一筆資金。兩報很難養活自己，怎樣做也很難自給自足，除非放開政策，不批評新聞的採寫編輯。

梁：兩報不是有很多省市的企業招商廣告嗎？

楊：剛倒閉了的《新報》沒有廣告嗎？有時，廣告已不足以養起一張報紙。現在很多廣告都相當便宜。

梁：你指的是《大公》、《文匯》的廣告很便宜？

楊：不是很貴的。這些事，不能看一時，要看長期。若要說自給自足，很難。現在辦報，大家也知道，很困難。

梁：現在國家每年還要津貼《大公》、《文匯》？你們在一九八零年代開放後待遇不是提升了嗎？

楊：待遇改善是因為生活指數提升，不是因為賺到錢。再加上做記者的，大家都沒有甚麼積蓄，為房屋花費很多錢。我們這批人基本上都不申請廉租屋，以免接受港英政府的懷柔政策，所以要自己買樓。

梁：報館有借錢給你買樓嗎？

楊：沒有啊。

梁：那你怎會住得那麼好？

楊：就是靠自己！當年很便宜，一萬五千元買下一套房，後來老家拆遷給了一萬元賠償，又用來付首期買另一套。不提供宿舍給我的其實是我的大恩人。有些過去的高官沒有買樓，住兩、三千呎的宿舍，退休後，糟了，沒地方住了，開始埋怨。

梁：你們在八十年代的待遇大為改善了，對不對？

楊：當然有改善，但跟社會水平還是有差距，這是政策上的偏差。回歸以後，哪些「愛國界別」得益呢？工聯會得益，勞工界得益。因為他們從幕後走上了政界，成為政界一支「方面軍」，鄭耀棠他們就得益了。

第二方面就是教育界得益，他們可以申請津貼或成為直資學校。

梁：報界呢？

楊：報界完全沒有得益。為甚麼？特區政府還是沿用以前港英政府對於登廣告的規定，只看到報紙的銷量，說到銷量就只有《東方》、《蘋果》，這是特區政府的錯誤。

梁：但你們人才的流動率很低吧？

楊：這是個人夢想問題。「愛國」、「為港人服務」的夢想，讓各人自己支撐下去。

梁：後悔嗎？

楊：絕不後悔！

梁：你從底層做到老總，當然不後悔啦。其他員工呢？

楊：我是老總，也要解決生活問題！一般人做八小時，我要做十二、十三個小時。每日最高峰寫八千字，主持六個專欄。每人都要為生活做不同的事情，很勞碌！我也會投資，知道買樓好，就買樓解決居住問題。我是靠自己的努力的。我看透了一些香港經濟問題，才會這樣做。

梁：這跟你主編經濟版有關吧？

楊：多少有關係吧。未來的人都要自食其力，除了自己安穩的工作外，仍要想想退休後怎樣，家人的將來怎樣，及早規劃。

梁：你怎樣看現在的報界呢？已經凋零了嗎？

楊：現在報界需要研究，怎樣在互聯網下營運。我們有探討過印刷媒體是不是已步入死亡，答案是沒有，但肯定會有壓力。今天回想，論點是對的。我仍不相信印刷媒體會死亡。因為你要永久保存一件東西，好好觀賞，互聯網、電視做不到這種效果，錄音、錄影也達不到這個效果。報紙除了滿足閱讀習慣外，還有一個保存、觀賞的價值。現在很多「時間囊」裏，都有當時的報紙，就是這個道理。

梁：那時，只有報紙作載體，現在都電子化了。現時的年輕人也不再看報紙。

楊：這就是年輕一輩的轉變，要看你們教書的努力了。現在的「低頭一族」會造成一股「知識荒」、「認字荒」、「書法荒」，會有很多問題。還有頸椎也會有問題！

梁：現在網絡時代出現了很多「公民記者」，你又怎樣看呢？

楊：好！非常好！每人有個網頁。但你採訪的是不是全面、公正呢？還是以訛傳訛呢？大陸常去清理這類網上謠言，卻讓外界指控「干涉言論自由」。我說，要具體分析，若是事實，就不應刪除；反之，就要清理。

梁：這是很樂觀的。

楊：我不應悲觀，反過來說，以前電視出現時，別人也說收音機會沒落。但現時收音機還在，我也很喜歡聽，把電視關了，

一九九七年，《大公報》連出版二份號外，報道回歸盛況。（《大公報（號外）》，一九九七年七月一日。）

「淨聽」！

每一種載體都有它的作用，不會輕易步入死亡。問題是它怎樣適應時代變化。

梁：你怎樣看左報呢？左報似乎不能適應時代的變化？未來又怎樣呢？

楊：有待觀察，現在是脱離群眾的問題。曾經以為將港聞放到頭版，就表示「接近群眾」，但顯然是另一回事。應該刊登要群眾喜聞樂見的事，要聞、港聞等等，讀者喜歡的才行。但不能不承認，如果是突發事件，可以大膽説，愛國報紙絕對不比其他報紙做得差，不只是社會新聞。有沒有哪份報紙能做到？比如回歸的時候，《大公報》一天出了三份號外。

梁：你們有資源！

楊：不是資源的問題，是有出版的需要。部隊駐香港時一份；降旗儀式一份；換旗、升旗時，也有一份。《大公報》創刊一百週年時，我們的鍍金印版在拍賣中拍出了一百萬元的價錢，由上海的一家企業買下。

梁：現在傳媒的生態很怪，有的報章會不斷攻擊一個人，而你們又會攻擊另一個人。這樣做對不對呢？我真的不太理解。國家不是已經大權在握了嗎？為甚麼《大公報》還要以「鬥爭」方式去辦報呢？是不是左毒影響呢？

楊：這還是一種鬥爭來的。包括「佔中」與「反佔中」也是真正的「鬥爭」，鬥爭是時刻存在的，只是形式不同。我相信現在這種「針鋒相對」的方式，還是避免不了。

韓中旋

由《明報》到《成報》

韓中旋，資深報人。原籍廣東東莞，一九三六年出生。自一九五九年《明報》創辦後，隨即加入成為記者，及後升任港聞編輯與馬經欄主筆，之後歷任《天下日報》、《星報》、《東方日報》等多份報章編輯，最後加入《成報》為總編輯，直至《成報》賣盤才退休。韓中旋以精闢標題見稱，一九六六年瑪嘉烈公主訪港，時任《明報》編輯的韓中旋以〈打砲廿一響送御妹過海〉為題，一度成為新聞界佳話。他最引以為傲的是為報壇創造「遷冊」這名詞。

訪問時間：
二零一五年九月十六日

訪問地點：
北角寶馬山樹仁大學新傳系錄影室

梁：你是怎樣加入報行的？

韓：我未加入報行時，已寫稿、投稿。我先跟《文匯報》結緣。那是在一九五零年代初，應是十四歲那年開始。

梁：你是在香港讀書的嗎？

韓：不是。我在內地讀書，不過沒有受過正規教育，都是自學。

梁：你的語文根底很好，寫的文章相當秀麗。

韓：那時識字不多，不懂就查字典。而且，我不只看一部字典。

梁：所以你是靠看字典識字，成為優秀報人的嗎？

韓：要養成文學修為，九分人力，一分天意。要靠自己努力，我也主張讀雜書，我覺得現時年輕人應要多讀些舊學。除了四書五經，我也看坊間的閒書來啟蒙，例如「南對北、西對東、白板對紅中」這一類的坊間書籍，對我很有幫助。而且也要對聲韻學有認識。為何編輯起題不順？這跟聲韻學很有關係。

梁：你原籍廣東？

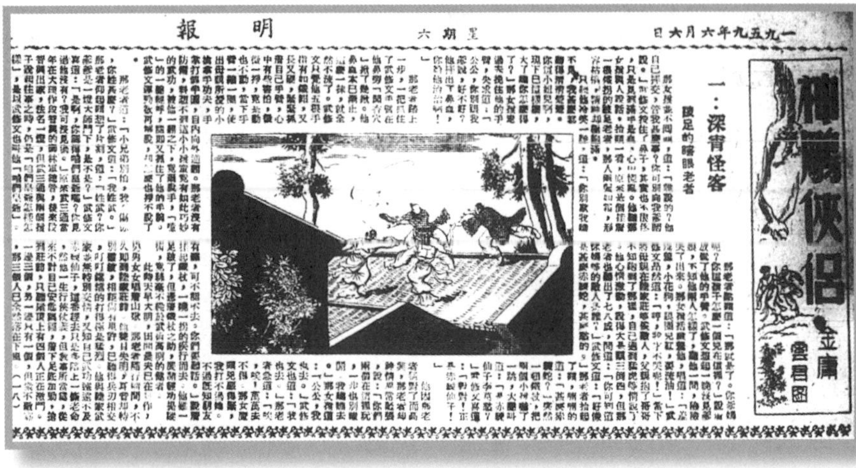
明報　星期六　一九五九年六月六日

神鵰俠侶　金庸　雲君圖

一：深宵怪客

《明報》創刊初期，即以武俠小説作主打。（《明報》，一九五九年六月六日，第三版。）

韓：對，廣東東莞人。因為廣東人母語是粵語，聲韻較多，在起題、寫稿方面較有優勢。

梁：你在哪年正式投入報行？

韓：我在一九五九年入行，正值查先生創辦《明報》。創刊初時，《明報》出紙八開，是小張報紙。

梁：初時《明報》以武俠小説作主打？

韓：對。但後來發覺競爭力及廣告受限制，所以轉用大紙，加入港聞、國際新聞。我剛入行時，任職記者。

梁：查良鏞先生跟沈寶新先生於一九五九年創辦《明報》時，報館人數不多吧？社址設在哪裏？

韓：初時員工不多。我剛加入時，社址在娛樂行（娛樂行五樓二室），在娛樂戲院上面。當年的辦公室很亂。這原是陳劉篤先生的，他專門代理台灣報章在港發行、訂閱的業務。他們只在日間使用那個辦公室，晚上讓給《明報》使用。我們要以朝去暮來的方式在編輯部工作，所以《明報》的員工在每晚完工時，要將辦公室打掃好，好讓陳先生在日間使用。

這就是《明報》的草創期，只能這樣將就。字房設在擺花街，要走很遠。發稿時，要請工友從編輯部跑去字房，他們這樣來來回回很辛苦，很不便，所以搬到電車路大中華餐廳上面，廣生行對面，德輔道中二三九號四樓。搬遷後，字房一併搬入。當時字房很簡陋，找到字頭營運字房即可。

梁：跟你同期加入《明報》的，有多少人？

韓：只有幾人，潘粵生那時任職編務主任。他跟我同期，雷坡做採訪主任。

梁：查先生一人做編務、寫小說？

韓：對，他主要寫小說和社論。我們每人負責一個部分。我當了約三個月記者後，查生叫我編港聞。當時我完全不懂編務，卻硬着頭皮去做。邊做邊學，由此開始我五十年的編輯生涯。

梁：陳非已加入《明報》當記者？還有誰做記者？

韓：還沒。譚秀牧、張君默也在《明報》待過一陣子。

梁：只有數人嗎？

韓：是。我記得詩人何達也在副刊投稿。

一九六零年代初，銷量只有五千份左右，一個月大約要蝕四千多元，這巨債當時由查先生和沈先生兩人一同揹負。很難負擔的。所以有段時期想問北京要津貼，找了《新晚報》總編輯羅孚先生引薦，親自拿了部分《明報》合訂本到北京審查。若通過審查，北京會發放每月二千元「補貼」。

查先生有個優點，就是能在短時間內作出重大決定，而且可以完全推翻原有計劃。那時，他說：「反正北京只給我們每月二千元，根本不夠營運，就不如不要了。」他認為若受北京資助，可能會有其他人加入，編採難以自主，於是拒絕了北京的資助。

因此，查先生回電影公司當編導，應該是長城電影公司，那時片酬是五千元一部。他將《明報》

交給三人打理，他自己就寫社評和小説，不回報館。他這樣部署之後，《明報》銷路即時起飛了！

之後，《明報》開始有起色，事情也較好辦。不久後，銷量升至八千多份，就找來簡而清、簡而和兄弟寫馬經，開創《明報》馬經版，當時很叫座。這之後銷路大好，《明報》也搬去灣仔謝斐道。

梁： 那是一九六一年的事？

韓： 這證明查生的決定很正確。《明報》開枝散葉後回看，他的決定很重要，若果拿了北京的津貼，就未必有這麼成功了。

梁： 查生跟沈生的關係怎樣？

韓： 他們之間的股權買賣細節，我不清楚。不過，沈先生一直都在《明報》，他是管理廣告和經理部的，沒有過問我們編輯部。

梁： 印象中《明報》銷量急增，與內地的政治運動有關？文革是否有助《明報》起紙？

韓： 我想難民潮對《明報》有很大幫助。那時，我跟查先生説，這是機會，因為難民是新的購買力。我跟查先生建議，要增加一些迎合他們口味的內

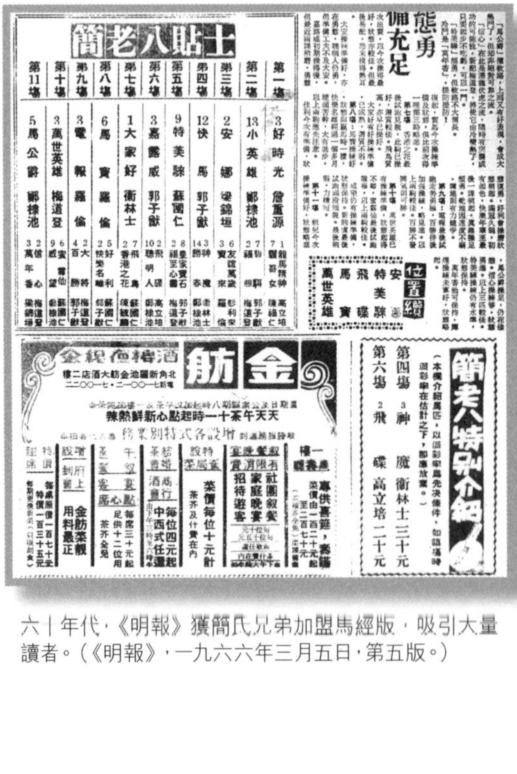

六十年代，《明報》獲簡氏兄弟加盟馬經版，吸引大量讀者。（《明報》，一九六六年三月五日，第五版。）

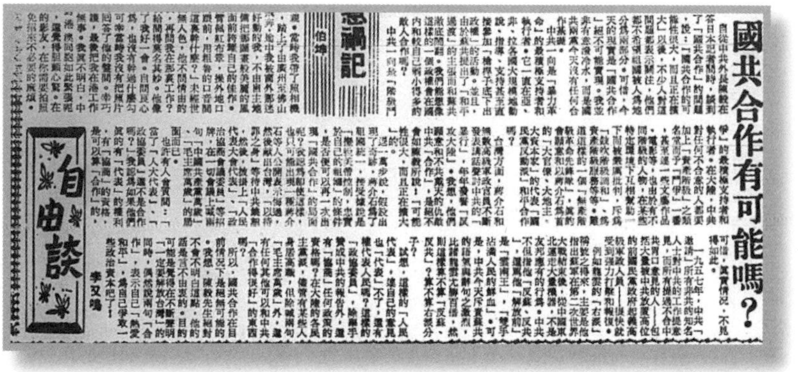
國共合作有可能嗎？

自由談

《明報》推出〈自由談〉專欄，大受新來港讀者歡迎。（《明報》，一九六六年三月三日，第二版。）

容。如〈自由談〉，很受歡迎，能吸引一班新讀者。

梁：之後為何會變成知識分子報紙？

韓：當時，《明報》副刊有很多文人寫稿，有董千里、導演張徹等，他們文筆很好。董千里的文章很有趣，「行運一條龍」似的，所以就招來很多人來寫副刊。

梁：當時副刊的文人，是查先生請來的嗎？

韓：當時，王季友（筆名「宋玉」）那些老寫手，都來幫忙。

梁：你在《明報》做了多久？

韓：我做了八年，看着《明報》銷路從五千紙升至八萬紙。

梁：很多人說，「御妹」標題的事迫使你離開《明報》，是否如此？

韓：每個人提起我的時候，都會提到那條標題——「打砲廿一響　送御妹過海」。是不是這件事引發的，我不知道。我跟時任華民政務司是老友，我事後問他，是不是他們審查，在《明報》上劃紅線、入紅簿，他說完全沒有。

梁：是查先生過份敏感？

韓：其實這十個字，是完全沒問題的，若看字典的話，是正確無誤的！她的確從九龍過海到皇后碼頭。後來，查先生叫我去出版部，工資照舊。我那時年少氣盛，認為自己沒做錯；有錯你可以指出，不要想多了。但是調我職是一種恩惠，自己沒錯卻要受他的恩惠，我感到尷尬，所以離開了《明報》。

梁：在哪一年離開《明報》？

韓：一九六七年。六七暴動發生前離開，去了胡棣周的《香港夜報》。去了兩年多，《香港夜報》在暴動時被政府下令停刊，胡棣周被捕。

梁：你怎看查生？

韓：如剛才所說，他能在短時間內，做出重大、而且跟原來計劃完全不同的決定，甚至推翻。剛才說到《明報》拒受北京資助，是很正確的決定，這是他的長處。

梁：對待員工呢？

韓：看情況，不能對員工總是讚賞。有時不太喜歡的就會炒掉。

梁：胡棣周呢？

韓：胡棣周是個有血性的人。

梁：是左派嗎？

韓：當時政府說他造謠。雖說我也是惹火人物，標題也是我起的，但當時我不在報館，所以就沒抓到我！那時，我起了一個標題叫〈中共炮艇出現青山灣〉。

梁：當時真的有中共炮艇在青山灣巡弋嗎？

百年未有過　明日可得見
打砲廿一響　送御妹過海

瑪嘉烈公主訪港，韓中旋起題「打砲廿一響　送御妹過海」，成為離開《明報》的導火線。（《明報》，一九六六年，二月廿八日，第四版。）

韓：這些內容是新華社給胡社長的。有文件顯示，黃永勝下令炮艇靠近，若英方有異動，就炮轟艦艇。香港派水警護港，所以才沒有發生意外。但這卻成為港英政府查封三報的借口。

梁：結果胡棣周坐牢坐了多久？

韓：坐了幾年牢。

梁：但後來國家讓胡棣周參與興建大亞灣核電站作補償。

韓：後來有件很好笑的事，《香港夜報》被封時，姬達任職副布政司及防衛司。後來，大亞灣核電廠落成時，姬達跟胡棣周兩人狹路相逢，一笑泯恩仇。

梁：當年《香港夜報》的情況怎樣？應該算是小報而已，難以跟同時期的《明報》相提並論。

韓：對。胡棣周跟那些有號召力的皇牌騎師，辦了一個〈皇牌騎師日記〉專欄，以馬經為主打。後來他入獄，我要當主筆寫稿，直至我離開。

梁：《香港夜報》是怎樣復刊的？

韓：當時我代表《香港夜報》、《田豐日報》、《新午報》跟姬達談判；因為胡棣周被捕，只好由我代表。那時我們要三報復刊，表明了立場。我站得很硬，説我們怎樣都要復刊，若你要拘捕我們，請自便。

梁：他怎麼回應？

韓：他冷靜下來。我向他提出一個折衷的方法，讓雙方都可以接受。政府已沒收了我們三報的註冊費各一萬元，我跟他説，我不承認你沒收了錢，因為都是你們「搶去」的。我現在再拿三萬元出來，再註冊三份報刊。他打電話跟庫房説，已收到三萬元，做個紀錄。最後雙方接受了這方案。

梁：這是一九六七年的事嗎？

韓：應是胡棣周出獄後，我跟姬達說，我們中英關係和緩了，若再有其他閃失，讓兩國關係再結冰，大家都擔當不起！所以就草擬一份大家都能接受的方案。

梁：原來的三萬元保證金呢？

韓：怎會有？我離開《香港夜報》後要「洗底」，因為左報出身，還是被封的「三報」之一！所以要去《天下日報》「洗底」。

梁：是那份棋報嗎？

韓：對，是勞金、勞滔兄弟和李少穆的。除了棋局以外，還有講故事的。有很多人在《天下日報》做過，如梁小中、羅治平、關卓華等，都在那出身。

梁：《天下日報》不是馬報吧？

韓：不，現在轉了，變成另外一份馬經。

梁：你在《天下日報》做甚麼工作？做了多久？

韓：我編港聞，又做了兩年多。

梁：你怎看勞氏兄弟呢？他們是專編棋報的嗎？

韓：他們兩人把《天下日報》當作一盤生意來打理。當年的「陳魯勁」（陳勁）在《天下日報》專寫技擊小說，筆名叫「我是山人」，他寫的《洪熙官》、《方世玉》系列小說很叫座。

梁：你之後去哪了？

韓：中文《星報》。

梁：周融已經在《星報》了嗎？

韓：他是英文部的。

梁：羅治平也去了中文《星報》？

韓：跟我一同加入《星報》，他是總編輯，我是副總。

梁：做了多久？

韓：合約為期兩年，港股大升至千七點時離開了，應是一九七一、七二年間，約滿才離開的。

梁：之後又去哪家報館？

韓：那時股票大升，我炒股獲利，所以不會被合約綁死。那時有筆錢，打算去梅窩買地，但那是水田，要填，花費甚鉅。所以就改變主意，跟張君默去開辦周刊。

梁：辦了多久？

韓：只辦了一年多，後來無疾而終。其後我去了《東方》，那是一九七三年。

梁：你在《東方》做老總還是副老總？

韓：那時身分不明。主力編港聞，《東方》是周石做老總。

梁：當時《東方》人才濟濟。

韓：我跟羅治平一起加入。後來，中文《星報》請我回去，我跟馬社長（馬惜珍）說：「我要走了。《星報》再給我機會，我已答應。」他對我說：「大家同船已久，順風順水，混口飯吃，安安樂樂多好。」想借此挽留我。

最後，馬先生還是讓我走了，他也知道我去意已決。我回邊寧頓街 JENKINS（曾競時）那邊去，之後去《天天》，然後再去《信報》。

《信報》副刊的藍圖是羅治平寫的，一直如是。羅生很低調，不然也不會拉我去寫〈中區麗人〉。那時，羅生跟我說：「韓公你一定要幫我寫稿！」創刊前一個星期追我交稿。他可說是《信報》的始創人之一。之後他再去《天天》，然後再辦馬報。

羅生很忠直，將他所有馬經心得都給了《天天》。後來《天天》覺得辦馬經經費大，減開支，所以羅生自己出來辦《專業馬訊》，也變富翁了。他用來辦這份刊物的馬經心得，還是那一套，說明《天天》不識貨，他自己跑出來辦，就發達了。

梁：韋基舜看走眼了。

韓：不，那已是韋邦入主《天天》的時期了。

梁：你在《星報》待了多久？又轉到哪一份報紙工作呢？

韓：做了幾年，之後就加入《成報》。之前，我在他們的副刊寫稿。在報慶那些重要日子，《成報》會請作者吃飯，我也不例外。何社長拉我到一旁聊天，說余寄萍退休，問我有沒興趣幫忙。我欣然答應。他問我在《星報》月薪多少，我說七千五百元。何社長說《成報》的工資沒《星報》高，余寄萍也只有四千五百。我答應以後，他就叫我下週一上班。其後就是「未支薪先加人工」，他私下再「津貼」我，那我當然接受！

梁：那是一九七五年嗎？

韓：應是七六、七七年。我做了一個多月後，就升任老總。原來沒有老總，由何先生兼任。

梁：你也做了很久，做到報紙賣盤才退休。

韓：做了廿一年，應該是《成報》任職時間最長的一任老總。

梁：你進去後情況怎樣？

韓：加入以後，《成報》銷路升了。

梁：你加入時，《成報》不是當時銷路最大的報紙嗎？是否在跟《星島晚報》競爭讀者？為甚麼可以這樣強，是否靠《大官漫畫》來吸引讀者？

韓：說到《大官漫畫》，那是李凡夫執筆的，他也是《成報》股東。

梁：你加入時他還在嗎？

韓：他已過身了。在我加入《成報》前，他常跟我相約吃狗肉，特別是秋風起時，就去九龍城，邊喝「孖蒸」邊吃狗肉，好不懷念。

梁：《成報》的港聞很精簡，只有一版。這是不是何老闆的設計？

韓：一直都是這樣。我加入後，才有點變化。

梁：你加盟後，標題有一番革新。

韓：其實標題，只有「御妹」一條最為經典，其他都不算甚麼。但我在《成報》創造了一個名詞，至今在香港仍通用。在新聞界能創造一個名詞，並讓全行通用，這是很難的。這個詞就是「遷冊」，我是第一個用的。那時，怡和洋行發通告，說要將上市地位移去新加坡，新聞稿標題很長，加一條副題也寫不完。我心想，這標題太長了，所以我用「遷冊」這兩個字。這就是讓我最有成就感的事！

梁：還有甚麼變動嗎？

韓：加入標點。以前《成報》的文稿只有黑圓點，因為要規避當局的新聞審查才這樣做，現在可應用標準的中文，加入標點。

梁：當年《東方》冒起，《天天》銷量也不低，《成報》卻穩居前列，有何「本領」？

韓：《成報》一直站在香港小市民的立場，不論

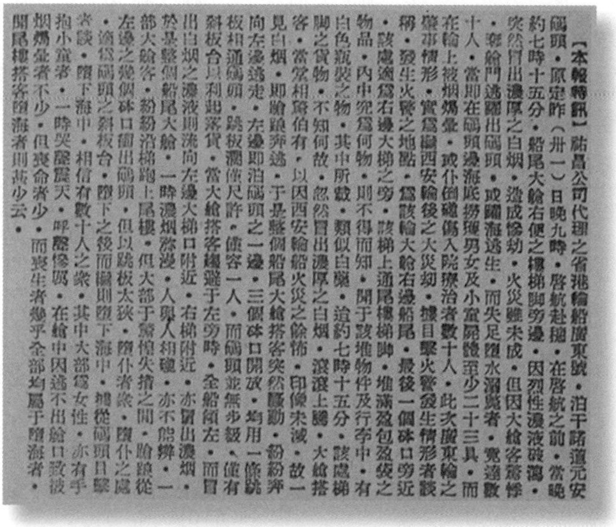

【本報特訊】祐昌公司代理之省港輪船廣東號．泊于蹄道元安碼頭．原定昨（卅一）日晚九時．啓航赴擱．在啓航之前．當晚約七時十五分．船尾大餐右便之樓梯脚旁邊．因烈性漫液破瀉．突然冒出濃厚之白烟．造成慘劫．火災雖未成．但因大餐客驚悸．奪艙門逃躍出碼頭．或躍海逃生．而失足墮水溺斃者．竟達數十人．當即在碼頭邊海底撈獲男女及小童屍體至少二十三具．而在輪上被烟燻暈．或仆倒碰傷入院療治者數十人．此次廣東輪之肇事情形．實爲繼西安輪後之大災劫．據目擊火警發生情形者談稱．發生火警之地點．爲該輪大餐右邊船尾．最後一個砵口旁近．該處適爲右邊大梯之旁．該梯上通尾樓梯脚．堆滿盈包盈袋之物品．內中究爲何物．則不得而知．聞于該堆物件及行李中．有白色瓶裝之物．其中所載．類似白蠟．迨約七時十五分．該處梯脚之貨物．不知何故．忽然冒出濃厚之白烟．滾滾上騰．大餐搭客．當常相爲伯有．以因西安輪船火災之餘怖．印像未滅．故一見白烟．即驚鎮奔逃．于是整個船尾大餐搭客突然騷動．紛紛奔向左邊逃走．左邊即泊碼頭之一邊．三個砵口開放．均用一條跳板相通碼頭．跳板濶僅尺許．僅容一人．而碼頭並無步級、僅有斜板合以利起落貨．當大餐搭客總避于左旁時．全船傾左．而冒出白烟之漫液則流向左邊大梯口附近．右梯附近．亦冒出濃烟．於是整個船尾大餐．一時濃烟瀰漫．人與人相碰．亦不能辨．一部大餐客．紛紛沿梯跑上尾樓．但大部于驚惶失措之間．路線從左邊之幾個砵口衝出碼頭．但以跳板太狹．墮仆者衆．墮仆之處．適爲碼頭之斜板合．墮下之後而斜則墮下海中．據從碼頭目擊者談．墮下海中．相信有數十人之衆．其中大部爲女性．亦有手抱小童者．一時哭聲震天．呼聲慘厲．在輪中因逃不出艙口致被烟燻暈者不少．但喪命者少．而喪生者幾乎全部均屬于墮海者．關尾樓搭客墮海者則甚少云．

韓中旋擔任《成報》老總前，只以黑圓點充作標點。（《成報》，一九四八年二月一日，第四版。）

副刊和新聞，都迎合小市民的口味。後來新出的報紙，以「雞乸題」（大標題）、「雞乸圖」作賣點，而全行又跟着這風潮，這很糟糕。

近年，愈沒有文化、道德操守愈低落的報紙，愈是嘩眾取寵，跟以前不一樣。我們以前將道德放在第一位，凡事盡善盡美。廿多年前，我跟中大的同學相聚時說到，投身這一行，要問自己愛心夠不夠。因為天下有很多發財捷徑，如炒樓炒股等等，何必投身報行？若要投身報行，就要承擔社會責任、有使命感。

我以前下個標題，知道每個標題能為報社帶來多少錢，像捐款呼籲，若標題感情豐富一點，收到的善款便數以萬計。

梁：《成報》的分類廣告很厲害，在五十年代開香港報行先河。

韓：《成報》的廣告是看時期的，時而汽車，時而招聘，依時而變。那時的廣告排山倒海而來。

梁：當時的廣告收費是怎樣的？

韓：我不清楚廣告部的事。那時的分類小廣告多得很，一開機就相當於在印錢。小廣告同樣是內容，買的人會看，賣的人也會看，畢竟是一種資料。廣告方面，我沒有怎麼關注。

梁：一般員工的工資是多少？

韓：話說回來，曾競時做了一件大功德。

梁：是甚麼？

韓：七十年代中期，報行走下坡，頭條充斥着狗馬經，根本不是新聞報紙。曾競時有點牛脾氣，說：「這些都是垃圾，不是報紙，我要辦真正的新聞報紙！」

梁：《星報》是小報，很煽情，着重黃、賭、毒等社會新聞？

韓：後來，曾競時提出大改革，加入「鐵馬隊」（電單車採訪隊）、高薪聘請編採人員，整個新聞行業的從業員均受到他的影響或恩惠。

梁：後來《星報》卻不能經營下去？

韓：那是後話，與此事無關。的確他的改革為報界掀起一陣旋風。《東方》也跟着這風潮來加薪，所以說《東方》也有功勞，將工資和新聞水平拉高。因為財可聚才！

梁：但七十年代只有兩份報紙帶動改革，其他都在走下坡路，變成兩極化？

韓：起碼《東方》和《星報》都重新重視港聞，力挽狂瀾，扭轉了整個行業的風氣，改變了大氣候。

梁：你怎看左報？是否辦報的政策影響他們經營呢？

韓：左報是自成一格的，不顧及顧客，跟我們不同。辦報要重時地，在廣東辦報，就要用本地的慣用語才行。說一個笑話，有些人說北佬文學修為很好，所以讓他們編港聞。有天，某名人的母親離世，標題就變成了「他的媽死了」！廣東人見了啼笑皆非。這是習俗與用語不同，編港聞時常有這些問題。左報當中，有多少老報人像徐鑄成一樣，是一個熟諳廣東事的北方佬呢？

梁：你怎看香港報章的文風呢？五、六十年代很「文學」的，白話和文言相得益彰。之後就不是了。

韓：這種文風一直變淡。很多人誤以為「三及第」文章就是寫廣東話……

梁：寫「三及第」文章要有修養，不能亂來。昔日報行有不少專業人士，如「黑手黨」（字房工人），現在已消失了。

韓：其實整個印刷行業都消失了。印刷公司只有一些散件可做，校對這行也已消失，我看日後編輯也要沒了。

梁：這行的未來如何？

韓：凡事都會有新變化，只要有新事物，就會影響到現有的產品。

梁：數碼化年代的報業會怎樣呢？

韓：現在網媒鋪天蓋地，報紙跟報人可能都會消失！楊君澤（紫微楊）現在也情願在網上寫作了。他說自己的稿件「嗖」一聲已送至天涯海角，所以不再寫報紙了。報紙、報人很受威脅，網絡真是厲害。

梁：以前的記者很有修養，和現在的不一樣。

韓：我相信，出類拔萃的人才，從古至今都有，他們的成就很大，但他們一樣要面對當時的環境挑戰，如無法取得功名、在官府沒有建樹等等。

梁：現時還會有金庸這樣的文化人辦報嗎？

韓：現在難了。因為現在的人號召能力不同了。當時還說《晶報》是由賣涼茶的人創辦的，根本是胡說八道，老闆後來回內地還有職位，應該是共產黨員。

梁：你跟左派熟悉嗎？像王寬誠那類人？

韓：他出錢不多。

梁：你們中文報紙與港府關係如何？

韓：大家好像相忘於江湖一樣，互不相干。

梁：你在《成報》時期，跟《東方》有競爭嗎？

韓：各有各做，沒有所謂競爭。《成報》有些基本的骨幹員工。

梁：為何他們那麼忠誠，不會離開？

韓：因為何社長是個君子。我對他很崇敬，現在還會去他的靈位上香。他對夥計很好。

梁：他對新聞事業是否有執着？

韓：有的。

梁：如何經營？

韓：他很關心、很細心。我佩服他，策劃一篇稿也事事留意、指指點點，預先為夥計起版。很少老闆像他這麼細心。

梁：你知道他的背景嗎？

韓：他是鄧羽公的女婿，鄧羽公以前在廣州寫稿，何文法跟着他寫，還寫過小說。來港後，於一九三九年創辦《成報》，日治時期停刊，他去了澳門。香港重光後，他回來復刊，還是他親手負責。

梁：《成報》副刊的人手是否由你幫忙羅致？

韓：其實來來去去都是靈簫生、余寄萍、呂大呂等人，一直跟着何老闆，幾十年來都是那班人。靈簫生的寫作沿襲「鴛鴦蝴蝶派」張恨水等人的風格。

梁：你很會扶植後輩，像鄭明仁等。

韓：他是個好夥計，很負責任。《蘋果》創辦時，是我打電話給「肥黎」，介紹他進去的。鄭明仁從《成報》去了《蘋果》，他自己也沒想過要跳槽。我只跟「肥黎」說道：「這傢伙適合你用！」「肥黎」立即說好，見完他就讓他去《蘋果》上班。

梁：你做了這麼久報人，全年無休。這種工作不辛苦？

韓：全年無休就無休，都習慣了。以前哪家報館可以休假？《明報》也沒有，全部員工都沒有假期。

梁：你怎看報界加價？

韓：七元不是硬價，《信報》也售八元了。反而單張馬經能生存，至少能賺回紙價。

梁：所以報紙不會有好日子過了？

韓：是的。

梁：記者以前地位是很高的，甚至可以說是「無冕皇帝」，今天卻不一樣了。

韓：那是自己造成的，自己操守都這樣，反口覆舌的，哪有人尊重你呢？

梁：以前標題以內容為主，咬文嚼字，有內涵，現在是煽情、吸引眼球為主，你怎樣看這轉變？

韓：這風氣能否長久呢？若能長久，就證明有存在價值。若是曇花一現，說明只是噱頭。現在讀者也覺得無所謂，隨便看兩眼便作罷。

梁：報紙的可信度也大不如前。這行是不是沒救了？

韓：對，再也沒公信力了。

梁：總結一下，身為報人，你對報行最大的貢獻在哪呢？

韓：我扶掖後輩，可以說是不遺餘力。

擾亂九龍市中心

大鬧[illegible]區昨宵禁

襲擊銀行縱火擲石到處破壞公私財物

軍將人嚇走 推翻後放火燒

警方放木彈槍及催淚彈

油麻地區騷動 蔓延至旺角

宵禁區巡視

記者隊乘警車

發表聲明 防暴措施

大隆

台灣十天環島觀光團

半價

麥華章

天子門生《文匯》起飛

麥華章，本名麥炳良，一九五零年出生於香港，一九六九年參與編輯社會福利署的學生刊物《青年世界》（馮紹波主理），一九七三年自港大畢業後，加入《文匯報》任職記者，先後負責外交、港聞版塊，曾跟中國新聞代表團隨國家領導人出訪西方，曾赴柬埔寨任戰地記者。一九八一年十月於英國開辦歐洲版《文匯報》，任倫敦分社經理，一九八五年返港升為《文匯報》副總經理。一九八八年聯同馮紹波等人創辦《香港經濟日報》，現任《香港經濟日報》集團董事總經理、執行董事及旗下免費報《晴報》社長。

訪問時間：二零一五年十月十三日／十一月六日

訪問地點：北角寶馬山樹仁大學新傳系錄影室

梁：很高興今天能請來《經濟日報》社長麥華章先生接受訪問。麥先生在我看來很有志氣，因為他一九七三年從港大畢業後，並沒有走進商界，或是其他賺錢的行業，而是投身在我們新聞界，首份工作在《文匯報》。同一時間，他還很辛苦地到浸會學院傳理系進修新聞專業課程。先請你説一下，為甚麼你有這種抱負，要加入報界？

麥：首先，我出身窮苦人家，在石硤尾木屋區長大，經歷過石硤尾大火，在那個藏污納垢的地方，見盡黃、賭、毒百態。賭檔、字花檔、白粉檔，諸如此類，甚至還看着一些「道友」在周邊吸食白粉，這些事都是司空見慣。童年的經歷、苦楚讓我發現，當時社會有許多不公之處。這從小就深深烙在我的腦海裏。到了大學的時候，我的知識面變廣，亦能接觸到社會的更多不同層面。尤其當時香港的學生運動剛剛開始，香港經歷了六九年的「珠海事件」以及六六年天星小輪事件。我一九七零年進入大學，碰上美國、台灣的保釣運動對香港產生影響，一進大學就接觸到民族思潮，開始關心國家，關心社會。

在大學期間，也參加不少社會運動，例如爭取讓中文成為法定語文的運動（「中文運動」）。當時我們真的為中文爭取到跟英文一樣的法定語文地位。那時沒有現在的示威這麼簡單，我們

一九七零年代初期，爆發多次社會運動，讓麥華章關注到香港低下階層的利益。圖為一九七一年保釣運動。（《英文星報〔*The Star*〕》，一九七一年七月七日，第九版；一九七一年七月八日，第一版。）

遭到拘捕、毆打。我因此在刑事紀錄上留有案底，不指望加入政府。後來又經歷了「糖仕事件」、盲人工潮等，可見不僅僅是關心中國，還關注香港社會的弱勢社群以及低下階層的利益。

梁：為何要選《文匯報》呢？

麥：我大學畢業後，因為刑事紀錄，已經沒法加入政府，也不能進跨國大公司了。

梁：你讀甚麼學科的？

麥：我讀過哲學和比較文學，我較為好動，參加過學生會。後來一直在想，畢業後能做甚麼職業，能否繼續為社會不公之事發聲，揭露社會的黑暗面。從事傳媒可以滿足以上條件，向市民報道，讓更多人關注弱勢社群，關心不公平之事，將社會帶往更好的方向，這會不會正是我的使命、有意義的工作呢？所以那時選擇加入報界。

梁：那時工資很低，你怎麼應付生活呢？

麥：那時當學位教師的工資約有一千三、四百元，美資銀行的訓練生月薪也有一千七、八百元左右，而報行的待遇真的很微薄，只有三百五十元，我那一家是特別低的，當時行內的工資約五百元。那時的中文報業，幾乎沒有大學生當記者，超過百分之九十都是中學生，因為覺得做記者不需要高學歷與相應的知識水平，那時也只有兩間大學。《文匯》是左派報紙的關係，工資更低。

梁：那你怎樣生活？你還要繼續讀書的吧？在浸會進修新聞專業課程。

麥：其實我還是長子，也因此自疚過。人學畢業，全家人只有我能進大學，是不是理應回饋家庭，幫家裏改善生活？那時，我也跟父母商量過。雖然他們是低下階層，卻明白事理，覺得我對新聞行業感興趣，就讓我繼續朝這方面發展。我也很感謝我父母，便一心一意進新聞界發展。「一入侯門深似海」，直至今日，我投身新聞界已有四十多年了。

梁：可不可以說說一九七三年報業的情況？你有沒有因為大學生的身分受人排擠？我也經歷過這個階段，被人排斥得很厲害。你又怎樣與《文匯報》的文化結合呢？

麥：《文匯報》是一張怎樣的報紙大家都清楚，是有中資背景的報紙。嚴格來說，是一份國家報紙，而我是第一位加入的港大畢業生。

梁：之後程翔、陳南等人才加入？

麥：程翔是我介紹進《文匯報》的，之後就是陳南。最高峰時期，《文匯報》有十幾二十位大學畢業生，包括港大、中大、理工、浸會，後來好像還有些是樹仁的。只有那幾年才是這樣，使得當年《文匯報》成為全香港擁有最多本地畢業大專生的報紙。說來也難以置信。

梁：在七幾年的時候，我同意。現在不行了，港大生他們也不歡迎了。

麥：那時我作為第一個大學生加入報社，大家看我是帶有一些異樣眼光的，你為甚麼要進來，很多人無法理解。剛加入時，他們認為我英文較好，派我到「外事組」，主要採訪一些取道香港的外國政要。又或者採訪香港政府高官的新聞，他們也稱作「外事」，因為他們認為那是外國，也就是「港英」的事。另外我也要兼任經濟版。當年我想全香港的報章都不太重視經濟，所以後來才有《信報》的出現，並且他們在那個年代做了財經報紙市場的老大。當時很多報紙都沒有經濟版、財經版。就算有，像《華僑日報》那樣，也就是一版，講講棉紗、船期、進出口表，只有那一類東西。

梁：所以你就集中精力在財經方面發展？

麥：我的精力集中在外交新聞，香港政府的新聞，以及財經方面的新聞。

梁：你在七十年代的採訪中，有沒有值得一說的事件？比如在報道過程中遇到的，直到今天都印象深刻的事？

麥：七十年代，難得有很多機會。當然進了《文匯報》會有很多局限性，因為始終是國家的報紙，要緊跟各種方針、政策，但《文匯》當時開始重用並培養香港本地的人才，吸納香港的大學生。因為《文匯》、《大公》以前多用像漢華、培僑等愛國學校的畢業生，所以在七十年代開始大膽嘗試，事先並不知道愛國人士跟本地青年是否合得來，不過結果還不錯。因此報館也很重用我，派我去很多地方採訪，特別是讓我跟華國鋒外訪，他是第一位出訪歐洲的中國總理，那時應該是一九七九年。我也跟

愛侶灣酒店虛房以待

——鄧小平訪泰採訪手記

本報特派記者 麥華章

早上乘機赴泰，中午時分抵達曼谷，天氣晴朗而清爽。記者暫時下榻於泰政府警辦的愛侶灣酒店，此酒店甚具民族特色，金字式屋頂，並有廟宇的裝飾。

泰國為了接待鄧小平副總理一行及有關人員，酒店的所有房間在五月至九月都不外租。鄧副總理一行將下榻於二樓全層四十個房間內。酒店為接待鄧副總理，粉飾一新，並重新更換地氈，門口掛上了一幅巨型的紅底金字的橫幅，上面用中文及泰文書寫：「熱烈歡迎中華人民共和國副總理鄧小平蒞泰訪問」。

曼谷市內，歡迎鄧副總理的標誌到處可見，泰政府在鄧副總理經過的馬路旁、天橋上插上中、泰國旗和掛上巨型而搶眼的歡迎標語。

不少泰文報刊，連日來刊登鄧小平副總理的生平事迹，撰寫專論。

泰國政府派出了一名海軍上將任鄧副總理訪問期間的侍衛官。鄧副總理定明天（五日）下午三時抵曼谷國際機場，然後將拜會泰國務院長江薩上將及謁見泰皇伉儷，晚上出席泰政府的歡迎宴會。

（十一月四日曼谷長途電話）

麥華章多次隨同國家領導人出訪外地。（《文匯報》，一九七八年十一月七日，第一版。）

過鄧小平出訪泰國，還曾兩次跟趙紫陽出訪歐洲和美國、加拿大。這些都是值得回憶的採訪大事件。

梁：你怎樣看中國的領導人？

麥：華國鋒是第一位外訪的中國領導人，很拘謹；鄧小平就不用說了，很瀟灑。另一位印象較為深刻的是趙紫陽，可能是他長得較高，體格與外國領導人相當，亦能談笑風生。對當時外國的外交人員、媒體而言，他有一種魅力，待人接物各方面都很得體，所以我對他的印象較深刻。他和鄧小平都懂一點英文，可以用英文交談幾句。我們是跟中國新聞代表團去的，有機會與領導人近距離接觸。有一次趙紫陽跟德國總理高爾在萊茵河上坐遊船，他倆在船頭，讓我有機會溜進去，避開了保安人員，到他們二人身旁。那時好像是一九八二年。另外一次印象較為深刻的採訪，是到柬埔寨當「戰地記者」。當時是一九七八年年底，十一、二月左右，整個印度支那、中南半島已經變天了，北越已取得整個越南的政權，而「赤柬」，即「紅色高棉」，亦拿下柬埔寨政權，老撾即寮國也已經是共產黨的了，基本上除了緬甸以外，三個國家都已變成共產黨政權。但他們之間很快便出現內訌，越南想當「老大哥」，但是赤柬比較親中國，中越之間也開始有矛盾。後來柬埔寨和越南發生戰爭，互相指責對方侵略。越南較會用宣傳手段，請來外國媒體如法新社的記者去採訪報道，說「赤柬入侵越南」等等。赤柬因為當時的政策而被國際孤立，他們除了極權以外，很多政策都很極端。最出名的是他們將首都金邊絕大部分的人民趕到農村，認為那些人受到資本主義污染。

梁：那時親王已經藏匿在北京了吧？

麥：是的，西哈努克親王應該一早在北京藏匿多年了。當時的赤柬把一大批人下放到農村，在遷徙過程中，很多人因疾病、寒冷、勞碌、飢餓而死，有些則是「不聽話」被槍殺。如果說那裏有

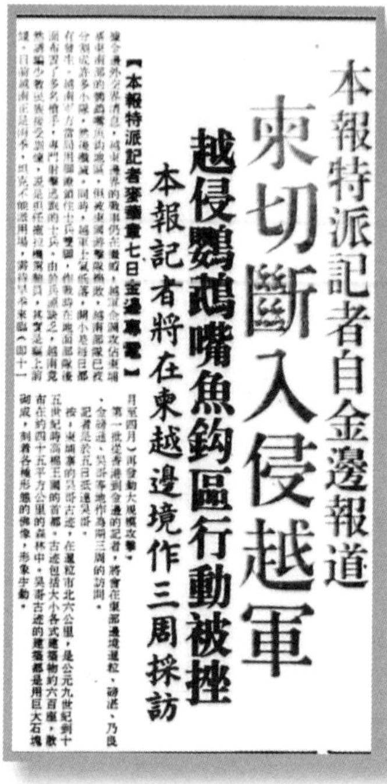

本報特派記者自金邊報道

柬切斷入侵越軍

越侵鸚鵡嘴魚鈎區行動被挫

本報記者將在柬越邊境作三周採訪

【本報特派記者麥華章七日金邊專電】

一九七九年，麥華章親自前往柬埔寨戰場，採訪戰爭實況。（《文匯報》，一九七九年九月八日，第一版。）

幾十萬人死亡，我是會相信的。有人說主腦波爾布特是「殺人王」，不知道殺死幾十萬人，其實他的「殺人」不是用機關槍對人民亂槍掃射，亂槍掃射也不至於殺死那麼多人。但有時候問題在於政策殺人，可能他一心為國家好，想建立一個烏托邦式的社會、「世界大同」的社會。所以那些「受到資本主義污染」的城市人，不是好分子，要抓去農村改造，這個政策可能就已經造成幾十萬人死亡，這樣的事我們中國也曾經歷過。

梁：那你在採訪時有沒有遇到過危險？

麥：有。當時去了三個多星期，先去金邊，路線迂迴。當時柬埔寨被孤立，要向中國求救。中國要幫他們在國際上發聲，但如果派新華社的記者去，別人會說：「唉，還不是你們中國的官式八股宣傳！」於是來找香港報紙幫他們採訪，而聽命於北京的香港報紙，當時就是《文匯》、《大公》。

梁：所以你們是獨家了？

麥：是的，那時我跟《大公報》的馮仲良一起去，當時沒有直航航班，其實很近的，從香港飛至柬埔寨頂多兩小時，但沒辦法，連香港去北京的直航航班都沒有，我們只能在香港坐火車上深圳，從深圳坐火車去北京，再轉機去金邊。一到金邊，就立刻被轉送前線，是柬越邊界一個叫「魚鈎地區」的地方，周圍都是橡膠林，原本生產橡膠的地方變成了戰場。當時見到那個場面，很

離金邊抵魚鈎區 空中不時傳來炮聲
本報記者訪柬越戰場
目睹被毀蘇聯坦克武器越軍屍體
柬軍前線師長會見時透露迄今已殲滅越軍近三萬人

越軍姦淫婦女無惡不作
暴行殘迹邊境隨處可見
七號公路柬軍師長指出越正計劃新入侵

坦桑總理明訪華

我駐菲大使
陳辛仁赴任

南斯拉夫總參謀長
參觀我軍坦克演習
何正文副總參謀長陪同貴賓訪問

麥華章親赴火線，被戰場慘況震撼。（《文匯報》，一九七九年九月十一日，第一版。）

震撼，遍地死屍。雖然我採編突發新聞時，也見過屍體，但那也只是一兩具而已，但在柬埔寨戰場上，屍橫遍野，沒有人收屍，就地腐爛，又有蚊蟲滋生，衛生條件惡劣。那裏沒法洗澡，氣溫又熱，很快患上皮膚病，生了癬，十分辛苦。身處戰場也非常危險，經常聽到炮彈從頭頂掠過的尖聲嘯鳴。當時雙方進行炮戰，但他們已安排我們留在稍微遠離戰火的地方，採訪區域屬於他們的控制範圍。當時有一整支軍隊跟着我們，必須直線行軍，不能橫行，因為橫行很容易踩中地雷。他們太落後，沒有探雷器，要用「人肉探雷器」，他們的軍隊先通過雷區，如果爆炸的話，他們可能會死，我們可能也會受傷。那時候，柬埔寨軍方指着地上的屍體跟我們説：「看，這些人就是越南兵了，不信可以翻檢他們的衣物。」我們去搜，真的找到一些越南文的家書和相片。我的心情變得很「澎湃」，想到以前看戰爭片時，也出現過類似的場景。在死者的全家福照片上，死者與父母、妻子、兒女團聚一堂，如今一家之主已經戰死沙場，但沒有人知道，是不是讓人悲傷？以前總覺得這些只是電影導演的煽情手法罷了，原來是真的，在那一刻才深深體會到戰爭的可怕與和平的重要。那對我來説是一次很大的歷練。

我們在戰場上「搜證」了兩三天，搜集到足夠證明「越南侵略柬埔寨」的證據後，就回到金邊。那又是另一個震撼！你試想一下，整個九龍半島明天都沒有

金邊市空無一人的景象。（《文匯報》，一九七八年十月四日，第六版。）

人了，那會是甚麼樣？沒有人，沒有車，十室十空，商店也沒有，街道沒有人走，你猜是甚麼樣？死城。金邊，一個國家的首都，就是這個樣子，真的是一個「悲情城市」。只有一條街有少許人煙，就是幾間大使館所在的街區，還只是當時跟柬埔寨有來往的國家而已。我記得有中國大使館、南斯拉夫大使館，只有兩、三個奉行社會主義的國家還跟柬埔寨有邦交，其他就沒有了。我們住的「酒店」其實不是酒店，而是一間充公的華僑別墅。一點都不誇張，一進去就看到床底下有青竹蛇，蚊帳上有大蜘蛛，而牆上更有一條巨大的「梧州蛤蚧」，類似蜥蜴。同行的中國大使館人員高興極了，立刻捉下來，因為對他們來說都是「珍稀美食」！那時的物資就是如此匱乏，我們喝的汽水、啤酒，瓶蓋全是生鏽的。因為當時已經不再生產了，全都是以前留下來的。他們派一位士兵為我們當廚師，而我們出入採訪全靠他們派遣軍車護送，前後各一輛。但還是很危險的，我們走後不久，約兩、三週之後，另一批記者來採訪，三個美國記者和一位牛津大學教授。他們被越南派來的恐怖分子襲擊，因為越南不希望他們為柬埔寨宣傳。結果三位美國記者受傷，牛津大學的教授被殺，我看的是國際新聞的報道。我們去到金邊唯一有些人煙的地方，就是金邊的郊區，郊區是一些工廠。進到工廠又是另一番震撼場面。你應該看過電影《Indiana Jones》（《奪寶奇兵》），其中有一幕講到印度某處的兒童全部被迫成為採礦的勞工。我到了這間工廠時，就看到絕大部分的工人都是小孩！因為在波爾布特的極端社會主義看來，只有小孩未受到資本主義污染，而且在他們的觀念中，勞動的工人階級是最高尚的，所以兒童從小就由一些成人訓練成勞工。

梁： 他們做甚麼工作？

麥： 做一些很簡單的手工，有成人當管工，十足像電影《Indiana Jones》裏的情景一樣。接着再去農村，其實也就是政府安排的「guide tour」（導賞團）。那些農村居民已將最好的東西給我們吃，像米飯、蔬菜，唯一的肉類是「鴨仔蛋」。我們初時

記者與柬副總理英薩利（左）交談
麥華章（右）

英薩利談越南策劃柬政變

本報記者 麥華章

柬埔寨紀行

麥華章（右）獲赤柬「貴賓式」招待。（《文匯報》，一九七八年十月四日，第二版。）

都不敢吃，打開時大吃一驚，竟然有隻未孵化的小鴨在裏面！但我想他們真的已經將最好的食物都奉獻給我們了。另外一件讓我印象深刻的事，就是採訪波爾布特。採訪時，就像你我現在這種坐法，他正好像你一樣，坐在我的左邊，我就坐這裏，馮仲良坐在我旁邊。我們採訪他時，只覺得他很像一個慈祥老人，僅此而已。

梁：誰料他就是「殺人王」。

麥：始料未及。其實他這個「殺人王」不是真的有那種殺人如麻的舉動，像我剛才所說，全球稱呼他為「殺人王」是因為他的政策殺人。當然在鎮壓反對派時，肯定有一番殺戮，又或是與前政府軍衝突時，也會造成死傷。但他對一般人民並不是胡亂用機槍掃射的。

梁：那你接不接受他的解說？

麥：他有他的理想與政策。但那天的主要話題是越柬問題，在談到民生問題時，他也指出國家正在改造中，以後會有「美好明天」，有很多這類說法。當然信不信由你，但作為記者，我們只將採訪的實際情況傳回去。始終在《文匯報》、《大公報》系統內，很難有批判性。只能找到柬埔寨一方的說法，沒有機會採訪到越南方面，所以當時沒法找出事實真相，只能當了「傳聲筒」。

梁：你加入《文匯》時，中國

波爾布特的神奇性生平

本報記者 麥華章

專訪波爾布特。（《文匯報》，一九七九年九月三十日，第二版。）

還正在經歷文化大革命吧？

麥：看你怎麼定義。有些人認為林彪事件之後就差不多結束了，大約在一九七一年，後來的很多政策也變得寬鬆了。有些人可能認為一九七六年毛澤東過世才是真正的結束。在這裏我還有一件趣聞要説一説，我從來沒公開發表過的，那時也不方便寫。在一九七六年，大家或許能在互聯網上找回當時的記錄，我也找過，很辛苦才找到，約三、四月左右，在中國東北有隕石墜地，聽説很大。當時社會上有很多説法，有人説：「根據中國歷史，隕石墜地，可能是皇帝駕崩或者重要人物將死之兆。」當時，《文匯報》覺得這説法妖言惑眾，就派我去採訪當時仍在籌建中的「香港天文館」（現香港太空館）館長廖慶齊。他成為天文館館長前，是皇仁書院的校長，而我又是皇仁書院出身的，是他的門生之一。當時香港第一個同時也是最大的中學天文學會也是由廖慶齊先生一手建立的。所以我就去找他訪問。有學生拜訪，廖先生非常歡迎。我請他從科學的角度解釋隕石現象。身為一位天文學家，他説隕石墜地當然不能穿鑿附會，種種流言是沒有科學根據的，它只是一種自然現象。但當時的事實是，周恩來已在一月去世，接着是朱德，再接着是毛澤東，然後抓四人幫。可想而知，一九七六年真是兇險非常！這真的是巧合嗎？究竟隕石墜地是不是如中國民間傳説所言是一

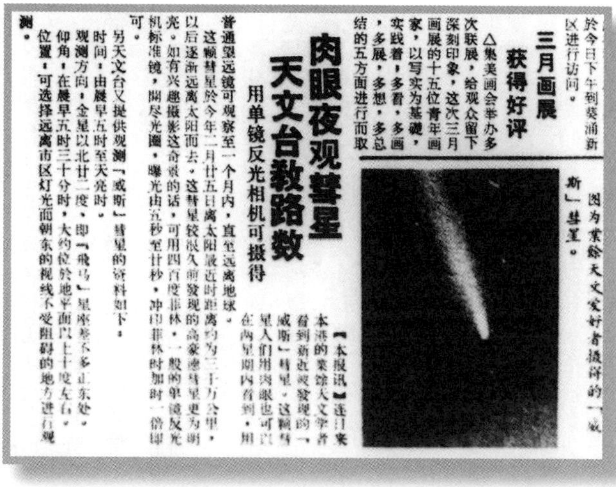
於今日下午到葵涌新区进行访问。

三月画展 获得好评

△集美画会举办多次联展，给观众留下深刻印象，这次三月画展的十五位青年画家，以写实为基础，实践着，多看，多画，多展，多想，多总结的五方面进行而取

肉眼夜观彗星 天文台教路数

用单镜反光相机可摄得

图为業餘天文愛好者攝得的「威斯」彗星。

【本报讯】连日来本港的業餘天文学者看到新近發現的「威斯」彗星。这颗彗星人们用肉眼也可以在两星期内看到，用普通望远镜可观察至一个月内，直至远离地球。

这颗彗星於今年二月廿五日离太阳最近时距离约为三千万公里，以后逐渐远离太阳而去。这彗星较很久前發现的高豪德彗星更为明亮。如有兴趣摄影这奇景的话，可用四百度菲林，一般的单镜反光机标准镜，阔尽光圈，曝光由五秒至廿秒，冲印菲林时加时一倍即可。

另天文台又提供观测「威斯」彗星的资料如下：

时间：由晨早五时至天亮时。

观测方向：金星以北廿二度，即「飛马」星座差不多正东处。

仰角：在晨早五时三十分时，大约位於地平面以上十度左右。

位置：可选择远离市区灯光而朝东的视线不受阻碍的地方进行观测。

麥華章邀得太空館創館館長廖慶齊講述天文現象。（《文匯報》，一九七六年三月九日。）

個異象，真的不得而知。從科學角度當然不是，但是巧得不能再巧了，我正好就這一事件做完採訪，感覺像被摑了幾個大耳光！這次經歷讓我印象很深刻，有時候做新聞就是這樣的。

梁：其實當時公眾對左報仍心有芥蒂，有些抗拒。

麥：對，是很難做的。我加入《文匯報》時，《文匯》是五張左派報紙中最不濟的。那時的五份報紙分別是《文匯》、《大公》、《商報》、《晶報》和《新晚》，《文匯報》很不幸地排在最末。雖然《文匯》、《大公》是最有名的兩份左報。但《文匯》無論在銷量還是……

梁：《新晚報》那時銷量最好吧？

麥：其實最好的是《商報》。左派報紙做得並不差，但是為甚麼變成這樣呢？《文匯》在五張左報中，銷量最低，廣告最少，因為它最「左」。頭條全都是毛主席的講話（語錄），全是中央政策，根本和香港毫無關係。內容很極端，香港大部分讀者怎麼會接受？所以它是銷量最低、廣告最少的。如果它有所謂的「銷量」，也只是賣給培僑、漢華等指定訂閱的愛國學校以及一些左派機構。左派機構以外的人，真正會看的很少，除非我是美國領事館，那我一定會買來看，以便研究中國的政策。除此之外，真心買《文匯》來看的讀者只是很小一撮人。所以我們這班加入《文匯報》的大學生有個想法，希望可以改變這個局面。恰好在一九七八年時，遇上鄧小平的改革開放，真正開始有轉機，可以做出一些改變。政策環境變得較為寬鬆，許多事情從前是做不到的。那時也真是辛苦！江青、「四人幫」還控制政局時，所有事情都很極端。後來我們真的開始推動《文匯報》的改革，直到一九八九年天安門事件之前，《文匯報》已在左派報章中排名第一。無論在銷量、廣告等各方面都是領先的。因為我們重新接近香港市民大眾，更加重視香港社會新聞，我也因此才學會做社會新聞，以前我是負責外交新聞的，後來才調去跑港聞。起初很要命，「外行領導內行」！我沒做過突發新聞，一調過去就要擔任突發組組長，同事都不太服氣。其中「老夫子」劉銳紹也在突發新聞組，我當過他的領導。當時大家都不服，但我不介意，從最基層最瑣碎的事情學起，於是做「坐堂幫」，專門收聽警察電台。其實是犯法的，政府也知道，只是「睜一隻眼閉一隻眼」。現在不行了，但那時九九九電台、「穿山甲」部隊（鄉村巡邏隊）、水警、機場，甚至警員的「小露寶」（個人對講機），我們通通都聽得到。我開始學習收聽警方電台，後來經歷一宗新聞，就是葵涌道滅門車禍，也是我最引以為傲的一宗新聞。當時是下午兩、三時，報館接到一通電話，有個荃灣紗廠的女工報料，她說：「葵涌道有警車撞死人！」同事聽後，不以為意。怎麼會有警車撞死人？估計是那裏發生交通意外，警車到場維持秩序，讓這個女工誤會了，沒理由這麼重大的一件事我們會不知道的，也沒聽到警方在「三九機」上呼叫。但我心想，事有蹺蹊。既然有讀者報料，不可能直接否定她的說法。她愛護我們的報紙才會報料，不然她大可以報料給別的報館。那為甚麼我們不去跟進呢？當時大夥都沒事做，但就是不去，因為我初來乍到就當領導而不服，沒人願意去。你不去我去，反正不去也是坐着浪費時間，我就自己開車從灣仔的報館直奔葵涌，現場是在荔景酒樓下面。

梁：警車還在那裏？

麥：葵涌道那裏現在中間有鐵欄圍着，當時沒有，中間是草地，一條長草坪作為左右行車道的分界線。我到達時，很奇怪，整個現場都沒有人，只有一部警察的EU衝鋒車停在那裏。一看，車頭有少許凹陷，中間草坪上有一攤血漬以及衣服鞋物，有些拖鞋、膠袋散落在地面，但一個警察都沒有。我採訪突發新聞這麼久，從沒遇見過這種場面，現場沒有人，只有車輛在兩旁呼嘯而過。還有一條相當長的剎車痕，那輛警車有一半撞在了草坪上。作為記者，見到那麼珍貴的場面，我第一時間就唰唰唰全都拍下來了，剎車痕、衝鋒車、衣服、鞋物和血漬。我想了想，在這種情況下應該有人受傷，而離那裏最近的是瑪嘉烈醫院，我立刻衝去瑪嘉烈醫院。到那裏之後，你也知道醫院是禁止採訪的，但沒有辦法，就做了些現在不敢做的事：假扮車禍傷者的家屬。我對護士說：「剛才葵涌道發生車禍，我是傷者的家人，可以帶我去看看他們嗎？」護士用很懷疑的眼光望着我，半信半疑，接着有個年輕人走上前來，對我說：「小子，你裝甚麼？」我被嚇壞了，當場愕然。他說：「你知不知道我是可以拘捕你的？」他掏出證件讓我看，原來他是一位刑事偵緝處的便衣警察。我心想：「這次糟了，被逮個正着！隨時可能要吃牢飯了！」但他話鋒一轉，說：「你很幸運，我不會拘捕你，這個案件，我倒希望你寫出來。」這樣的機遇簡直是不可能的！那可是一九七九年，幾乎是不可能發生的事。他這才說道：「那傷者是我大哥，他一家四口，他和我大嫂還有兩個小孩，過馬路時被警車撞死。那輛警車上的警員當時是『off duty』（並未當值），應該是危險駕駛。」所以他叫護士帶「這位先生」也就是我，上去看看。我被帶到了深切治療病房，然後那個護士更搞笑，「先生你慢慢看！」砰一聲大力將門關上。我立即發現自己正對着四具屍體，真是很害怕的！而且他們是被汽車撞死的，七孔流血，死狀恐怖。

梁：見到這番情景你是否很震撼？你有立即拍下來嗎？

麥：當時的情況真的很嚇人，如此恐怖的場面，四具屍體。本來作為一名記者，第一個想法是：「這實在太好了，可以做到獨家新聞。」舉起相機正要拍攝時，我轉念一想，這樣做到底合不合適？

梁：很難得你有這樣的反應。

麥：我覺得自己還是有一點良知的，記者的良知。第一，我覺得這樣拍攝對死者很不敬；第二，照片刊登出來，對讀者是不是好事呢？後來我有機會在英國做事，就見識到了，無論你是怎樣大眾化的報紙也好，怎樣誇張渲染的報紙也好，這類相片都不會刊出。因為他們認為刊登會令人感到噁心，產生不適感，在外國是不會刊登這類照片的。當然我們香港後來某些報紙仍甘之如飴，甚至將它加以放大。那時我已經意識到，這些照片登出來對讀者是沒好處的。

梁：很難得，你沒有在這方面受過專業的訓練，僅憑你的良知作出這個決定。

麥：結果我放下相機，不拍。我覺得在這起案件上我已算是獨家新聞了，在報道時用文字寫出來已經足夠。所以我就離開病房，下樓找回那個便衣警探，跟他說：「我不拍了，下不了手。」他也理解認可我的理由。我問他有沒有死者一家人的照片，始終不能完全沒有照片。他說他身上沒有，叫我自己試試，因為這是滅門車禍，死者家裏應該沒有人了，可以到他們在秀茂坪雞寮房屋區的家裏找找看。原來他們也是窮苦人家。雖然門很可能上了鎖，我們沒有鑰匙，但他跟我說：「要靠你自己想辦法了！」我到了那裏，發現真的鎖了門，但房屋區周圍都只是很簡陋的鐵皮屋。我心想：「其實我也是為了做好事，他們一家都去世了，我也是幫他們說出案件的事實而已。」所以我就爬窗進去。作為一名記者，我們有個習慣不是太好，將屋內所有的相片都搜刮走了。

梁：當時做記者確實是這麼糟糕的。

麥：一張不剩，第二名記者來到現場也不會有相片了。

梁：你真的全都拿走了？這是不應該的。不過算了，當時很多人都是這樣。

麥：沒有辦法，把相片都拿光了。回到公司，我心想：「這回我們怎麼可能還不是獨家？」當時根本沒有同行採訪這件新聞。為甚麼當時沒人、沒記者追查這事呢？原來是因為警方認為事態嚴重，所以沒有用無線電九九九台，全線用內部電話聯絡，所以全行都不知，《文匯》成了獨家。

梁：最後事件如何收場？

麥：晚上六點多，無綫竟然播出了這則消息。

梁：他們為甚麼又知道呢？

麥：無綫沒有拍到畫面，只是報道員口述：「葵涌道發生一宗嚴重車禍，一家四口在橫過馬路時被車撞死。」就只有這麼多。這樣一來，全報行都瘋狂了，因為四人死亡畢竟是大事件。大家四處找資料，然後向警方查詢，當時警察公共關係科通過使用感熱紙的傳真機去發放消息，他們只有一條短訊：「葵涌道發生一宗嚴重車禍，四人死亡。」又是只有這麼一句，沒有説警車撞死人，當時的警方居然可以這樣做，如果發生在今天的社會，簡直不能想像！就這樣打算掩蓋過去，想着沒有人知道。

梁：那是哪一年？

麥：一九七八年，當時《蘋果日報》還沒出現。

梁：是的，但那時應該已經有廉政公署了吧？

麥：廉署雖然已經成立，但還在草創初期，香港社會還沒那麼完善。廉署因警廉衝突和「港督特赦」而備受打擊，還在重建、回復元氣。他們才剛開始打擊大官員，像葛柏、韓德還有那些幾億探長等等，還在弄那些事情，整個警隊仍未像今天一樣規範。

梁：事件最後不了了之？

麥：那倒不至於。因為行家打電話過來問，我們自然要「放料」，把內幕消息告訴他們。當時人家合作，這一次你的新聞做得精彩，下一次就輪到我的報道詳盡，你不給我消息，下次就沒有消息給你，所以大家互相交換資料。但你可以不全給，那時只給他們一張全家福以及少許資料，於是翌日全港報章大力報道「警車撞死人」，因為我拍下了那輛衝鋒車的照片，無可否認。

梁：結果怎樣？

麥：最終在輿論壓力之下，涉事警察被控「危險駕駛導致他人死亡」，判刑三年。這在當時還算是合理的結果，以前香港警察打死人是沒有罪的，所以這案件也算是具有劃時代的意義。我記得剛入行時，做過另外一起案件，有一名警察在旺角彌敦道開槍打死一個青年，事件也鬧得很大。當時有位外籍律師山昆納第（Albert Sanguinetti）挺身而出主持公義。事情經過是這樣的：在亞皆老街交界處，人多車多，有一輛類似寶馬的車壓上行人路，擋着行人過馬路，有兩三個年輕人不滿，在經過時拍打那輛車。不料從車上下來一位警察，很憤怒，大家發生爭執，其後一個青年逃走，被該警員從背後開槍射殺。警員竟説年輕人「襲警」，其實根本不是，而且死者是從背後中槍的，説明不是在他襲警的時候警察開槍自衛。

梁：是哪一年？

麥：應該是一九七五、七六年左右（編按：一九七六年一月九日「區沛權案」）。我做外交記者時，是要兼做法庭新聞的，因為法庭是屬於「港英」的事，所以算是「外事」。而我當時的搭檔是劉鋭紹，我們兩人採訪這次事件，跟山昆納第混得很熟，他也給了很多「獨家料」讓我們去寫。後來這一事件判了那個警察有罪，也要入獄。所以身為傳媒人，我覺得還是能發揮一些社會影響力的。

梁：你剛加入《文匯》時，報社有多少人？

麥：兩百多人，不是很多。排字房也有不少人，這些印刷工人包括在內的話，我想可能有三百人左右吧。當時不像今天這樣競爭激烈，以前我們的社會突發新聞組，只有五、六人，要兼顧很多工作，還要分兩班人輪換。

偕女友乘車與三青年衝突
警察闹市開枪
釀成一死一伤
伤者是途人 街坊责草菅人命

【本报讯】旺角闹市弥敦道昨晚遊人如鲫之际，發生警察開枪事件，击中两人，其中一名青年中弹毙命，另一个是无辜途人，受伤留医。警方称，開枪是由於有人想搶枪而引起。但据目击者称，開枪警察当时正偕女友乘车经过，与三名过马路的青年發生冲突，他要对人家搜身而引起纠缠的。附近街坊对该警察在闹市中胡乱開枪，十分不满，指为草菅人命。

事發於昨晚九时卅分。当时，一名九龙城警署的便衣警察欧佩权（卅餘岁），驾驶一辆编号BG五七一一号的私家车，沿亚皆老街向大角咀方向駛去，当駛至亚皆老街近西洋菜街处，有三名廿餘岁的青年攜着膊头过马路。由於当时行车线已转绿灯，但三人行动十分缓慢。该名便衣警察斥责该三青年，双方因而發生争吵。该警察於是下车，指对方形迹可疑，要进行搜身。

双方發生冲突后，警察拔出手枪，三人见状，转身逃走，警察立即開枪两响，未有击中，而流弹却击中一名行经该处的途人梁偉英（四十八岁）的背部。梁中弹以后，起初尚不自觉，沿行至弥敦道六四八号威格公司门外时，倒在地上。

再说那三名青年，其中一人沿亚皆老街直走，另两人则转入弥敦道。当时，弥敦道上行人非常多，其中六〇号春和堂凉茶店门外，更站满饮凉茶的人。警察追到弥敦道时，再開一枪，子弹击中逃走中一人的头部，伤者当场倒

區沛權案（《文匯報》，一九七六年十一月十日，第三版。）

梁：你加入時，廖天陽是否當採訪主任？你對他有印象嗎？

麥：有，廖天陽當副採訪主任，我跟過他，他當時是外事組組長。

梁：他為甚麼自殺？

麥：這個真的不清楚了。

梁：我也覺得非常遺憾，他那晚打電話給我……

麥：他受到一些身體疾病的困擾，究竟和他的工作是否有關，我真的不清楚。

梁：跟文革有沒有關係？文革期間他也很懊惱。

麥：文革時期最關鍵的事件是六七暴動，當時他們也會出來活動，後來便沒有了。大概是七六、七七年，「四人幫」倒台，加上幾位中國領導人離世，可能對他有影響，或許是當時與他以前相信的事已經完全不同了。在一九六七年很多人相信，「港英迫害，反英抗暴」、「支持文革是為了國家」，後來發現很多東西都不妥當了。廖天陽當時也對很多事情心生懷疑，我有跟他談過，他懷疑很多國家政策的正確性。接着一九七六年他最敬愛的周恩來總理去世，朱德這些老人家先後離世，隨後抓了「四人幫」。這對很多人都有很大影響，對我也有很大影響。我當時是完全相信那一套東西的，又去搞學生運動，思想很易左傾，特別是「認祖關社」運動，於是想法一邊倒。起初有「民族主義」的問題，我在「港英時期」出身寒微，見到很多社會不公，但以前是沒有民族感情的，後來發現原來有一個「中華人民共和國」，而且開始有些強大，就會在民族主義意識覺醒時，看很多有關中國歷史的書，看到中國近代的屈辱史，很自然地，思想就會傾向那邊。尤其當時香港政府教育訓練出來的我們，是不會獨立思考的。和美國不同，香港是「填鴨式教育」，教人乖乖當一個「順民」就好，不要想那麼多，無需分析，只重記誦。所以我們那一代人往往缺乏獨立思考能力，很容易從一個極端走向另一極端。當時提倡「愛國」，這個「愛國」很模糊，愛國其實未必等於愛共產黨，但那時「愛國」的那個國，只有「中華人民共和國」。

梁：你令我想起，我讀書時正值火紅的年代，文革尚未開始，我六六年在新亞學院讀新聞，後來六七年就碰上這股思潮。當時很多宣傳片，幾乎將毛澤東打造成「神」那樣，而且他那套理論，例如「上山下鄉」、不讀死書、重視實踐，我們覺得似乎也挺正確。理論上是正確的，沒有去到很極端的地步。

麥：全香港第一個大專「國是學會」是我成立的，我是港大國事學會的創會會長。創會後第一個活動，就是問中旅社借了一套《南京長江大橋》，在港大學生會放映，當時有很多人看，整個學生會禮堂爆滿。其實那是一套政治宣傳意味濃厚的影片，但能讓人見到長江大橋的宏偉，而在那之前中國人一直未能自己設計建造跨越長江的大橋。在很多口號式的宣傳之下，年輕人會產生一些自豪感，因為這樣一座大橋歷歷可見。這些活動是很有影響力的，而且當時學生會開始組織交流團去中國大陸，我也參加了全香港大專界去大陸的第一團。

梁：所以你加入《文匯報》也是有理由的。

麥：對，早已受到影響了。也就是說，除了揭露社會黑暗，也希望能為國家做點事。這就是我加入左派報紙的原因，要為國家效力，但那時不能回中國「幫忙」，國家也不接受你，唯一辦法就是加入左派機構。我加入《文匯報》的想法就是這樣簡單。

梁：一九七三年你剛加入《文匯報》的時候，香港不但貧富懸殊，貪腐問題也很嚴重，因此才成立廉政公署。那時的《文匯報》怎樣報道香港社會現象？是會如實處理，還是會受到北京的政策影響？

麥：凡是「港英」的事，都是不好的。所以有負面新聞時，我們還不大肆報道！甚麼韓德案、葛柏案，肯定是大肆報道的了。很簡單，指導政策就是「港英一切都是壞的」。除非是已定調的所謂「外交活動」，如港督訪問中國，後來麥理浩訪問中國等等「親善友好之旅」，那些報道一定會從好的層面出發，不會「唱衰」、抹黑。但很多港府的政策，《文匯報》都會批評，大罵一番，七三至七八年都是這樣。直至一九七八年改革開放以後，中英關係緩和，政府好的方面也會報道，但大部分仍是批評，基本全都定調了。

梁：香港那時還有很多木屋區，很多白粉檔、賭檔等等，你們有沒有像《星報》一樣，揭發那些社會事件呢？我覺得好像不是很多，大部分都是官樣文章。

麥：是會報道貧下階層苦況的，但不會專門做「白粉檔」。說到白粉檔，我跟馮紹波最早接觸報紙的時候……這裏要稍微說一下我跟他的淵源。一開始為甚麼我們會想做記者呢？我們早在一九六九年已經認識，當時他讀中七，我讀中六。在「六七暴動」以後，政府做了很多工作去挽回民心，尤其關注年輕人的想法和行事。

梁：「歌舞昇平」。

麥：對的，有兩個政策，「歌舞昇平」是一個。首先在卜公碼頭舞台開新潮舞會，發洩年輕人的精力，每週六都在卜公碼頭，請泰迪羅賓、Joe Junior 等人的樂隊來演出，弄得震天價響，熱鬧非凡。另外對於一些沒那麼新潮、比較文靜的「文藝青年」，政府成立民政司署，辦了一些文社，舉辦較為靜態的活動。我最記得的是銅鑼灣社會福利署，在現在栢景臺的位置，皇仁書院對面，即銅鑼灣裁判司署那裏，樓上是社會福利署。當時，社會福利署負責辦一些文社，招募年輕人來參與，其中有一個文社叫「青年世界」，每月出版一份報紙，讓學生在暑假期間「發洩精力」。大家一起辦報，馮紹波就是這份《青年世界》的主席。所以我一輩子都跟着他，真慘！我加入當「嘍囉」，做編輯。當時還有兩人，你也認識的，一個就是葉特生，另一個是黎廷瑤，那時我們已經相識了，大家都在《青年世界》，那個組織畢竟也孕育了一些傳媒人出來。我們初期是風花雪月，但後來覺得，既然能採訪，何不接觸一些社會議題？當時我們就採訪了你所説的毒窟，就在大坑蓮花山上。

梁：我那時住在大坑，確實有很多這類地方。

麥：我們真的有採訪報道。「豈有此理！」警方於是悖然大怒，向社會福利署投訴，「竟然這樣做，有沒有搞錯！」

梁：那是警方的地盤。

麥：類似的事件，還發生了好幾宗，就是我們報道時開始「不聽話」，接觸到很多社會上的黑暗面。後來有一宗事件，我都忘記是何事了，可能要問馮紹波才能弄清楚，弄到要被政府審查，那是我們首次接觸到「新聞審查」，結果被禁止刊出。我們整個團隊憤而「劈砲」（甩手不幹），這個組織就解散了。但大家也因此認識了，也可能是在那裏孕育了對新聞界的情懷。正如剛才所説，我是一厢情願愛國才加入《文匯報》的，但到了一九七六年捉拿「四人幫」時，我就被震撼了。

梁：一九七三年股票大跌，有的股票甚至「插水」跌至一百多點，不少人因此跳樓尋死，《文匯報》又怎樣報道？

麥：還有甚麼！肯定要寫資本主義社會不好。當然要報道相關情況，但會加上「資本主義制度吃人」、股市如何不好等等，而且還要大書特書。

梁：然後石油危機導致香港經濟下滑，但香港的經濟很奇怪，很快又復甦了，對不對？

麥：我想因為香港這塊福地始終受惠於中國，那時國際上仍有「圍堵中國」的政策，在韓戰之後，香港因此發展成為一個進出口中轉港，很多貨物通過香港進出大陸，然後衍生出很多輕工業，像假髮、塑膠等等……

梁：在你我入行做記者的年代，香港早已有「人口老化」之說，突然又有大批國內的人來到香港，《文匯報》對那批人如何報道？

麥：對於那些偷渡來的人，他們都是視而不見，不會報道的。有時我們香港人會歧視大陸的人和事，我認為是不應該的，因為香港根本就是一個「難民社會」，自始至終都是由大陸逃難而來的人組成的。我那一代的家庭也是，我父親逃避國共內戰從鄉下來港，同樣也可說是「難民」。後來文化大革命，或者「大躍進」時期的逃亡潮也是，很多人餓死，很多人游水偷渡來香港，不斷為香港補充生力軍，接連帶來廉價勞動力。而七十年代又有越南難民來了，所以香港一直都是「難民社會」，大家不應互相歧視，因為差別只在到港先後次序而已。也正因如此，香港得以保持生命力，人口不會老化，因為不斷有生力軍加入。

梁：但現在不是，不讓人來了，所以人口開始老化，造成很嚴重的問題。你做到甚麼時候才被派去英國，開辦《文匯報》歐洲版？

麥：一九七六年打倒「四人幫」，起初並沒有怎樣，不過那時已經覺得，自己一直以來信奉的那套思想，突然間發生了一百八十度的轉變。究竟是怎麼回事？這影響直到一九七八年才慢慢到來，因為當時「四人幫」的倒台並未直接影響到香港，後來新政策出台，然後開始清算文革的遺害。我們起初都相信文革的理念是好的，像「知識青年上山下鄉」、「人民公社好」，結果受騙了。我們為了信念，放棄了很多東西，我拿着很微薄的工資進了《文匯報》的報館工作，後來才發覺，原來相信的那一套觀念是假的。你說你會有甚麼想法？

梁：我也和你一樣有一段失落的時期。

麥：何等失落！何等沮喪！Really frustrated（實在洩氣）！有想過要離開，好像也沒有繼續留下的理由。但後來想到他們待我不薄，因為始終我是一個港大畢業生，被視為「天之驕子」，很多重要的任務都派給了我。在當時來説，他們也有心栽培我們這些香港人，所以將很多重要採訪任務委派給我們。我覺得這也算是待我不薄了。而且我又想到，即使就英國的政治而言，對一個相信工黨的公務員來説，保守黨上台，是否就等於要離開？你不是最高層，他們不會要你離職的，所以就當是打工好了。但在那期間開始發現自己知識有限，覺得那幾年支付了很多東西出去，吸收不夠，是時候進修一番了。於是我就申請了兩間學校，一間是哥倫比亞大學，他們錄取我修讀國際關係碩士學位；另一間是巴黎的法國新聞學院，錄取我修讀名為「記者在歐洲」的課程，是歐洲共同市場出資舉辦的，專門讓世界各地的記者了解歐洲共同體。法國政府以全額獎學金資助我入讀，但哥倫比亞大學只提供部分助學金。錢是一個重要的考慮因素，始終家庭條件不好。於是在赴歐之前，領到法國政府全費獎學金，除了去程機票要自己出錢外，獎學金將回程機票、生活費、房屋津貼、學費全都包了。雖然我申請停薪留職，當請無薪假去歐洲讀書，但是我寫了一封萬言書……

梁：他們還是欣賞你，否則也不會留一個高級職位等你回來做。

麥：我寫萬言書主要是為了後人，説報社應該成立一個基金。在那個年代，全香港的報紙都沒有的。我説如果要打勝這場新聞的仗，就一定要有好的人才，好的人才一定要自己培養。比如報社內有許多年輕記者，有必要成立一個基金，每年送兩、三位記者出外留學。未必要送出國，香港的院校也可以，那期間讓他們以全日制學生的身分讀書，而且要在生活上資助他們。我很幸運，可以拿到全額獎學金，並不是每個人都有這種機會。那時我建議報社應有這樣一套制度，成立基金。金堯如很開明，他跟張曉影大姐兩人，在研究之後接受了我的萬言書。

梁：張曉影在報社的職位是甚麼？黨委書記嗎？

麥： 她是人事部主任，全權負責人事。我估計，她應該是黨委書記，中央派下來的。

梁： 於是就撥了一筆錢專門做這件事。

麥： 當時《文匯報》已做了不少多元化的項目，有一次他們介紹一個香港人去深圳建造深圳華僑墓園，賺了很多佣金。佣金原先屬於金堯如，因為那人是他介紹過去的。金堯如這個人相當好，拿出這筆錢來，當作公款。你想想如果在今日社會，早就裝進自己口袋了。

梁： 他的精神值得發揚。

麥： 他覺得這錢是報館的，拿出部分款項設立基金。

梁： 有多少位同事受惠呢？

麥： 我記得有齊禧慶。後來有馬鐵穎，目前他在日本……

梁： 陳南有沒有受惠？

麥： 我都不記得了，年代太久遠了。當時陸陸續續有一些記者獲得進修機會，每年一至兩位。這始終是一件好事，《文匯報》高層真的變得願意接納意見。選擇去歐洲還有一個更重要的原因，我在一九七九年跟隨華國鋒出訪，也獲得了去美國採訪的機會。當時美國國務院邀請張雲楓作為訪問學者赴美交流，我有幸當他的隨從，跟他一起到美國，所以歐美兩地我都了解。我比較鍾情歐洲文化，比較多元化，美國歷史比較短，只有二百年，除了自然風景美麗之外，處處地方都千篇一律，大多都是「快餐文化」。但是歐洲的國家非常多，有很多小國，小國中間有不同的民族、風土人情、風景、藝術，各方面都令人神往，結果我就選了浪漫的巴黎，在那裏讀了一年半非學位課程。身為記者，我們並不怎麼需要學位。在那裏我真的度過了人生中最愉快的兩年。

梁： 「四人幫」倒台時報館領導的內心有沒有矛盾？像張雲楓、張晴雲，他們有沒有和你類似的經歷？

麥：是張雲楓請我進去的。我真的要稱讚他，他很有眼光，不是說他讓我加入《文匯報》，而是他那時已經明白，《文匯報》作為國家機構，應當吸引大量本地人才加入，也是在他的管理之下，《文匯報》成為全港最多當地大專生入職的中文報紙。

梁：他後來卻弄得神經衰弱了。

麥：對，他很辛苦，壓力很大。因為在一些事情上他始終要緊跟中央，很無奈，也很矛盾。但他仍是一個很出色的報人，難得他有遠大的眼光。他讓《文匯報》從左派裏面排最末變成左派報紙的大哥，後人一直受惠至今。當然也受惠於國家政策。我不是說大學生最厲害，或者全是他們的功勞，但這批大學生確實對《文匯報》有很大的幫助和影響，而且報社本身也有很多很出色的員工，大家一起努力，局面就發生了改變。

梁：但是今天他們不信任我們了，現在不再有大學生在那裏工作，職位已經全部是內派的了。

麥：對，現在我不知道了，只知道領導必須是上面委任的。在這裏我也有件事說一下，以前左派報紙是從來沒發生過罷工的，我們卻發動了左派報紙中第一次罷工，應該是在一九七九年。

梁：為甚麼罷工？

麥：一九七八年時已經說要「改革開放」了，我們認為要增加競爭力，不像以往「做又三十六，不做又三十六」，想在新聞報道上領先、做獨家，已經激起了這樣的鬥志。到了我從柬埔寨回來的時候，一九七九年初，不知道三月還是四月，越南已攻進柬埔寨，整個柬埔寨已被越南控制，當然他們不是侵佔柬埔寨，只不過將政權換成了洪森政權，由他們授權統治。波爾布特回去繼續打游擊，赤柬外交部長英薩利則倉皇出走。我對他有很深刻的印象，在金邊時，他請我跟馮仲良到他官邸吃飯，還要吃很大隻的蜥蜴。其實我懷疑他們是潮州人的後代。血淋淋的蜥蜴，

九高棉逃亡政要 今晨倉惶入大陸

【本報訊】逃亡經港的前高棉副總理英薩利，和九名政要，在港逗留一夜後，已於今晨離港，倉惶逃入大陸。

英薩利等人在今晨九時十五分，乘坐兩部豪華房車，離開港島摩星嶺道六十四至六十四號A的中共迎賓別墅，他們在今晨十時四十五分越過文錦過，乘坐房車直往廣州，然後再往北平。

據悉：新華社社長隨車往羅湖送行。

港府為保護該批逃亡者之安全，今晨派出大批穿便衣的警務人員沿途監視。

李寶蘆等被控案証人作供 前被告說鍾世傑案 係有勢力人士攪搞

【本報訊】前任香港電視廣播有限公司總經理李寶蘆，退職警員莫健文及報稱為商人的羅演基，被控串謀妨礙司法公正，今晨續在維多利亞地方法院審訊，由第一名證人出庭作供。

今晨第一名証人莫劍韶（譯音）出庭作供稱：他在七一年結識第一被告莫健文，知其為警員，莫曾向他提及與許多政府部門的有勢力之

一九七九年初，英薩利經香港出逃至北京，《文匯報》被下令禁止報道相關消息，引致罷工風波。（《工商晚報》，一九七九年一月十二日，第一版。）

還有一大條筍殼魚，是最有名的金邊筍殼魚，美味得不得了。他倉皇出走，經香港去北京，香港當年還是「港英」統治，所以過境也要經英國政府批准，背後有很多外交斡旋。英國開出條件，說因為他是赤柬的人，雖然允許他取道香港，但不能宣傳。說是不能宣傳，但他搭乘的飛機起飛時，甚麼路透社等通訊社已經開始報道了，說他會經過香港，香港的記者於是蜂擁至啟德機場採訪。身為《文匯報》的外事記者，我自然一同前去，而且也是公司吩咐我們去採訪的。結果他從秘密通道離開，他出閘時，剛好被我們拍到照片。《文匯報》拍到英薩利的照片了！所以我們高興得不得了，以為拿到獨家新聞回去，可以力壓群雄了。誰知道報社不准刊登，因為北京跟倫敦有外交協議，所以通告我們不能報道。但是，香港電台、商業電台的新聞消息全都播出了。香港電台按理說是「港英」的電台，說不能報道，他們卻做了這則新聞，為甚麼我們不行！就是不行，要我們隻字不提，我們真的很氣憤，覺得完全喪失了新聞自由。畢竟有事件發生，多少也得說幾句，對不對？就是不准。我們因而發動罷工，我跟程翔等人。除了我們大專生之外，那些從漢華、培僑等愛國學校出來的記者也積極響應。當日報館只留下很少人在，因為不想報紙停止運作。其他人為了抗議，全都沒有上班，一起爬上太平山，去了老襯亭。

梁：有沒有報紙報道罷工這件事？

麥：沒有。他們倒是一定可以出版的，找《大公報》的新聞支持一下，《文匯報》不會出不了……

梁：你不說的話，根本沒有人知道這件事……

麥：但也要他們知道我們的不滿，怎料後來變成軒然大波。當時新華社香港分社剛好換了王匡就任新社長，他很左，大為震怒，以為我們這班記者是衝着他去的，以為我們造反。

梁：王匡這樣頗左的幹部，執行政策起來非常強硬，他來了之後對你們怎麼處理？

麥：他最初印象就是：「我初來乍到，你們就發生這麼嚴重的事，二、三十名記者罷工，這不是衝着我來嗎？」後來聽說，他曾經勃然大怒，原本想一併將我們裁撤掉。我想，如果將我們全部辭退，那真是不得了了。這件事到現在大家才知道，若當年三十多人被解僱，那肯定鬧得滿城風雨。左派報章內部因審查而導致記者罷工，繼而大規模裁員，可想而知這是多麼嚴重的一件事。

梁：畢竟王匡是社長吧？

麥：對，新華社社長。幸好當年新老總金堯如上任，他了解整個事件後，覺得這班記者都是為報紙着想、為國家好。因為正值改革開放時期，理應發展新聞事業，發展這張報紙，也難得這幫記者這麼熱情去追新聞、做獨家。無奈他們見識有限，可能不完全明白中央的政策，認為事件發生了就應該報道，不會想到你在外交層面的考慮，即中英之間有不報道的協議。而且，路透社是英國的媒體機構，香港電台又是「港英」的媒體機構，他們都報道了，為甚麼我們不可以？他們不明白。所以說這些記者並非要反這張報紙、反新華社。後來王匡接受了金老總的意見，所以我們逃過一劫。而我們也「創造了歷史」！在左派報章之中，是從來沒有發生過罷工的。

梁：文革之後你覺得不值得留下，有過要離開《文匯報》的衝動，後來你出國讀書。其他同事有沒有類似想法？當時身邊的氛圍怎樣？

麥： 我想，也有一些同事跟我持相同看法，例如程翔也去讀書了，他跑到荷蘭進修，比我早一點出國。另外也有些人仍留在報社，但心情很不舒暢。我出國讀書的那兩年真的很愉快，對我的人生也有很大改變。因為那課程有個好處，要外出採訪五次，每次還要寫一篇文章，在一本叫《Europe》的雜誌上發表。課程也支付了所有採訪費用，自定題目，總之不離開歐洲即可。也就是說，最東可以到土耳其，最西可達葡萄牙，幾乎去遍了全歐洲。我有一次去採訪在馬德里舉辦的歐洲安全會議，那時正值東西方冷戰。

梁： 那些稿件有沒有在《文匯報》上刊登？

麥： 有，我當時作為駐歐記者將稿件發回去。另一次就是去柏林採訪蘇共大會等等，也有機會訪問一些東歐國家，看到他們的情況。還有一次土耳其發生軍事政變，我就到首都安卡拉採訪新的軍事政府，也是一次很好的「exposure」（遭遇）。

梁： 我當時一直誤會《文匯報》在歐洲成立了分社，原來不是這樣？

麥： 不是，無非是因利乘便，順道寫稿罷了。於是在這期間去過東德，也沿路去了捷克（捷克斯洛伐克）、匈牙利、保加利亞，真的見到東西歐的分別。為甚麼讓我印象這麼深刻？首先，在匈牙利，我見到這個社會原先是很進步的。匈牙利很美，尤其在布達佩斯，那些房屋跟我們的很不同，像巴黎的建築一樣美輪美奐。有幾條橫跨多瑙河的橋，河的一邊叫「布達」，一邊叫「佩斯」，所以才被稱作布達佩斯，原來其中的一條橋是全世界第一條懸索橋，在一八四零年代已建成了。匈牙利也擁有一條很古老的地下鐵，是歐洲最早的地下鐵之一。但這些都是在整個東歐陣營變天之前亦即二戰之前出現的。換言之，在未成為社會主義國家時，它的經濟、工業相當發達，甚至跑贏一些西歐國家，無論是經濟、工業、生活水平方面都很超前。但自從政治制度改變、匈牙利成為共產國家以後，經過二、三十年的變化，這邊還是維持着較低的水平，而西歐那邊已經全面趕超了。你會見到西歐經濟很發達，東歐卻很落後，甚麼也買不到。就算到了東柏林，在電視塔上最豪華的旋轉餐廳，你點菜想點牛肉也是吃不到的，最多給一塊豬肉給你。去到保加利亞等國家，情況更糟，中國那些不要的罐頭被他們視為珍品，那些肉類、魚類罐頭，周圍更有人以高價收購洋酒香煙。你會見到社會的落後，這就是社會制度不同的結果。一個繼續走資本主義，另一個走他們所謂的「社會主義」。一個發達了，另一個卻貧窮、落後。我們很多時候覺得，中國因為清朝的屈辱而貧窮落後，所以直到當時還是很貧窮，當然新中國的成立有其好處，但經濟仍是十分落後。東歐所見，其實是一個縮影。這方面的見識讓我更加確認了一點，計劃經濟是行不通的。我那兩年遊歷歐洲最深刻的印象，莫過於此。但是西方所謂自由的市場經濟又如何呢？我在歐洲有機會去一些較發達的西方國家，他們的社會福利制度是相當好的，稅收很高。政府通過稅收以及經濟成果再分配的制度，讓貧富懸殊沒那麼嚴重，低下階層也受到保障，所以他們的很多制度比社會主義還要社會主義。當然有的國家得天獨厚，有石油資源，就算其他國家沒有那麼豐富的資源，相對來說，西歐整體也比東歐好很多。他們的制度已非赤裸裸的資本主義，而是經過改良的資本主義。我眼界大開，第一，市場經濟比計劃經濟優越，這是毫無疑問的；第二，社會需要合理化的市場經濟，才不會走向貧富懸殊的極端。所以我覺得相較之下歐洲比美國好。南歐當然還是不行，北歐的大多數都可以。大家也不要再過份強調甚麼主義了，各個社會實際上都在走向某種「convergence」（趨同、融合），資本主義社會中有社會主義的要素，社會主義社會——以中國為例——也開始提倡市場經濟，大家不用再爭執不休。這就是我那兩年最大的收穫。

梁：你甚麼時候回到香港？

麥： 我旅歐期間還發現，歐洲有很多華人。有一次我去英國利物浦採訪，其中一個題目是寫利物浦如何從一個興盛的工業城市走向衰落，因此接觸到很多華僑，發現英國與荷蘭的華僑大部分都是從新界移民的。因為當年「港英」政府在新界收地，而英國又缺乏勞動人口，所以就同意讓他們移民到英國去。他們移居英國後出現了很多問題，例如很多我們叫「阿表」的客家人，學不會當地語言，英文水平很有限，無法融入當地文化，只能經營中式外賣店、餐館等等，於是產生了很多社會問題，勞工法例不懂，衛生條例不懂，整天被當局以不符合衛生標準為由封舖，還有多次逃税最終被抓等等……最糟的是聚賭，因為他們無法融入當地社會，很寂寞，唯一的發洩就是到唐人街的地下賭場輸個精光，英國也有很多公開、正式的賭場，無論合法也好非法也好，他們都把全副身家砸進去。他們連看病都不會，去到當地普通科醫生那裏也無法溝通，流鼻涕不知道説「running nose」，説不出病癥病狀。我見到他們的慘況，心想，是否應辦一份報紙，作為華僑與當地社會的橋樑呢？當時有一份《星島》（歐洲版），但它完全起不到這個作用。他們太「complacent」（感覺良好、無視現狀）了，僅僅是將香港的新聞搬過去，加上零零星星當地的過期新聞，與華僑的日常生活毫不相干。但那時只有《星島》一張報紙，它怎麼能不賺錢？因為華人有很多廣告，全都只能下在《星島》。我覺得這是沒有道理的。當然法國、德國等地也有華人，他們大多是從印度支那地區過去的，或是原籍溫州、浙江等地的華僑，也不少。當時我覺得仍未有一份品質較佳的報紙供華僑閱讀，就大膽向《文匯報》建議。不是説我想留在歐洲，而是我覺得真的應該要幫幫這些華僑，《星島》又不爭氣。我的話很能打動《文匯報》高層，因為我知道他們的「死穴」在哪裏。不能説我要幫華僑，要幫華僑他們不會撥款辦一張報紙的。我説：「看，現在一九八二年正是中英談判時期，香港回歸在即，海外華人也要齊心支持對吧！《星島》是親中華民國的報紙，報頭仍使用『民國』紀年。那我們在海外的宣傳陣地豈不是輸得很慘？難道不應該另辦一份報紙，闡明國家的政策？」

梁：你的主意非常好，真是高招！

麥：他們問我要花多少錢，我說：「天文數字。」你知不知道當時《星島》是怎麼做的？他們通過大東電報局的機器傳送消息到海外，那是花很多錢的！我們根本不可能做到。而且《星島》是在當地承印，成本很高。因此《文匯》說我們負擔不起。於是我提議說能否辦一份「假歐洲版」，在香港做好後，再寄送去當地，但最重要的是要採訪到當地跟華僑相關的新聞，因為人是最關心身邊事物的。我記得在浸會讀傳理系時，有位我一直很尊敬但前幾年去世了的老師，張國興，他是合眾社的。他教第一堂新聞課時提問我們：「甚麼叫做新聞？」大家回答不了。他解釋道：「很簡單，隔壁二叔婆的狗過馬路被汽車輾死，遠比中東打仗數百人死亡來得緊要！」你說是不是這樣？我對這件事的印象很深刻。直到今天，我出去教書、教新聞，都會引用張國興這句話，真的很中肯。人都關心周圍發生的事，我正是用這個理論去辦《文匯》歐洲版。我向《文匯》借了十萬港元，表示在倫敦十萬元已經足夠，跟我太太曾勵予開始經營。她也是《文匯報》的記者，隨我一起去法國讀書，讀法語，我們兩人辦起這張報紙。

梁：後來劉銳紹也加入了歐洲版是嗎？

麥：起初只有兩人，開始的那兩年都是由我們兩人獨撐的。

梁：甚麼時候創刊的？

麥：一九八一年十月。設備很簡單，連傳真機也沒有。我們每日採訪後，打電話回香港，《文匯報》用錄音機錄下口述的新聞。我最記得的是，第一件新聞已很轟動。那時在唐人街有些洋人售賣假衛生證明，在中國人之間行騙。我們找到那張假衛生證明，也找英國衛生部證實了那是偽造的。但已有很多華人被騙，我們就以此新聞作頭條，圖文並茂，既訪問英國衛生部，又訪問唐人街主席，最後打電話回去香港。問題是怎樣將相片送回香港呢？當時不像現在一樣有互聯網。我們發現唐人街有一間歐亞旅行社，他們每天都送一些華人到機場乘機返港，是全英最大的代理華人機票的旅行社。我跟他們商討，說免費幫他們登廣告，請他們每日託華人客戶或者他們的職員將相片送回香港，再叫《文匯報》的職員到香港的歐亞旅行社去取。這樣就成事了。當然新聞一定會遲出，做一宗新聞，要等兩、三天才能刊登。每日如是，而且我們堅持自己發掘獨家新聞。

梁：出紙多少張？

麥：整份大概是四、五大張。有一版是英國當地的新聞，其他版面就是香港新聞，因為要宣傳國家政策，也要報道香港社會新聞。

梁：郵費也不便宜吧？

麥：其實不便宜的，就這樣寄過來英國，售價跟《星島》一樣，《星島》在當地也賣得較貴，因為成本很高。在八十年代，初時售價差不多五十便士。

梁：印多少份？

麥：起初也有幾百份。當地有兩家書報社，他們經營的業務是將香港來的書刊報紙發行至倫敦，一家叫文大新，另一家叫新聯書報社。兩家是死對頭，但我們兩邊都討好，因此兩邊都與我們合作，他們負責發行至倫敦的唐人街。

梁：當時的發行費是多少？

麥：他們以香港報紙的價錢拿貨，售賣時標高價錢。香港當時的報紙只賣幾毛錢，到了這邊賣幾十便士，等於數元港幣，他們就賺中間的差價。

梁：他們賺很多錢吧？

麥：不，空運費很貴，他們包攬空運的費用。總之我們在香港將報紙交給他們，並不按照「consignment」（寄售協議），讓他們全部包下來，好賣與否也由他們負全責。香港發行價並不等於香港報紙的零售價，所以發行價真的很低，而《文匯報》旨在宣傳，有人要就要偷笑了。

梁：但你還是需要經費的吧？十萬元港幣不是很快就用完了嗎？

麥：當年我們在唐人街租了一間很小很簡陋的辦公室，真的是艱苦創業。桌椅等等都是二手貨。

梁：你也只是用《文匯報》的薪水充當生活費吧？

麥：對，仍是香港工資的水平，加上少許津貼而已，真的很辛苦。今天在鏡頭面前我要說，我愧對太太，她真的很辛苦。那幾年我非常省吃儉用，連我太太也「榨乾」了，否則你怎麼辦起一張報紙呢？所以今天《經濟日報》能夠成功，也是用回這一套方法。劉銳紹在那邊跟過我，黃錫豪等好幾個人也是。

梁：那家分社現在還在嗎？

麥：不在了。他們跟過我，都知道我是很「刻薄」的！我們當時提供給同事的常餐，也只是到菜攤買最便宜的菜，隔壁新聯也時而送湯給我們喝。當時吳錫源也來幫忙，他是當地華僑。但草創

文匯報歐洲辦事處。

時只有我跟太太兩人，真的很辛苦，又要找廣告，又要採訪新聞，然後還要「報料」回港，讓香港記者寫稿，再運過來……經營第二年，已經將十萬元還給《文匯報》，因為已開始拿到廣告收入了。拿到廣告主要是我們跟華僑關係搞得很好。當時《星島》很神氣，他們自認成功，不用親身接觸華僑。我們則跟當地華僑很熟絡，也與他們的商會、華人組織有很多來往。

梁：你回港後就沒有了豈不是很可惜？

麥：我一直幫他們經營了五年，我在一九八五年底回來，大概四年半時間。我幫他們在唐人街賺到一棟大廈，說得有點誇張，其實是五、六層高的物業，整棟作為《文匯報》的社址，地面和地下則租給其他人。

梁：其實那不是你的嗎？理論上不是《文匯報》的吧？

麥：假若是我個人投資，將它買下，再租給《文匯報》，那就好了！但我們當時不會這樣想的，只當作國家資產。主要還是跟華僑混得很熟，也想了一些辦法來拉廣告。當地華人的關係很密切，例如有華人開外賣店或餐館，很多新界的親戚朋友就會上門道賀，都會買一些畫之類的禮物去「做人情」，最流行買中國大陸的貝殼畫，也挺貴的，幾十英鎊一幅，送去現場，還參加開幕酒會。後來我們對這些華僑說：「這樣買禮物其實很浪費錢，不如你們每人出二、三十英鎊，一起幫他在報紙上登廣告道賀，湊一湊就能登一整版，他也能威風一回。」其實登廣告沒有甚麼作用，因為是登在中文報紙，而那間外賣店、餐館可能只以洋人為目標消費群體。但是人都有虛榮心，結果登報道賀成為風潮，幾乎經辦所有店舖開張之事。

梁：你離開後就甚麼也沒有了，你不覺得可惜嗎？

麥：其實那時香港的總經理王家禎退休，《文匯報》要找個接班人。他們見到我在倫敦「經營得法」，不僅僅能做新聞採訪。報社麻雀雖小，五臟俱全。只靠數人之力就可以辦得有聲有色，又要去討賬，拉廣告，甚至還要設計廣告，紅白二事、訃聞告示的設計，全都要懂。討賬更有趣，有些華僑住得山長水遠，在愛丁堡那些地方，他們打電話到倫敦説下個價值二十鎊的廣告，時間一長積累了一筆廣告費。特別是有些「僑領」經常在報紙上致賀，像中國哪個要人來訪，甚麼都要賀一番，這是我們的財路。累計下來數目不少，但有時很難把款項收齊。我們時不時就上去「巡迴出訪」一次，一方面也是因為要採訪新聞，所以選擇有慶典的日子。我們抵達時，也不能立即問他們拿錢。這些華人都有自己的工作，比如某人雖然是當地的商會主席，但他也可能開一間外賣店，我有時去還要幫他們打理，因為要跟他們打好關係，「稱兄道弟」。晚上我也不住酒店，住在他們家裏。自己是會辛苦一些，但也能幫報館節省一筆酒店費。最重要的是，跟他們的關係變得很深切，真的親密如兄弟。他們的業餘娛樂，是去賭場賭一把，我就跟他們一起去賭場，但不賭錢。我出入賭場的次數多到數不過來，熟得不得了，英國哪有賭場我瞭如指掌！但我從來不賭，賭錢是很不妥的，一賭肯定完蛋，當場也能看見他們怎樣將錢輸光。我只在他們贏的時候，向他們收錢。

梁：輸錢怎麼辦？

麥：輸的話就沒錢收了！當中總會有贏有輸，到最後才會輸光，只要他們一贏錢，就立即拿單據出來，請他們付錢，這樣一來事情就好辦多了！討賬全是在學這些訣竅，所以我辦《經濟日報》一直到今天，「bad debt」（壞賬）是控制在極少數的，我敢説是全港最少壞賬的報紙。就是在那時我學到了所謂的「Credit Control」（信用控制）的重要性！

梁：你那麼成功，為甚麼又要回來香港呢？

麥：他們見到我在英國的經營有成績，出版、發行、廣告等領域樣樣都接觸，所以在王家禎退休時，調我回來接任。因為我回港時還太年輕，只有四十歲上下，在共產黨的機構內算是很年輕的，所以就出任副總經理，但是履行總經理的職務，上面已經沒有人了，監督整份《文匯報》的經營管理，只是不碰編輯部，我自那時開始真正學習經營管理。後來聽他們說，我是「破格拔擢」的。坐在這個位置的必須是共產黨員，而我不是。

梁：有沒有要求你入黨？

麥：他們三次回頭追我入黨，我不肯入。

梁：所以你最後離開了？

麥：我知道我不入黨的話，在這機構就已經走完升遷路了。其實他們很重用我，我既是副總經理，也是社委會常委。他們整個權力架構就在社委會處，即社務委員會。按照大陸政制來說，就像中央政治局一樣，我就相當於中央政治局常委的角色，其他常委都已是老人家了，我是社委會內最年輕的一位。

梁：當時有哪幾位在？金堯如還在吧？

麥：金堯如不在了，我回來時，他因為跟王匡之間有些問題，幹不下去了。當時有李子誦、張雲楓、張曉影，還有一兩位從大陸調下來的人。

梁：金堯如後來好像沒有離開香港，為何他可以繼續留在這裏？他不是香港人吧？

麥：他之前已在香港待了很久，只是文革時被調回國內，而且那時好像還有些職務讓他擔任，所以他繼續留在香港，廖承志也很看重他。我做副總經理時，新華社社長是許家屯。宣傳部部長是張浚生，我覺得他當時是一位很年輕也很有學識的人，好像以教授的身分過來任職。他很有心，因為他負責監督香港的宣傳，很想將它搞起來，過來第一個任務就是琢磨五家左報如何才能辦好，很想了解五家報紙的職責，哪些東西要改革。於是他在這些報社內部找來一些年輕人幫他推動改革，我是其中之一。所以我每兩、三個星期就上新華社單獨見張浚生。

梁：還有哪幾個人？

麥：我不清楚還有甚麼人。我是他推動改革的「標兵」，後來我在《文匯報》也做了不少改革。

梁：例如甚麼？

麥：我改革了工資制度。長年低薪，怎能吸引到好的人才？這是很現實的，有思想的人，就算愛國也好，始終要生活。何況有一些思想上未必那麼愛國但很有才幹的人，我們也可以羅致任用嘛。這些人就要用高薪去留住，在這點上我說服了張浚生，後來《文匯報》大幅加薪。此前《文匯報》的工資向來是比《大公報》要低的。

梁：原來是你的功勞，我還以為是張雲楓的。

麥：當然很多人都有參與推動這件事，但我覺得我的功勞在於說服了張浚生。

梁：剛才你說到幾個人物對《文匯報》有很大的影響與貢獻，其中一位是總經理王家禎，他退休時推薦你，升你做副總經理。另一位則是金堯如老總，我印象中這兩人在《文匯報》也有很長歷史了，特別是金堯如自台灣回來後就已經加入《文匯報》做老總，做到五十年代末期左右，接着在文革以後再調回來，你可否講講他在《文匯報》的那段歷史？

麥：因為我自己在一九七三年才加入《文匯報》，六十年代的那些事不太清楚，但曾經聽同事說過。他是一位很有才華的老總。不論用字、文筆、中國歷史知識等等，都很有造詣。所以他一九六零年代在《文匯報》起的標題很多時候都很精彩。

梁：他在一九七八年回港時，是不是繼續當《文匯報》老總？還是顧問？

麥：他回來當總編輯，大約是一九七八、七九年左右，我記得應該是一九七九年，因為一九七八年冬天我去柬埔寨戰地採訪，沒過幾個月「赤柬」，就倒台了，出現了「英薩利事件」。

梁：你們罷工的那次事件。

麥：罷工，罷工之後新華社一方怒不可遏，社長王匡當然覺得豈有此理，覺得「你們這幫傢伙是不是造我的反，趁我剛來的時候」，想着將我們這幫傢伙全部解僱。碰巧那時金堯如老總調卜來擋着，所以我記得是一九七九年。

梁：他有沒有大幅提升你們的工資水平？

麥：當時是做不到的，因為政策環境還是很緊。各家報紙的工資水平也差不多排好名了，工資最高的是《大公報》，然後才到《文匯》、《商報》、《晶報》等報紙，這樣排下去。為何《大公報》會工資高一些呢？因為《大公報》以工商界人士為主要讀者對象，所以應當規格高一些。

梁：會不會是因為他們廣告比較多？

麥：對的。《文匯報》呢，因為在文革期間最左，所以文革之後它在五張左報裏面銷量最低，廣告最少。有鑒於這種情況，我們在新

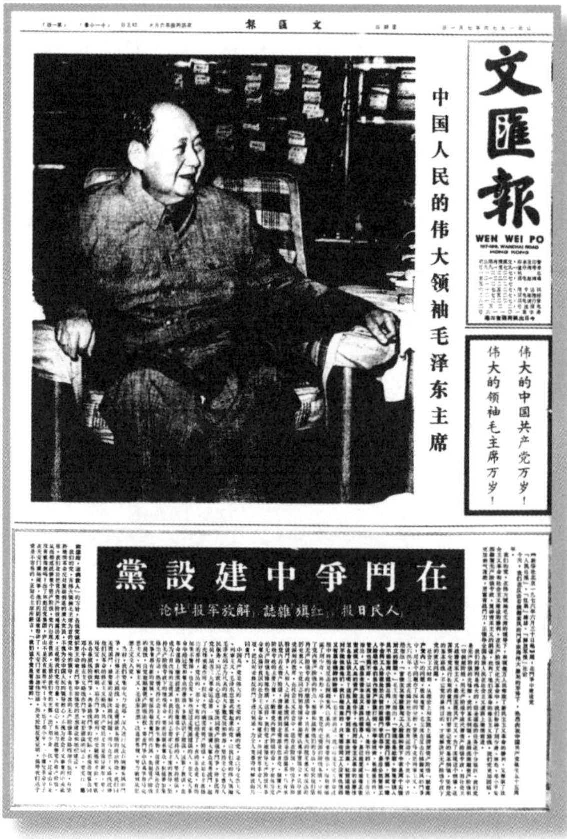
文匯報
WEN WEI PO
中国人民的伟大领袖毛泽东主席
伟大的中国共产党万岁！
伟大的领袖毛主席万岁！
在鬥爭中建設黨
人民日报　红旗杂志　解放军报社论

文革期間，《文匯報》奉行傾左路線，以致銷量不前。（《文匯報》，一九七六年七月一日，第一版。）

的領導層，也就是金堯如的領導之下，和剛加入的一批香港本地大專生一起，開始攜手改革。

梁：所以就恢復了狗馬版、娛樂版，是不是這樣？

麥：狗馬版不記得有沒有立即恢復，好像有恢復，但也不過是聊備一格。那時開始注重娛樂新聞和本地新聞、香港社會的新聞，也重視體育新聞。因為黃賭毒新聞我們不能做。大家都知道，在香港辦報紙，若要大賣，最有效的辦法就是「黃、賭、毒」，有吸引力嘛。我說得可能過份一些，「黃」的意思就是要盡量「逢屍必艷」，即是色情一些；另外就是要增加一些血腥、暴力的內容，在香港的社會新聞也就是突發新聞裏面多些誇張渲染，整條死屍的照片刊登出來，諸如此類，一定奏效；「賭」也是一定見效的，你的「貼士」好，馬經很多，那就能立竿見影。但這些東西《文匯報》通通都不能做，不能做的話怎麼辦呢？社會新聞可以不用做得太誇張，雖然它有它的立場，但也不需要誇張，一樣可以辦得好。另外還有體育，為甚麼不做體育？體育新聞很多人都很關注，足球之類的都很受歡迎。以及娛樂新聞，我們雖然不做狗仔隊，但也可以做得很好嘛。

梁：那時還沒有狗仔隊的！

麥：對，九五年之後才有狗仔隊。所以改革方針就是這樣。在那時來說，本來我做外交新聞，因為改革，就調去做社會新聞了。因為覺得我在外交新聞組做出了一些成績，所以報館嘗試讓我領導突發新聞組，於是我領導該組時就很尷尬了。我是外行，完全不懂，從頭學起。起初突發組同事都看不起我，畢竟是「外行領導內行」，對不對？他們每個人，都跑了十幾二十年新聞，你卻突然走去做他們的領導。不過我去了之後，自己也「上前線」，雖然我做組長，一樣親身去「搏殺」，屍體一抬出來，一樣身先士卒撲過去照相。所以那時認識了很多跑社會新聞、現在也赫赫有名的行家，例如「堅哥」（葉一堅），他當年還在《工商日報》，很有趣，幾乎是

「國共合作」了！《工商日報》是親國民黨的報紙，《文匯報》是共產黨的報紙，大家很多時候出外採訪就會合作，彼此採訪到的東西拿出來交換，將各自收到的消息補全。

梁：《工商》的何世禮將軍很嚴厲，私下還行，給他知道你們就完了，作為他的下屬肯定飯碗難保了！

麥：對，我們只能私下做。另一位交到的好朋友，就是「飛仔華」（鄭炳華）。很不幸他過身了，他同樣是一個真正的報壇奇才，專做突發新聞，特別精於「警察線」新聞。

梁：但你的「法庭線」也很厲害，你跟山昆納第可以說是「交情甚篤」。

麥：確實，我們「法庭線」做得很好，大家有甚麼消息就可以交換。當時有兩三年時間我們幫《文匯報》做出了特色，跑在香港很多報紙的前列。甚至有人將我們的新聞與《東方》相比，做到這樣。

梁：那是一九八零年左右的事？

麥：約在一九七九、八零年之間，那時《文匯報》做了很多獨家新聞，我跟同事講，我們要想一些新角度出來。

梁：我記得你重返香港《文匯報》當上副總經理之後，為《文匯》帶來很多新猷。可不可以列舉一些？

麥：我做經營管理。

梁：那工作豈不是完全不同了？不再做編採了吧？

麥：對，完全是經營管理事務。幸好我在英國時積累了一定經驗，因為當時甚麼都要做，是一次很好的訓練，像廣告、信貸管理、避免呆壞賬、財務管理等等，甚麼都有機會接觸。所以我回來首先要搞好銷量，編輯部的事我管不了，但是發行渠道怎麼做好一些呢？當時我給他們提意見，因為《文匯》始終受到黨的很多政策規限，難以做成一張市民大眾的報章。既然如此，考慮到當時中國也改革開放了，《文匯報》能否做成一份專供前往大陸做生意、投資的香港工商界或行政人員參考的報紙呢？因為當時大陸對香港的影響越來越大，香港很多商家上去珠三角開設工廠，更有些到上海、北京投資房地產。

梁：所以你們的版面也要改變了？要增加這些版面？

麥：加強這方面的內容，那時我們加強財經版，我建議要麼不做，要麼就做到最「狠」，要讓人覺得很突出。原先只有一、兩版財經版，加至五、六版，這才顯得有氣勢。其中要集中做好和中國有關的財經新聞，別人就會覺得有需要看你們這家報紙。因為讀者即使看很多別家有關大陸的財經新聞，始終是外面對中國大陸的評論。究竟中國大陸官方怎樣說，很多商界做生意的人覺得有必要參考原文。原文是很囉嗦冗長的，要看你怎樣幫他們解讀，按照原樣來解讀，譬如黨發表了一篇文章談到數個五年計劃，但篇幅很長，你要想怎樣將核心要點選取出來。外面有很多報紙也會報道有關新聞，不過他們只是從他們的角度去解讀，很多東西未必是中央的意見，但作為一位生意人，他會看中央實際上是怎麼說的。

梁：那時有沒有開始辦研討會？

麥：開始了，同時我也將宣傳推廣這個概念引入《文匯報》，因為以前左派並沒有「宣傳推廣」這一回事。全港左派報紙第一個公關部，就是我成立的，也拿到很多廣告。公關部做甚麼？因為要宣傳推廣，所以就開始賣電視廣告。我們第一個宣傳推廣計劃，就是跟加拿大楓葉金幣合作，辦一個「猜金價，贏楓葉金幣」的活動，這些是左派一直以來想都沒想過的事。第一，不是「熊貓金幣」，是楓葉金幣，「外國貨」，有吸引力；第二，這種競猜活動雖不能說是賭博，但也算是一種「遊戲」，以前的左派不會推廣這種「橫財」概念，因為猜到就可以抽獎甚麼的。那麼做這種遊戲，怎樣讓更多非《文匯報》的讀者知道你在做甚麼呢？所以要通過電視廣告作宣傳。當時，第一位無綫電視派來與我洽談的銷售員，是誰呢？曾展章，即現在有線電視的執行董事。他一上到《文匯》報社，當場愕然，發現左派竟然有錢下廣告。這就是《文匯》公關部的第一個活動。當時我也下令，《文匯報》廣告部要拿外面的廣告，不要針對自己中資的機構或大陸的「招商引資」下廣告。這是十分流行的做法，左派報紙的通病，遺存至今。國家派你出來在香港宣傳推廣國策，已給你一大筆資金，但你又向國家企業賣廣告位……

梁：因為容易，拿國家的錢，相關的機構廣告也下很多。

麥：這只是「左袋放右袋」！這筆錢應該去一些合適的媒體，真的去宣傳、招商引資，讓外國人或者香港人到國內投資才對。你應該好好考慮用甚麼途徑。因為《文匯》、《大公》始終很少人看，廣告如果還是全部放在這兩份報紙上，其實是沒有意思的。而且國家已經給了那麼多錢，津貼你們在香港辦報，你還要再拿回這些錢……

梁：所以你沒有這樣做。

麥：那只會讓這張報紙給讀者的感覺更加左派，上面全都是這些廣告。

梁：但現在確實是這樣了。

麥：是，又恢復成那樣。所以當時我下令不能拿國內廣告，一定要拿外面的廣告。這是破釜沉舟之舉，於是想方設法找到外面的廣告。

梁：編採跟廣告人員是分開管理的？

麥：是分開的。編輯部記者不能拿廣告。但當時我們覺得，我們這班同事的力量實在不足，與外面的聯繫等等各方面都是。

梁：廣告部人手多不多？

麥： 十多人吧，我增設公關部，另外也借助外力。當時《南華早報》的發行部經理彭健欽，Kenneth Pang，我說服他出來成立一間公司，專門將《文匯報》的外商廣告事務交給他辦，非中資的廣告叫外商廣告，讓他幫忙去聯繫，給他佣金，結果利用他的人脈關係，爭取到很多我們自己拿不到的廣告客戶。所以為甚麼當年《文匯報》的廣告量節節上升，超越所有左派報紙，就是這個原因了。

梁： 發行呢？印象中你跟彭先生和 Robert Chow（周融）後來又辦了一個發行網。

麥： 對。當時希望報紙不要只是在報攤售賣，要能夠進入便利店。報紙入便利店這事正是我們弄出來的。當時 Robert Chow 在「The Standard」（英文《虎報》），代表《星島》集團，我們就代表《文匯》。若我們《文匯》先行，其他左派報章也會跟着。結果在兩個報業集團支持下，就這樣辦成了。初時報販、發行代理紛紛反對，還好後來談妥了，不然真的很麻煩。

梁： 當時《文匯》、《南早》、《星島》三大集團各自有份，但你們最終脫離各自的機構，三人自組公司去經營，是嗎？

麥： 那時我一直代表《文匯報》，離開《文匯報》創辦《經濟日報》後，我立即賣掉了公司股份，免得產生利益衝突。

梁： 當時是《文匯》、《南早》、《星島》三個組建一間公司，負責連鎖便利店的發行。是不是後來你們三人買下了機構的股份，自行成立了公司？

麥： 沒有。他們怎樣我不清楚，彭健欽因為已離開《南華早報》，所以他用的是個人名義。而我呢，在公司仍持有一丁點股份，作為「incentive」，作為「額外獎勵」，仍然是報館的，所以我走了以後，股份始終是屬於報館的，只不過是我不要自己那少許股份，把它賣掉了，其實是分毫不賺的。

梁：你何時離開《文匯報》，出來辦你自己的《經濟日報》？

麥：一九八七年。

梁：那麼早？《經濟日報》應該是在一九八八年面世吧？

麥：一九八八年一月二十六日創刊。其實之前我已經想離開了。因為我已做到那麼「高層」了，實際上履行總經理的職責，所以《文匯》的人當時都叫我「麥老總」，雖然我還很年輕。他們的社委會算是董事局，裏面有幾位常委，其他人都是老人家，包括李子誦、金堯如（後來離開）、張雲楓，唯獨我最年輕。

梁：張大姐在不在？

麥：她也在。雖然他們想改革開放，但是當中有很多事情還是很困難，有些關鍵問題很難處理，始終是黨的報紙，加上我不是黨員，我覺得我在這裏前途有限。最關鍵的是，不能暢所欲言。不是說我自己不能暢所欲言，我在社委會心直口快甚麼都說，但報紙本身在出版時不能暢所欲言，很多事情受政府政策所限。所以在這樣的情況之下，我覺得這張報紙做大的機會很小。雖然它已經改革了不少，但始終無法緊扣香港人的脈搏，那怎會是一張香港人喜聞樂見、願意閱讀的報紙？顯然是不可能的。我覺得自己不能在此浪費青春。若我埋沒自己的「良心」或者理想，置之不理，這樣繼續做下去的話，我相信我今天也能做到像很多香港左派的一把手那樣，或者成為特區政府的官員，可能我不離開，現在已當上政府新聞處處長！（大笑）有這樣的機會，但我覺得我不應這樣，應該做一張對香港負責任的、中肯一點的報紙。

梁：可不可以這樣說，現在左報的那些一把手都必須是共產黨員？

麥：現在更加是這樣了。

梁：但你那個年代呢？像張雲楓、王伯遙他們也做到老總級了。

麥：他們是不是，我真的不知道，但我知道凡是去到老總級的就應該是黨員了。我的個案屬於破格升任，史無前例，一般情況之下都需要是。

梁：你離開《文匯報》是在一九八七年中……

麥：離開之前其實還有兩段小插曲。此前我已經有了離開之心，覺得做下去意義不大，那是在一九八七年初，做了一年多已經有要走的心，雖然我也為《文匯報》做了很多、改革了很多。產生離開之心的第一個原因是，當時香港有一份《中報》，傅朝樞那份，而幫他在紐約經營的人叫陳婉瑩。

梁：那是你在香港大學的同學吧？

麥：是的，她經常回來香港，知道《文匯報》的改革，覺得《文匯報》辦得不錯。當時《中報》在香港辦不起來，經營慘淡，又沒甚麼人才。於是她曾經向傅朝樞獻計，說：「要不你試試聘請麥華章。」本來談得很好，我在《文匯報》，也已萌生去意，想大展拳腳一番。因此傅朝樞請我過去《中報》當副社長。但我一跟報社交代，就發現原來傅朝樞也跟新華社有一定關係，他一通報上去，就被命令「你不要動麥華章」。

梁：會不會是因為許家屯跟他的關係很密切？當時許家屯已經在香港了，他們是江蘇幫。

麥：對，應該是新華社下令叫傅朝樞「不能聘請麥華章」，所以我就不能走了。第二段小插曲發生在我準備離開時，大約在年中，六、七月份的時候，我跟馮紹波商量好要與他合作，決定離開，開始籌備創辦《經濟日報》。有一位中華漆廠的老闆（徐展堂），如今他已去世了，當時他說要辦報，打電話給我：「你不如出來幫我。」我說我也只是個做新聞的。他說：「我正是因為這樣才想找你，我想收購《信報》，你乾脆過來幫我辦《信報》。」說是這麼說，但之後卻沒了蹤影，不了了之。反而有一次王世瑜打電話給我，當時的《明報》總編輯，他說：「我們缺一位總經理。」那段時間《明報》打算上市，所以才有了接下來的「我想將你推薦給查先生」。這樣就約了我跟查先生見面，在當時還未拆除的利園酒店那個咖啡店裏面，我跟他從八點一直談到十二點，查先生非常健談。然後他說：「那個，你今晚有沒有事，沒有事的話，不如去我家繼續聊」。之後便載我上山，當時他住山頂道一號，在他家的大廳接着聊，聊到凌晨四五點，一直勸我。他聽完我對報業的分析，諸如此類，他很有興趣，想要請我做總經理。他說：「不如你過來《明報》吧。」我遺憾地跟查先生說：「很不湊巧，我已經答應了馮紹波先生，出來辦《經濟日報》。」

梁：他最後找了TVB的總經理鄭君略過去。

麥：對。他說：「馮先生出多少錢請你，我出雙倍價錢！」

梁：真是厲害。

麥：很厲害，但我跟查先生說這樣的夥計你還是不要請了。已經答應了別人，卻因為錢來你這裏。假如我是那樣的人，今天答應你過去《明報》，改日如果有人說他出的價錢是查先生你的兩倍，那我也會走，對不對？我跟他說，這樣的員工不要請，大家做個朋友，今後有甚麼可以聯絡。他問我《明報》有甚麼需要改革，想要知道我作為旁觀者的看法。我當時跟查先生說：「其實《明報》是一個金礦來的！」

梁：當時你建議查先生怎樣改革？

麥：《明報》有一樣東西我覺得是大寶藏。當時《南華早報》最賺錢的是甚麼？別人都說它是「米報」，就是因為它的招聘分類廣告。《南早》大體上是當年的「港英官方喉舌」，以前中文報紙的「官方喉舌」是《華僑日報》，但《華僑》一直在走下坡，地位已被《明報》取代了。《明報》作為一份知識分子、中產的報章，理應可以成為中文分類廣告最多的報紙，這個市場是它未開拓的寶庫。因為《南早》在最高峰時期能賺五億元，大部分錢都來自分類廣告，所以我跟查先生說可以多放些心思在這上面。後來他真的辦了「明報金頁」。

梁：但不太成功。

麥：就是執行起來有些問題。我分析過他們為甚麼不行，可能是由於他「將拳頭全都打出」，因為做分類廣告是要細分的，不是純粹就這樣「分類」就可以了。分類有地產分類，像《星島》那樣，有招聘分類，像《南早》那樣，而當時的二手車廣告，是《天天》、《成報》那些報紙在做。另外還有面向一般市民、大眾化的職位招聘，比如司機甚麼的，就是《東方》的專長。

梁：後來是《東方》，早先是《成報》在做。

麥：但《明報》樣樣都做，這是很難對準目標的。如果讓我去了《明報》辦這個項目，我會按領域逐個擊破，那就很不一樣了。

梁：我想問一個問題，很奇怪，剛才你提到中華漆廠的老闆徐展堂，其實他跟軍方很熟，也捐了很多古董去英國博物館，理論上應該很有實力的，為何最後收購《信報》一事卻不了了之？

麥：我想那是一個任務，因為那時中英爭論得很厲害，從一九八二年直到一九九七香港回歸前，雙方都在打輿論戰，要搶佔輿論陣地。當時中方輸得很慘，大部分報紙都不支持中國，所以會不會收購過來就能改變報紙的立場？我想他作為一位頭腦那麼敏鋭的生意人，如果能收購作為「眼中釘」的《信報》，那就很了不得了。所以這應該是他的主觀願望，問題是對方願不願意賣給他。

梁：可能是林山木先生不肯賣，聽説有人出很高的價錢，他也不幹。

麥：就是這樣。其實當時有不少人想買，而《信報》也願意到外面和別人洽談。我們沒辦《經濟》之前，也和他們談過。

梁：那你又如何跟馮紹波重新掛上關係？我知道你們在中學的時候就認識，但他在讀完大學後在大陸做了很多事情，和幾個朋友一起去辦展覽、公關等業務。

麥：馮先生有天生的領導才能。他大學畢業後，去英國曼徹斯特讀了一個經濟碩士，回來香港後，他又找我聊天。

梁：他好像早就跟梁家齊等幾位搭檔一起……

麥：那時還沒。他出來時起初兩、三年在寶隆洋行做中國貿易，再去讀書，回來後，我們還是非常熟稔，經常聊天。他知道我在《文匯報》，在聊天中問我有甚麼生意可以做。當時我還在《文匯報》做記者，應該是一九七八年左右。

梁：接着他進入大陸工作。

麥：那時他還沒有。我建議他，既然剛回來……我有點私心，認為《文匯》要借助外力，光靠自己推銷廣告是賣不出去的，我就建議他回來不妨做一些「無本生意」。怎樣「無本」呢？做廣告代理，專責代理《文匯報》的外商廣告。其實之前彭健欽也已經試過了，就找他們去做，開始是做《文匯報》代理，專門代理特輯，去拉廣告。這些特輯變成了一種分賬方式。所以他跟朱裕倫、梁家齊的合作就是這樣開始的，有這樣的淵源。

梁：我和梁家齊是同學，他當時從美國回來香港。

麥：他們三位創立的第一間公司叫做「雅式廣告公司」（Adsale），不久進入大陸市場。他們很精明，看到中國改革開放的先機。應該是上海《文匯報》，第一次接受外國廣告，願意刊登，他們立即看中這財路，承辦業務。他們很厲害，為《文匯報》代理後，就有些廣告經驗了，立刻找來《華爾街日報》、《金融時報》、《日本經濟新聞》、法蘭克福那份財經報章，代理他們的中國廣告，拿廣告進入中國市場，同時將大陸的廣告帶到外面在這些報紙上做專輯，像在《文匯報》上一樣。如此一來就與中國貿易關係非常密切了，從而接觸到展覽會的業務，開始做「雅式展覽」，很多這方面的項目。後來他們投資房地產，也賺到了第一桶金。

梁：他們幾兄弟分了家，梁家齊去了股票市場。

麥：對，馮紹波有次與我暢快地聊天，覺得傳媒業很有趣，那是一九八六年的事。起先他有很多想法，甚至也考慮過亞視！我一直有跟他聊，知道他資金其實不太多，而且辦傳媒很多時候像燒錢一樣，所以我建議他創辦一份財經報紙，因為財經報紙只有一個對手，就是《信報》。

梁：很正確，你看得很準。

麥：因為不用像綜合報章一樣兼顧娛樂等其他版塊，就「獨沽一味」做財經，所需投資少很多。我跟他們談過，知道他們有幾個錢，還是要量力而為，就這樣開始了。

梁：當時有多少個股東？

麥：當時就是他們三個，「雅式」的那三位。

梁：你有沒有份？

麥：開始時主要是我跟馮先生兩人說起辦報的計劃。出來辦時，他們三位股東還要繼續專注自己的生意，朱裕倫做展覽，梁家齊做股票，而馮紹波本來有一間好像叫英達的玩具廠，他也已經無心戀戰了，很有興趣專注做傳媒。所以整個經濟日報集團是我們兩人啟動的。

梁：那你有沒有股份呢？

麥：有少量股份。

梁：現在呢？梁家齊好像已經去做基金，不怎麼理了。

麥：上市之後我們還是有一定股份的，大家可以自由買賣。我自己也在上市後相繼套現了一部分，作為一筆「退休金」。我也非常感激，有這樣的機會才能成就今日的我，因為我在《文匯報》

時工資很低，要追求財富就要靠經營《經濟日報》這些年了。

梁：你是怎樣辦起《經濟日報》的？一九八八年競爭還是十分激烈的，創刊時你真的像「揼石仔」那樣辛苦，積少成多才把銷量做上去。

麥：很難做，其實很多人試圖挑戰《信報》都失敗了，之前也有一份《財經日報》。

梁：應該是查先生辦過，另外……

麥：之前不是。是黃楊烈幫查先生辦的，另外畫漫畫的黃玉郎也辦過。但他趕在我們前頭，出早了，在一九八七年十一月出版，三個月就辦不下去了，因為一出來剛好遇上十月十九日「八七股災」，那次真的很嚴重。他們十一月出版，還找了金堯如做顧問，結果還是不行。

梁：怎麼會這麼奇怪？《信報》的興起是因為一九七三年股災，而《經濟日報》也是在「八七股災」之後興起的。

麥：因為那是入市的最好時機，租金、工資都處於最低水平。你剛剛開辦新報紙時，別指望能拿到多少廣告，要守住。經濟最低谷時守業是最好的，反正也沒甚麼機會找到廣告。

梁：你創辦《經濟日報》時，搞了很多噱頭，包括幫別人舉辦研討會、講座等等，這樣來養着報紙，是嗎？

麥：當時很慘，我們本身資金不足，剛開始時所有的傢具，包括寫字枱、櫈子全部都是二手的。那些鋼桌，是石鏡泉去找的。石鏡泉是我和馮紹波成立公司後第一位員工，他本來一直在做「雅式展覽」，但放棄了朱先生那邊的工作，過來《經濟日報》。當然最早的兩個員工是我跟馮紹波，除我們之外就是石鏡泉了。大家早在大學時期已玩在一起，他是辦《學苑》的。那時真的很艱苦，我們的同事在那裏幹活，特別是那些女同事，絲襪都不知道被傢具鈎爛了多少，因為那些鋼桌甚麼的有很多尖角。初時很有趣，馮紹波當總編輯，我當總經理。嚴格來說，應該是我當總編輯、他當總經理，因為他是個生意人，而我是新聞界的。但我們覺得應該要對調，這樣才能更加了解對方。編輯部跟經理部，我們叫營業部，兩邊的配合很重要。《經濟日報》集團能成功，這是很重要的因素，而這在當時全香港的報紙之中，都是欠缺的。因為編輯部以前跟營業部是「老死不相往來」的，你不能踏入對方的範圍一步，否則會被指責是「影響編輯自主」，是這樣子的。但我們很不同，我們兩人作為部門頭頭，大家都有對方的經驗，也了解對方的難處，這就很不一樣了。

梁：你們怎樣「埋班」，怎樣組建班底？印象中許平也在你們那裏？

麥：組建班底也很慘。起初找到的人都不來，因為好的人才認為，來這裏不知做多久就會倒閉，那麼多人挑戰《信報》，都一命嗚呼了，你們這幫傢伙，又憑甚麼會成功？尤其剛開始很多人認為我們是「書生辦報」，從大學出來的這幫人之中，只有我一個人做過報紙，其他人都沒有辦報經驗，「想必是玩票性質而已」，一點都不被看好。十個朋友中，有九個都跟我們說：「你們不行，辦不成的」，對我們沒有信心，剩下一個會說「倒也可以試試」，心裏在想：「你們死定的。」（笑）所以當時我們像清兵一樣，豁出去了，胸前印個「勇」字就衝出來。後來有張劍虹，做採訪主任，開始時不是他。可見當初完全沒有人才。本來找了程翔幫忙，他約都簽了，但臨時被李子誦說了幾句，就不願意了，沒有來。而且起初那幫人來自五湖四海，根本無法推行報紙應有的風格。這需要一個過程，而他們在其他報紙做習慣了，和我們的做法不同。所以初期是很慘淡的。

梁：開始時出版多少張紙？

麥：剛出版時，是四大張共十六版。一發行，真的不得了，有四萬份！那時《信報》也只是聲稱自己銷量有四、五萬份而已。

梁：為甚麼可以有這麼多？

麥：因為一開始不用錢買。香港的發行制度是第一個星期免費給報販，免費給那些發行代理。他們無所謂，反正不用錢，能發行多少就發行多少，有人買他們就淨賺，沒人買就夾在其他報紙裏面當「拍拖報」。

梁：之後呢？

麥：收正價時，真是慘不忍睹，銷量滑落至八千份。按理應該關門大吉，做不下去了。

梁：這麼嚴重，那怎樣慢慢使銷量回升呢？當時人手有多少？

麥：當時整間報館有二百人，人很多，很慘的。手上沒有二百人的話，怎能做得來？除了編輯部以外，還有發行、廣告部等等……

梁：印刷部呢？

麥：印刷我們交給隔壁榮華工業大廈的「友聲」，他們幫忙印刷。但找人代印事事掣肘，很慘很慘。

梁：甚麼時候情況才開始好轉？

麥：當時馮紹波很厲害，找到不少人才。他千方百計找來陳早標，陳早標當時應該在香港電台做財經新聞的編輯主管，也當過《信報》採訪主任，後來有段時間移民到加拿大，然後再回來。

梁：那時應該創刊沒多久，是一九八八、八九年的事嗎？

麥：應該是報紙創刊幾個月之後，起初很不濟，陳早標應該是一九八八年四、五月來的，也是在那時我們找了張劍虹過來，於是就有了很大變化。那時最重要的是我們討論出了報紙的「market positioning」（市場定位），大家在斟酌之後，認為要做一份綜合性的財經報紙，英文叫「Comprehensive Business Newspaper」。這是因為當時很多報紙的經濟版，都很「弱雞」，只有一兩版，不像今日的香港那麼重視。

梁：其實《信報》也不是經濟報紙，是政經報紙。

麥：政經報紙，而且政治先行。他們的所謂「財經」，其實只是那些最「大路」的政府公告、有關財金的公告，或是關於股市的消息，差不多是股金匯新聞的炒賣，連地產資訊都沒有。另外也很有趣的是，《星島》擁有最多的地產廣告，但地產新聞卻少得可憐，跟現在完全不同。我們覺得，香港不是只炒股金匯，也不光是大型的財經政策，還有很多事情是沒有報紙報道的，例如工業。雖然那時香港工業已經北移，但我們稱之為「前舖後廠」，還是不少的，當時大概有五萬家工廠，卻一直無人報道。只有《華僑》有工業版，是一些船期表，要麼就是「鱔稿」，此外再無其他。即使有一些甚麼棉紗的價格，也根本沒有涉及真正的工業事項，出口市場、營運、商管等等，都沒有報道。香港是一個很重要的轉口港，貿易是非常重要的，當時我們統計出來，大約有三萬家從事進出口貿易的公司沒人理會，完全沒有。另外還有商業，我們叫零售業，香港的零售業也沒有人寫，如果有一些所謂的「記者招待會」，例如「Marks & Spencer」（馬莎百貨）在香港開業，大家只當為「鱔稿」處理，不會有人分析馬莎來港有甚麼意義、對香港零售市場有何影響，沒有這些分析。另外是地產及其相關行業。現在據說一個地產行業，有二十個行業依附着。很簡單，像搬運、物流，又有地產代理經紀、裝修、銀行的按揭部門，很多東西和地產有關，其實地產不光是那幾家地產發展商，牽涉到很多行業，很多人靠它吃飯。

梁：甚麼時候才從八千份的情況走出來？

麥：關鍵是，我們確定了市場定位，要做一張這樣的報紙，樣樣都兼顧，但只是說起來容易，不知道需要多少人力物力。起初不要緊，畢竟沒有這樣的記者，需要時間來訓練，所以先做個形狀出來。我們開了工貿版，即工業與貿易版，還有商業版、地產版、財金版，財金版就是金融版。

還生怕別人不知道，設計了一些偌大的標識，例如工貿版弄一些煙囪、工廠的圖案，類似這些東西，好讓讀者知道這一版的存在。如此一來立即發生很大變化。為甚麼？起先雖然內容很弱，但是當有些公司看到，他們會想：「這家報紙有一個『工貿版』！別的報紙都沒有，若我不訂閱，會不會錯過某些跟我相關的資訊？」於是他們就訂閱了，銷路立即提升，慢慢增長。接下來我們真的要做好內容了，必須名副其實，有這個版面，就要有相應的內容。譬如零售……

梁：人手也立即要增加不少吧？

麥：要靠訓練，也不用太多。我們的策略很簡單，集中做好頭條，其他新聞「炒稿」也不要緊。頭條有吸引力，讀者就會有印象。你顧不上這麼多的，人手都不夠，只能集中兵力做好頭條。後來打其他「戰役」時，用的也是這種方式。每一件事做好最重要的方面，其他方面雜一點、碎一點也沒有問題。

梁：你是怎樣想出幫別人辦研討會、講座，又在大酒店辦座談會等等這些策略的？

麥：這不是自己憑空想出來的，畢竟不是天才，很多都是從現實的營運中摸索出來的。例如一九八九年發生「天安門事件」，當時人心惶惶，新加坡領事館門口大排長龍，要移民的人多到擠碎門窗玻璃，讓我印象最深刻。我們覺得在這樣的情況之下，如果舉辦一個研討會，分析大陸政局對香港的影響，探討香港經濟今後何去何從，肯定會有很多人來聽，我們可以藉此為報紙做宣傳。結果我們真的辦了，我記得那是倉促辦成的，在發生「天安門事件」之後。

梁：你們在那些活動中有沒有收入？

麥：起初還沒有，是免費的，租用怡東酒店（Excelsior Hotel）的「function room」（多功能廳）來舉辦，結果全場爆滿。因為當時香港人都很擔驚受怕，又沒有人辦這類活動，香港將來的前途怎樣大家都不知道，所以出現了「爆棚」的情況，來的人中間還有很多是「大孖沙」（頭面人物）。

梁：後來從免費變成收費？

麥：後來發現，原來這樣是可行的，有很多人參與。第三個研討會探討房地產，發覺這也可行，但有時報了名的人不來，應該改作收費活動，才能確保他們出席。結果就開始收費，讓他們會來，最後發現：「咦，為甚麼不乾脆收錢，作為一盤生意來做呢？」還可為報紙宣傳，讓報紙接觸到很多原先並非目標群體的讀者。之後我們就將原來的公關部，或者叫市場推廣部，改稱「經濟商學院」。

梁：現在還在吧？

麥：從一九八九年營運至今，多年來一直賺錢，而且沒人效仿，我們也很奇怪，沒有人來和我們競爭。

梁：因為你畢竟有張報紙在那裏。

麥：那倒不是，其他報紙也可以辦，但因為我們先做，佔領了先機，也把勢頭做了出來，還訓練出一批人才。我們每次的活動給人們參加完之後都有一個問卷表格供人填寫，問你滿不滿意，我們的滿意度每次都高達百分之九十多。所以這樣辦下來，能夠一直生存到現在。

梁：除此之外，還有甚麼經營策略？

麥：其實這差不多已免費幫報紙做了宣傳，還有一些收入。其他的策略也很簡單，我們改革以後，內容開始扎實了。為甚麼說扎實了呢？例如當時我記得百事可樂簽了張國榮作為代言人，叫「百事巨星張國榮」，他們開一個記者招待會來宣佈這件事，當時很多報紙就派娛樂版記者去採訪，張國榮的消息屬於娛樂新聞，對不對？於是就只報道娛樂方面的內容，管你是甚麼「百事」，最多說張國榮做這個代言人收了多少錢。其他報紙就算報道也是從「張國榮」的角度，但我們覺得這其實是百事公司的一個宣傳推廣策略，所以我們就訪問百事可樂，問他們為甚麼會想到這個點子、具體如何實行、整個宣傳攻勢如何。如果你是可口可樂、楊協成、維他這些飲料製造商，你要不要看？這些是平時要派商業間諜才能獲取的情報，現在不用，只要付錢買張報紙就可以看到對方的策略了。看完這份報紙之後，你是不是要訂閱呢？因為它三不五時就會報道與你有關的內容。

梁：訂閱數目因此增加？

麥：因為這樣，產品開始變好，就要做推廣了。推廣除了靠宣傳以外，也需要發行渠道。可能很多人不知道你的存在的。即使做了一件很好的產品，也不為人所知。若每回都要付費下電視廣告，你不知道得花多少錢。所以我們成立了一個隊伍專門到公司登門拜訪，尋找訂閱客戶。這是全港報紙都沒有試過的。當時有一部電影叫《Charlie's Angels》（《神探俏嬌娃》），我就成立了「Perry's Angels」。雖然隊中也有男生，但以女生為主力，女生容易上門推廣。

梁：成效如何？

麥：一開始是找暑假工，因為我不確定會不會有成效，初時在港大、中大找「Interm」（實習生），那時都不知道有沒有「實習生」，就叫「暑期工」吧，請來這些學生，訓練他們做「Cold Call」（意外電訪、冷電），打給公司爭取訂閱。那時一份報紙只是賣兩元半還是三元而已。其實這樣成本很高，但不這樣做的話，又很難接觸到潛在客戶。事前我自己做過一個「Pilot Test」（預訪），先嘗試一下，因為大家都沒有經驗，於是我親自上門推銷。去到那裏，發現在大公司，就算我巧舌如簧，推銷技巧也不差，還是無濟於事。你根本過不了大公司接待處那一關，意味着人公司是不行的，所以轉而找小公司。繼而發現，尤其在上環，有很多小公司，也就是我們所說的中小企業。登門拜訪就會知道，大多是「無掩雞籠」，因為這些公司就那麼幾個人，「神也是他，鬼也是他」，身兼數職，老闆也可能出來開門接待。這樣的話進門就容易多了。但首先你要考慮怎樣讓他們產生興趣。

梁：這樣的派發費用也很貴吧？

麥：初期是的。但首先你要勸說他們訂閱，這就有機會跟老闆談，解釋給他聽。這是我自己的親身經歷，有次我去到一間公司，一進門只有三個員工，面面相覷，在那裏沒事幹。我問他們看甚麼報紙，他們說看《成報》，當時很多寫字樓職員都看《成報》。我問：「你們做甚麼生意？」他說：「我們是買賣棕櫚油的。」棕櫚油。他說：「你弄錯了，你們全是這些內容……我們買賣棕櫚油，你們報紙都沒有講棕櫚油。」那你怎樣叫他訂閱呢？但我最後真的說服他訂閱了。

梁：《成報》也沒有棕櫚油消息嘛。

麥：《成報》也沒有的，《成報》讀來是為了找娛樂。我說：「你們買賣棕櫚油，就是說要用外匯，要講美金。我們報紙是追蹤外匯資訊方面的行家，雖然沒有買賣棕櫚油的資訊，但在外匯方面有很多報道，對你有利、有幫助。」這樣介紹完之後，他恍然大悟：「說的也是，如果我對外匯的知識掌握得更多一些……」

梁：那時多少錢一份？通常一訂就訂一年嗎？

麥：一訂就訂一年。其實成本是很昂貴的，你還要付佣金給那些推銷員，要支付派報費。

梁：那樣根本賺不到錢，不過可以將銷路擴大。

麥：一定要這樣，不然報紙根本活不下來。所以我們發現中小企業客戶是可以爭取的之後，就訓練了一班年輕人去推銷。

梁：最多能增加多少新訂戶？

麥：一個暑假以幾千份計。

梁：也不多啊。

麥：一個暑假而已。發現這班年輕人都幹得來之後，我們乾脆直接請正規的推銷員去做。當你做到訂閱量有一萬幾千時，情況就大為不同了。而且這幫人是公司訂戶，我們稱之為「含金量高的讀者」。他們放廣告在你的報紙上，是有效力的，強很多，因為這些人全都是公司的。我們的訂戶與廣告數就一直這樣上升。這是青黃不接時期的辦法，只是為編輯部買時間，因為改革、訓練人才都需要時間。

梁：經歷了多久才正式步上軌道？就是說，捱了多久？

麥：我們第一次收支平衡，正好經歷了「三年零八個月」（苦笑），就像香港抗戰一樣。

梁：很快啊，報紙很奇怪，「break even」（收支平衡）之後，業績就會迅速增長。

麥：未必，平衡之後還是反反覆覆。嚴格來說，起飛是五年左右的事情，即是一九九三年前後，才真的起飛。

梁：接着就買廠房，又買新機器。

麥：第一個廠房是在一九八九年簽下的，八九年簽了印刷機，買了五組機器，規模很小。只是意味着自己擁有印刷機，僅此而已。一九八九年所有人都提心吊膽、不敢投資的時候，種種費用都很便宜。這是馮紹波的眼光，不是我的。我那時找他，他說有需要擁有自己的設備。

梁：但他也要籌集資金吧？當時你們還在蝕本，他真的很有膽識。

麥：如果要寫，有很多故事可以寫。我剛買到機器的時候是沒有廠房的。機器就快送來時，還沒有找到廠房，而馮紹波又說廠房不能離得太遠，因為當時沒有網絡、光纖等技術，要把底片送過去。

梁：對，當時你們的辦公室在哪？

麥：我們辦公室在長江大廈，即現在的北角海逸酒店，在香港殯儀館隔壁，中間隔了一個榮華工業大廈，友聲就在那裏印刷，北角尾，鰂魚涌頭那一帶。我記得一直到第二年，即一九九零年的農曆新年，我們還找不到廠址，我為此手忙腳亂，到處找，又説不能太遠，因為送底片的問題，一定要在鰂魚涌附近，但就是找不到。恰好在年初三，我看一份晚報，當時還有晚報的，報道説榮華工業大廈十九樓有個印刷廠僱主，因為生意失敗，跳樓自殺，摔在友聲三樓平台的簷篷上，消防員要爬上去把他抬下來。我看到這段新聞，心想：「他是印刷廠東主，他跳樓身亡，那他的印刷廠應該做不下去了，那裏會不會是我們將來的廠房呢？」因為友聲也在下面。但那是十九樓啊，你別忘了。哪有印刷廠在十九樓的？説的是印報紙的印刷廠，不是那些印其他東西的……

梁：要看樓面面積和樓底高度是否足夠。

麥：還有樓層負重磅數的問題，一般情況下是不行的。但幸好我們買的機器叫 SONA 機，是全世界最輕的印刷機，尺寸和重量都剛剛好。於是我上去找那個印刷廠老闆的兒子商討，原來那間印刷廠過度擴張，買了一些新機器回來，做彩色、平張、粉紙的印刷。那個老闆其實不需要死，他過不了自己那一關，所以才跳下來死了。

梁：你有沒有接辦他們的業務？

麥：沒有！我只是要他們的地方罷了。原來他們在十八樓還有一層廠房，他們被銀行「逼倉」，我覺得如果我向他們買下廠房，就會是雙贏的結果，可以順便幫他們解決財政問題。落在銀行手上，你就死定了，肯定會被迫賤賣。結果我們談妥以後，他以較便宜的價格賣給我們。我看中那裏的甚麼呢？地面已全部鋪上鋼版，我一搬進去就可以印刷，電力又足夠，很完美，正合我意。那是一九九零年的事，五、六月份機器運到，我也有廠房了，廠房就是這樣買回來的。還有一個故事更有趣，初時那些印刷工人覺得忌諱，畢竟曾經有人在那邊跳樓，有心理陰影。雖然我不迷信，但我也要找人做一些法事。因為有很多傳聞，說消防員要去將這人抬下來的時候，坐升降機到三樓，準備將屍體搬下樓，但是抬着屍體時，無論怎麼按升降機它都不下來，要自動升上十九樓，打開門，之後才回到地面。

梁：這麼邪門！

麥：傳說就是這樣，你不知道實情如何。但同事心裏有陰影，所以在搬進去時要專門弄一場法事。真的有很多故事可以講。於是這樣就開始自己印刷了。

梁：當時的印數是多少？也不是很多嘛，聽你這麼說，雖然你們是新式機器，但只有五組。

麥：初時有兩三萬，已經很不錯了。《信報》那時也只說自己是四五萬，實際上或許不是。我們五年後開始盈利，但起飛是在一九九七年。因為那時香港經濟發展到頂峰，包括樓市甚麼的。

梁：一九九三年開始賺錢，接着就買下柯達大廈？

麥：對，買下柯達大廈，自己買廠房。那時我們也開始業務多元化，例如我們看中地產這個「大浪潮」，所以我們九一、九二年開始搶《星島》的地產廣告，開設房地產版，結果做得旗鼓相當。我們比較偏重中產或以上的豪宅。總之今天我不能說我們贏了他們，而他們也沒有贏過我們，但我們已經分了一大杯羹。就是說，不僅是二手樓廣告，還帶來了很多一手的、一版版的樓盤廣告，這對我們幫助很大。所以直至今天，整個《經濟日報》最重要的，第一是金融廣告，比如上市、IPO（首次公開募股）等等，第二就是地產廣告。說到這裏，我要多謝末代港督彭定康。原先我們報紙沒有幫過他，他也不會看我們的報紙的。

梁：他不懂中文。

麥：但當時一九九五年有一張叫《蘋果》的報紙出現了。那時彭定康很關注兩張報紙，一張是《東快訊》（《Eastern Express》），另一份就是《蘋果》。因為當時他正跟魯平（時任國務院港澳辦主任）打輿論戰，要有報紙幫他說話，《蘋果》的出現，使得他批准所有香港報紙都成為「刊登法律性質廣告的有效刊物」。我們一直都很慘，為甚麼我說要到九五年才開始起飛呢……

梁：因為不允許你們登這種廣告。

麥：沒錯，因為一直以來，就算我們做得很好，刊登這類「大廣告」才能有可觀收入，賺得最多的是《南早》和《信報》。當時上市就要刊登上市公告，每年還要登兩次業績報告，我們叫「春秋二祭」，「Annual Report」（年報）和「Interim Report」（中期報告）。現在不用了，但當時是一定要的。若拿到這些廣告，就像「印銀紙」一樣。雖然當時我們的報紙已經做得很好，但是很多上市公司會說：「我光顧你，是不行的，因為你不是法律有效的報紙，不是『Gazette Newspaper』（公報）。我們只能在《信報》下廣告，如果你們是法律有效的，我們倒也可以不在《信報》下，在你們這裏下，但我不能無緣無故多出一份廣告費。」當然有些大公司，如長江、和記黃埔出業績報告，就會在所有香港報章刊登，但很多中小型的企業，開支很謹慎，都只在那兩份（《南早》、《信報》）下廣告。而彭定康，他不是有心幫我們，是為了幫助《蘋果》、《東快訊》，所以在這種情況之下放開了政策，不能只偏袒這兩份。我們以前申請不被批准，說我們歷史太短、資歷太淺。但是我們的創辦時間比《蘋果》要早，沒理由只批給《蘋果》而不批給我們，所以為了給《蘋果》，就「大赦天下」。我們因此起飛，馬上將《信報》的廣告都搶走。

梁：說起來，其實《經濟日報》發展到一九九五年，已經很多元化，「經濟通」也辦得很成功，你是怎麼想的？還是說又是馮紹波的功勞？

麥：說得對，這是馮紹波想的，他真是厲害。我自己都沒有這樣的眼光，只有他才高瞻遠矚。一九八八年創辦《經濟日報》，他在一九九零年時，已經開始辦一個「經濟地產資料庫」，這就是它的雛形。當時電腦剛普及，就在電腦上整理房地產信息，然後轉賣給地產代理與發展商。香港最大的問題是沒有「國土局」，這些資訊在大陸是由國土局（國土資源部）負責的，記錄所有房地產成交的資訊。香港也有類似的政府機構，可以在地政署訂閱取得相關資料。但那些資料很多時候只有「Consideration」（對價），也就是買賣價，沒有樓宇呎數。如果只有買賣價，其實是沒有意思的，因為看不出呎價，如果你五百萬只能買到一百呎……

梁：所以才要先完成這個資料庫。

麥：對的，我們搜集整理全港所有樓宇的呎碼，再配上交易價格，意義就很明顯了。這還只是房地產成交三個月後的價錢，有參考價值，但並不是最具有參考價值的。最有參考價值的是昨日的成交數據。這裏我們坐擁一個優勢，好像「吸星大法」一樣。因為美聯地產不會將成交資料交給中原地產，反之亦然。但我們跟他們說：「你們把資料給我，我幫你們宣傳。」就說「美聯」做成一單生意，「中原」做成一單生意這樣，所以各家地產商都將資料交給我們，這樣我們就有了「昨日成交資訊」。另外，因為我們發展了二手樓的樓盤廣告，所以我們也有「未來叫價」，將市場上的所有樓盤綜合在一起，加以整理，我們叫做經過分析的資訊和數據，「Analyzed Data」。

梁：「經濟通」不是只有地產資訊的吧？

麥：初時還沒有做到那麼豐富，就只是「經濟地產資料庫」。做出房地產電子資訊後，所有人都來訂閱了，無論哪一家代理，中原、美聯、利嘉閣、香港置業都要訂，甚至長江、新鴻基都要訂，而銀行的估價部門也要訂閱。我們第一個製造了這種「電子產品」，不要忘了，那時還只是一九九零年。

梁：然後就變成「經濟通」了？

麥：我們發覺原來這樣能賺錢，很好賺，於是就開辦「經濟通」，成為實時的股市和財經通訊社。其實是因為馮紹波看到一段新聞，「Bloomberg」（彭博）公佈業績，說搶了路透社不少生意，而且很賺錢。當時全世界的財經通訊社只有路透社一家，但原來可以有一家彭博社跟他們競爭。回看香港，路透社（香港）有個產品叫「AFE」，報道香港股市與財金的消息。那我們可不可以效仿彭博，贏過香港的路透社？結果，我們贏了，把「經濟通」做了出來。我們的「經濟通」是以產品內容取勝的。

梁：《經濟日報》是第一家採用電腦化排版印刷的報紙，你怎樣跟「北大方正」合作呢？

麥：我們最初不是跟「北大方正」，是跟「啟旋」合作的。「啟旋」系統由我一位同學參與創辦，但後來他離開了，由兩三個電腦人才自己辦出來的。我們最初跟他們合作，把自己當作「白老鼠」，成功了之後他們也將系統賣給其他報紙。這是一件兩全其美的事。

梁：這系統是「啟旋」，不是「北大方正」的？

麥：不是，是用「啟旋」的。

梁：但「啟旋」是一個封閉式系統。

麥：對。我們一直跟他們合作，最近他們好像也已改換了。他們已做了很多其他生意，不是只做這方面。不過大家還是合作了很久。《經濟日報》很早已是多元化發展，很早已經走電子資訊路線。所以發展到今天，電子以及數碼資訊已經佔了我們整個集團收入和盈利的百分之三十，全港沒有一家媒體機構可以做到。香港的媒體，若做到百分之五已經很厲害，現在很多連百分之五也沒有。另外我也不知道有些人做的甚麼生意，做了十多年，明明一直在虧損，還要繼續做。

人家都告訴你了，印刷媒體是夕陽工業，正在衰落中，你一定要數碼化，但是有很多報紙在二零零零年科網熱潮時一窩蜂跑去做網站，蝕本蝕得面目全非，直到今天也還在賠錢。虧本也不要緊了，有些報紙自一九九七年開始經營，足足虧了十八年，到今天仍然沒找到營運模式。你把網站做出來了，但是靠甚麼賺錢？

梁：所以你們由始至終都穩紮穩打，沒有辦那方面的業務？

麥：「經濟通」一直在賺錢，我們也有辦其他業務，網站也一樣有做。但《經濟日報》的電子版是收錢的。我們現在已有兩萬多、接近三萬的付費訂戶。需要付費訂閱的電子版，《信報》、《南早》也有，其他就要靠廣告維持收入。但靠廣告最大的問題是甚麼？香港大部分投放在線上數碼媒體的廣告，雖然一直在增加，但大部分的錢都落入了跨國企業的口袋，譬如Google、Yahoo、Facebook、YouTube。就算有雅虎香港，但收錢的還是境外的部分，香港媒體實際得到的網絡資金連百分之十都不到。因為線上資金除了用於廣告之外，還有很多企業拿這筆經費自己做網站，自己經營社交媒體，比如Facebook專頁等等，去了那些地方，不是用在登廣告上。

梁：所以你們不打算在那方面發展？

麥：我們也有。「經濟通」本身的同事很能幹，開發了兩個產品，一個是專業版，訂閱費大約一萬元一年，現在大概已有兩萬台正在訂閱。如果有些機構一次訂幾十份，我們也會給「Bulk Subscription Discount」（批量訂閱折扣），但總數加起來還是很可觀，兩萬台乘一萬元，可見收入頗豐。另外我們也有個「經濟通」的產品是免費的，給市民大眾看。你可能會問，怎麼一個收錢一個不收錢，分別在哪裏？收錢的當然資訊詳盡得多，裏面還有很多圖表是免費版沒有的。免費的雖然也是「即時」財經資訊，但是有數秒延遲。收費版就不能延遲了，人家付了近萬元訂閱費，若有遲緩，豈不將你殺掉！那些甚麼大銀行、證券公司，遲幾秒鐘已經影響个知道多少億的成交量，所以絕不能延遲，而一般散戶遲幾秒是沒問題的。而且遲幾秒鐘的話，也免卻了給港交所的一筆高昂費用，於是就可以免費給用戶看，靠收廣告費盈利。

梁：除了「經濟通」以外，還有出版業務是嗎？

麥：對，有出版社，其實現在《經濟日報》整個集團有十多項業務。從原有的二百人出來，到今天《經濟日報》也有一千五百多人了，有十餘項業務，包括兩張報紙、五本周刊，另外就是剛才說的電子、數碼的資訊，即一個「經濟通」，一個「經濟地產資料庫」，還有幾家相關企業，承辦其他業務。因為我們自己本身研發「經濟通」也需要很多科研項目，這些科研項目其實可以用來做不少事情。例如一間證券公司取得證券牌，要開張了，前端就用我們的「經濟通」去炒股，而網上交易甚至風險管理等等，我們的系統也全都包辦。有許多東西我們也不方便說，其實香港有很多大企業的部分業務都由我們承辦，包括港交所，有些東西也是我們幫它做，已經做到這樣了，所以說這方面佔了我們百分之三十的收益。另外有「經濟商學院」，本身也還有出版社。

梁：你們「商學院」每年辦多少個課程？開多少個班來吸引業界人士？

麥：我們有課程、研討會、會議等等，還順帶幫別人做「Event Management」（活動管理）。

梁：都是用「Ad Hoc」（特設）的方式做是嗎？即是「Continuously Ad Hoc」（持續專設）？

麥：「Continuously Ad Hoc」。比如說我們會確定一年開設多少課程，其中開財經與地產的課程是最容易的，最多人來報名，因為他們相信我們的水平。

梁：會場呢？通常是在酒店開講嗎？

麥：有的在酒店，而且我們本身有個很大的培訓室，裏面能坐一百人，有些課程就會在那個培訓室內進行，或者租一些會展的場地。那已經是一門生意。另外我們還做了一些「vertical」的網站（垂直網站），例如我們現在已發展出全港最多人瀏覽的旅遊網站，叫「U Travel」。另外，我們還有一個做健康食品的電子商貿網站，叫「Health Smart」（樂本健）。所以我們的業務很多元化。我們也收購了一家印刷廠，是全港三大印刷廠之一。

梁：「Times-Ringier」是嗎？

麥：是，但現在不叫「Times-Ringier」了。最先是由《新加坡海峽時報》（The Straits Times）和瑞士最大的家族印刷廠「Ringier」合作的，八十年代已經創立了。我們大約在三年前買下它，廠房在大埔。換言之，以我們今天的能力，除了印刷報紙外，有很多「glossy」（使用光面紙印刷）的雜誌也可以印了，我們也幫很多大客戶印刷，包括《Fortune》（《財富》）、以前的《Newsweek》（《新聞周刊》）、《TIME》（《時代》）、《The Economist》（《經濟學人》），他們在東亞發行的亞洲版，都由我們承印。

梁：我很關心你們的《晴報》，發展情況如何？賺錢了沒有？

麥：《晴報》正在努力，我們從全港五張免費報紙中發行量最低的，差不多升至排行第二，應該很快有盈利。

梁：但看廣告好像還是一般般。

麥：沒有，廣告相當多，以今天為例，出一百一十二版。

梁：今天星期五，最適合下廣告。

麥：一百一十二版，其他的免費報能有多少？

梁：但廣告費聽説在下跌，是不是？

麥：總是在跌的。所以我們訓練廣告員出外推銷時，提醒他那不是賣廣告。我們多是逆市上升。我不方便透露太多商業秘密，也不想自吹自擂，我們一向比較低調，賺錢的事少講，不然別人很快就會學你，跟你競爭。

梁：為甚麼你說廣告費下跌，但你們還在逆市上升？

麥：因為我們幫人做很多事情，已經是在幫他們做市場顧問，不僅是下一版廣告這麼簡單，差很遠的。這樣我們就不用「落格」，別人要「落格」，我們不需要，因為我們幫他們做了很多別人無法幫忙做到的事。

梁：人手也多了吧？還要幫他完成設計和製作。

麥：所以我們要求同事要掌握多種技能，你不是僅僅做一個「廣告員」。我們的同事真的非常能幹，經過訓練後能夠勝任「Event Management」，在街頭搞個活動，用電腦設計遊戲。當然不是他親力親為，是在整體上構思，作為一個項目經理，扮演這樣的角色。你現在是要這樣做的，否則沒辦法生存。

梁：那在你看來那些人才怎麼樣呢？你們的報紙從八八年開始到現在，一眨眼也有二十七、八年了，過去這二十幾年人才的素質是在不斷上升，還是在下降？工資好像沒甚麼變化，從一九八零年代到現在都差不多。你怎麼看呢？

麥：工資方面，我在傳媒界這麼久，其實傳媒界工資已經上升了許多。

梁：但是基層的很低。

麥：基層的問題就是整個香港的問題了，例如一九九七年香港大學生畢業，拿一萬多元工資，現在也還是一萬多，這是香港整體的問題，不只是我們新聞界的問題。新聞界的工資以前還要更低，以前一個學位教師跟我出來在報社工作是一千多元跟三百五十元的分別。但現在傳媒界的工資已提升了不少。而且以前做一份中文報紙的記者是不需要大學生學歷的，但現在你不是大學生都做不了了。所以說香港傳媒界的工資還是提升了很多的。

梁：高層可以說是，比如你的位置可以說是，低層就不是了。

麥：那倒沒有，中層也是，採訪主任現在的待遇也已經很好了。這東西是「人比人，比死人」。所謂「比」，首先是新聞界自己跟以往相比，因為我們基數比較低，現在已經變得合理。但傳媒界比起很多行業，也還是很低的。

梁：高層不是吧，高層有一千多萬年薪，但低層的那些，甚至最高級的記者，我聽盧永雄說也只有兩萬元月薪，真的很微薄。

麥：年薪幾千萬的畢竟是少數，到底有多少錢，你看看上市公司年報就能知道。如果年薪有千幾萬，我早就發達了？實話告訴你，相差甚遠。我們也沒法騙人的，我們上市公司，你去報表看我們工資、收入有多少。

梁：《星島》那個真的很高啊。

麥：它屬於個別情況，人家的魄力不同，這是很特殊的例子。就算你是《星島》的盧永雄或現任的蕭世和，你跟他霍建寧怎麼比呢？

梁：那倒是，畢竟他是……

麥：也就是說，大家都是 CEO，我們傳媒界的待遇是提升了，但你跟其他行業相比，就算是高層，你也還是差一人截。只不過我們跟過去相比已有改善。

梁：水平呢？內容的出產水平，你怎麼看？好像粗俗了很多，是嗎？

麥：就內容而言，香港報紙……人們經常問這個問題：「你說新聞界水準是提高了還是下跌了？不要說工資，說實際產出。」我覺得是提升了。為甚麼？第一，現在很多同事都受過專業訓練，出來工作跟我們以前沒受過專業訓練的「盲人摸象」是很不同的。起碼現在香港這麼多間大學設立傳理、新聞學院，香港大學原先沒有的，現在也有了，樹仁也有，還有珠海、浸會、中大。

梁：我們也是很早就有了。

麥：所以說這幾間大專院校，每年為香港傳媒界訓練出不少人才。受過專業訓練的人，與沒有的相比，水平一定更高。第二，大家在互相競爭的情況下，版面設計甚至追新聞的水準也高了。但為甚麼讓人覺得水平好像降低了？這就是那些老闆的問題了，看老闆要那張報紙追求甚麼新聞。報館的同事是很厲害的，老闆要甚麼，他們都能發掘出那個類型的新聞。但問題是用甚麼形式去表達，以及內容取向如何，這不關記者的事，是編輯方針的問題，而編輯方針其實也未必是總編輯或是執行編輯的決定，是老闆的問題，老闆要編輯這樣。因為大家都很商業化，要賺錢，賺錢就要銷量高，銷量高就要吸引讀者。為了吸引讀者，可能就會有些取向，有的報紙就走了一些其他路線，於是很多時候會讓人覺得誇張渲染或者有些低俗趣味。沒有辦法，這是被迫妥協，記者也不想寫這些新聞的，你如果允許他寫別的東西，他也就不會寫這種新聞。

梁：你看紙媒會不會一直這樣式微下去？

麥：我覺得這是整體的世界大趨勢，無論如何都逃避不了的。紙媒一定會走下坡。但我們常說這不是甚麼載體的問題，不是一個「media」的問題，是內容問題。內容做得好，一樣有利可圖。所以如今我們常常教我們的編輯、記者，甚至整個報館的同事，千萬不要賣數據和資訊，所謂的「Data & Information」。這兩件東西是不值錢的，因為在互聯網時代，四處都有數據，周圍都有資訊。互聯網往往比所有媒體都快，電視、電台都不夠它快，因為它每秒鐘都在更新，是實時的。

梁：那賣甚麼呢？賣分析？

麥：要賣知識與智慧。分析就是知識與智慧的其中一環。你賣這兩樣東西就能賺到錢了。當我賣知識與智慧時，真的要捨得花成本，要找人去做很多分析。憑着那些分析，去達到心目中的目標與理想。我常跟人說，《經濟日報》要人家給錢訂閱還不容易嗎？年紀較長的人可以訂你的紙媒，年紀較輕的，他也要訂你，訂閱你的網上版。為甚麼要訂呢？因為如果這張報紙能幫助人投資賺錢，還有甚麼理由不訂閱？我投資了一百幾十萬去買股票，我可不可以相信網上的流言蜚語、小道消息？顯然是不敢的。我一定要看深入分析，看看買甚麼板塊，比如這是國策股，我像閉上眼睛扔飛鏢一樣買下來都能發達，那我看了你的分析，為甚麼不樂意給錢？又例如我們的工貿版，當時是石鏡泉老師親自主理的。曾經有一條新聞令我們增加了很多公司訂戶，是和貿易有關的，標題是：「一場大風雪，挽救了美國零售業」。為甚麼這條新聞那麼重要？因為美國的零售業每年都指望十一月、十二月的感恩節和聖誕節，在這期間能賣很多貨，「食粥食飯」就看這兩個月了。但如果那兩個月熱就慘了，銷售緩慢，跟我們年宵一樣，天氣冷的話，甚麼倉底貨都一掃而光。那年正好很熱，美國百貨公司正大呼救命之際，突然間聖誕前下了一場大雪，立即變成一件國際新聞。我們當時拿到這條新聞，覺得正中下懷，因為這對香港很多進出口商、生產製作商一定有幫助，還要預先告訴他們：「你看，美國的商品這樣暢銷，也就是說接下來三、四個月的訂單會增加，香港的商人要事先準備好。」因為做生意不能說生產就生產，要預訂機器，要製造，考慮到有一個很旺的聖誕即將到來。如果這樣給老闆有用的提示，他會不會訂你的報紙呢？

梁： 所以又增加了很多訂戶。

麥： 對，就這樣多了很多訂戶。所以說，如何做到和讀者的貼身關係是很重要的。我們整個機構經常提到一個很重要的概念，可稱之為企業文化，也可以說是我們整個集團的核心價值，就是「顧客為先」。無論編輯部、營運部，都要很了解客戶的需要，這是一件很艱難的事。對於營運部來説容易，但對編輯部來説是非常艱難的。我們能夠在競爭中取勝，《經濟日報》能夠成功，其中一個原因在於，很多報紙都不知道，我們很重視編輯部怎樣以讀者為先。這是不容易的，其實我們有些做法也是參考了黎智英先生的範例，看到黎先生這麼做，我們能否這樣做呢？雖然大家做法有些不同，他的那種手法有點偏頗，但他也是看讀者需要。我記得馮先生曾找過你，探討你們《壹周刊》的做法，我們之後也有推動很多類似「Focus Group」的項目。但很多報紙對此都不太重視，所以當時你們壹傳媒這樣做，它成功了，我們這樣做，我們也成功了。但是要推行這種文化是很難的。

梁：但現在壹傳媒正在迅速倒退。

麥：想必是有另外一些問題。

梁：香港現在這樣的局勢，報章正在減少，你認為甚麼時候才會出現穩態？要減少到甚麼地步，才有可能讓剩下的報紙繼續經營下去？

麥：我想整個印刷媒體行業都在收縮，始終有些報紙會站不住腳。因為廣告正在向別的媒體轉移，所以日益艱難。除了那些有特殊政治目的的報紙，按理他們應該倒閉的，卻仍可苟延殘喘，生存下去。

梁：因為可以做政協委員，是不是？

麥：可能是那一類東西，或者也有其他利益的影響。若是正常情況下，香港的報紙應該會越來越少。所以我説報紙已步入夕陽的階段，有些人説是寒冬。但我的看法是，在香港來説，那將是一段漫長的時期，報紙不會立刻消失，而是慢慢衰落。在這期間我們的做法要考慮到，怎樣在這個「餅」越來越小的情況下，做好「夕陽文化管理」。確實，這個行業已步入夕陽，但我常跟同事説，沒有「夕陽行業」，只有「夕陽文化管理」，就是在「餅」縮小的時候還要再增加市場佔有率，把別人的市場份額也吞併掉。其實經濟日報集團有些產品已經在這樣運作，你想都想不到，在市場佔有率上排名第一。

梁：比如甚麼？

麥：雜誌，你猜不到吧？現在香港那麼多本雜誌，廣告最多的是哪一本？《U Magazine》。一本講旅遊、飲食、生活方式的雜誌，銷量也不是最多。但竟然是全港……我今天可以大聲地說，我們贏了《壹周刊》，也贏了其他所有雜誌。我們廣告量最多。

梁：恭喜你。我想問你一個問題，現在聽說《文匯》、《大公》管理層要合併，所以有些內地的辦公室正在收縮。但奇怪的是，現在《紫荊》出了很多本刊物，大量擴充人手，外面也有很多人進來，你會不會覺得這個政策對北京來說很矛盾？

麥：我想應該這樣看，《文匯》、《大公》做了那麼久，還是沒甚麼起色，銷量也未見明顯增長，或許有輕微增長也說不定，但是跟北京希望《文匯》、《大公》在香港發揮的作用，落差很大。我想他們也曾探討過，在現在這個年代，香港人多使用電子媒體，紙媒步入寒冬，要生存，還要人家買你的報紙，是很困難的。年輕人已經覺得資訊以及數據理應免費，你要他們付錢他們不會買的。若要因應這樣的時勢，便只能出免費報紙，如果你仍想繼續出版紙媒的話。而出版免費報紙，那份報紙是《文匯》出還是《大公》出？

梁：你覺得它會這樣走嗎？

麥：我想若他們聰明，應在《文匯》、《大公》合併之後，做一份免費報紙，再做一份「Niche Newspaper」（小眾專業報紙），針對香港上層讀者，用來發佈政治新聞、中央的說法，要看最官方的消息就看這份。這樣一來，你看其他報紙只能有個參考，真正要看中央意圖，麻煩你看我這一份。

梁：我希望他們聽你講。但《紫荊》那種仍在大規模擴張的紙媒又如何？

麥：他們還是要繼續擴大香港的宣傳陣地的。畢竟這是兵家必爭之地。

梁：但是沒有人買啊。

麥：這個問題就要看他們的宣傳部怎麼想了。可能他們認為這麼做可行，可以嘗試。我們認為沒人買而已。我覺得應該也沒有人買的吧。（大笑）但是這個世界永遠有「希望」這種東西。

梁：我經常覺得，做報紙、刊物，找外面的人進來弄，是沒法弄的。應該要找人進來當領導，找當地人去辦，但由始至終都存在信任的問題，現在他們已經不相信香港人，不會交給香港人來辦了，都是他們外面的人來辦。那怎麼做呢？我想不到。而且他們來這邊只是過客而已，幾年之後就回去了。

麥：現在基本上所有左派刊物的領導層都是上面派下來的，跟以往大不一樣。以前起碼有個李子誦，現在沒有這樣的人了。這確實是一個問題。以前會大量起用當地人，現在也不會了。我覺得對他們來說，當下是一個困局。他們很想運營下去，但問題是，不相信香港人，所以很難。其實他們將標準降低一點，也就是政策不要將很多事說得這樣死板，只需有一些基本的要求即可，例如國家出錢的，員工沒理由對着幹，只要不唱反調，其他甚麼都放手讓他們做，這樣已經差別很大。其實很多事都不用管得那麼細、將政策拉得那麼緊，即使有時報道大陸新聞出了錯，你們睜隻眼閉隻眼就算了。最關鍵的是不要反共產黨，不要反中華人民共和國，那不就可以了嗎？唉。

梁：現在香港人也不會存心造反的了。

麥：若其他事情能放寬一點，根據我以前在《文匯報》的經驗，是可以有所作為的。可惜了！

歐陽成潮
《晶報》出大將

歐陽成潮，一九二六年出生，原籍廣東潮州，一九五六年參與創辦《晶報》，為副刊編輯。六十年代中離開《晶報》，創立金陵出版社。現為廣東社團總會創會秘書長。

訪問時間：二零一五年十二月一日

訪問地點：北角寶馬山樹仁大學新傳系錄影室

梁：我們十分高興請到《晶報》的創辦人之一歐陽成潮先生來談談報界歷史。我想問為何你會跟王以達先生創辦這份報紙？

歐陽：王以達先生是潮州人，我們是同鄉。他是有家底的柬埔寨華僑，經受戰火洗禮，了解當地人民被侵略者虐待的苦況，孕育出「民族強盛、國家興盛，人民才能安居樂業」的思想。抗戰時，他在柬埔寨辦油印宣傳刊物。因為有朋友在印刷廠工作，他每日從字房拿走一兩塊字粒，慢慢存起整套字粒。他的經歷引起他對新聞工作的興趣。

梁：他在哪年回港？

歐陽：約一九四五、四六年。

梁：《晶報》於一九五六年五月五日創刊，為何選那天？有否受新華社牽引？

歐陽：不清楚新華社。

梁：班底如何組成？陳霞子從《成報》過檔做老總，雷坡由《明星日報》轉過來。其他人手呢？

歐陽：對，當中就有雷坡。也有些人從其他報紙請來，例如羅治平，他編港聞，熟悉出版法例。

梁：羅治平辦馬經十分出色。

歐陽：馬經方面他確實十分在行，那亦是《晶報》一大特色。

梁：副刊呢？

歐陽：副刊由李清平負責。

梁：張寬義的角色是甚麼？

歐陽：張寬義在港聞部，跟着羅治平工作。

梁：《晶報》有不少「大將」？

歐陽：對，有許多「大將」，邀請了不少人，如羅治平、雷坡、張寬義等年輕人，中學剛畢業的也跑新聞。

梁：鍾平的角色是甚麼？

歐陽：鍾平是督印人，承擔法律責任。我負責副刊，有一版叫「通天曉」，是讀者來信版，以問答形式刊登，一大版。

梁：你負責編輯全版嗎？

歐陽：我不是負責編，而是回答讀者的提問。

梁：所以你是「包教曉」，幾乎甚麼都懂。

歐陽：「通天曉」由多人組成，讀者來信會問很多東西，例如中醫、西醫、法律、讀書，青年男女、婚後家庭爭吵的問題，前途事業，各式各樣。西醫的問題便找西醫回答，中醫問題便找中醫回答。我負責青年問題，讀書、婚姻、戀愛……

梁：其他專欄由誰負責？

歐陽：專欄有很多人負責。副刊小方塊部分由李清平負責，他是副刊主任。

梁：薪金如何？雷坡有三百多元，你們又怎樣呢？

歐陽：我們有一百多元，雷坡工資很高，屬主任級。

梁：王社長後來怎樣？

歐陽：我覺得他的創業精神很好，回國後跑去古巴，正值文革中期，在古巴站不住腳，又返回國內，那時文革風潮激烈，沒好日子過。

梁：他曾被關進牛棚？

歐陽：對，他一生報國，但慘淡收場。若獨立辦《晶報》，不會有這樣的結果。

梁：《晶報》的精英，他們去向如何？

歐陽：他們各自創辦事業，胡棣周創辦《香港夜報》，麥煒明去《信報》。

梁：張寬義去了《明報》。

歐陽：大家分道揚鑣。

梁：李清平怎樣？

歐陽：他做到退休，現已過世。

梁：林嘉華負責哪版？

歐陽：林嘉華負責港聞，寫小説，將豬八戒、孫悟空等舊橋段融入生活，十分有特色，符合讀者口味。

梁：為何陳霞子相中莫光當接班人？

歐陽：莫光是攝影記者出身，寫文一般，作為繼承人的條件不足。他娶了陳霞子的女兒，但婚姻生活不愉快，與女兒不和。

梁：《晶報》社址在哪？

歐陽：創辦時在修頓球場附近，軒尼詩道；之後搬去威靈頓街，大廈五層高；後來搬到皇后大道東

《循環日報》大廈。《晶報》最興盛時期是文革前，銷量最高有七萬，與《商報》並駕齊驅，銷量最高的是我們和《商報》。

梁：《商報》和《晶報》有何區別？

歐陽：《商報》較高檔，《晶報》較低，意思是文章等級較低。《晶報》有三及第文章，即是文言、白話、俗語並存，讀者喜歡看，覺得有親切感。

梁：外界認為《晶報》是左報。

歐陽：香港所謂「五赤」，就是《文匯》、《大公》、《新晚》、《晶報》、《商報》。有人認為《商報》和《晶報》不算「赤」，而是「橙色」，稱之為「尾巴報」，別人吹甚麼風便緊跟。

梁：新華社控制和管理「赤報」嗎？

歐陽：不是，但關係很密切。

梁：《晶報》有沒有接受資助？

歐陽：財政的事我不知道。根據王以達的說法，他有家人資助，他們在柬埔寨開金店。我們最高峰的銷量有七萬份，收支平衡，便不再需要資助。

梁：一九五零年代，大躍進如火如荼，新華社稿件是否照單全收？你們有否自行派員採訪？

歐陽：主要是自行處理，不多跟新華社。《晶報》的辦報宗旨是以港聞為主，國內或國際新聞篇幅較少。港聞、狗馬經和讀者服務是《晶報》的特點，我們很重視。曾經有兩夫婦爭執，跑上報館要我們當調解人。當年辦報十分艱苦樸素，連會客室也沒有，借社長室接見，進行調解，讀者親臨報館，編輯部派員訪問，荃灣也去。《晶報》有特色，港聞、狗馬經、讀者服務、體育辦得不錯，國內政治運動《晶報》放次要位置。

梁：有沒有報道國內新聞呢？

歐陽：有，較簡單。

梁：不會像《文匯》、《大公》吹噓嗎？

歐陽：沒有。

梁：社論呢？

歐陽：以三及第式文體寫社論。

梁：針對香港社會情況？

歐陽：對。靠《三民主義》和《論語》兩書寫社論，引用《論語》說法評論政治問題。

梁：一九六零年代大逃亡潮你們怎麼報道？

歐陽：我們派記者到前線採訪。

梁：梧桐山嗎？

歐陽：對，那時我們只能在邊境採訪，不能進華界。

梁：你們有沒有如實報道？

歐陽：我們有報道逃亡潮，漫山遍野都是人，但始終報道國內消息避重就輕，不像現今報紙報道國內消息時有明顯立場，將對說成是錯。我們不會，但逃亡潮用「逃亡」一詞，逃亡是事實。

梁：文革時，《晶報》有甚麼不同？當時他們如何處理？

歐陽：俗話說「小罵大幫忙」，有批評的。

梁：《晶報》加入了鬥委會嗎？

歐陽：加入鬥委會是一九六七年的事。我已離開《晶報》，張寬義、雷坡、胡棣周都離開了。

梁：胡棣周有份創辦《晶報》？

歐陽：對，他放下書包後，隨即加入《晶報》。

梁： 胡棣周因《晶報》被捕入獄？

歐陽： 不是文革時，是因《香港夜報》被捕。他們兩兄弟，胡棣周和胡鑾周，曾在《晶報》工作，兩位都離開《晶報》，發展自己事業。

梁： 你怎看那年代的報人？

歐陽： 那年代的報人年紀較輕，有創業心，夠拚命。張寬義、胡棣周、麥焯明在《晶報》時，賣力工作，後各自創辦事業。陳霞子先生年紀大，要請人接替。《文匯》、《大公》編輯加入《晶報》，如周南懷。更新換代，有人離開，有人加入。辦報方針緊貼左報大潮流，銷量下跌，從最高峰七萬份跌至停刊，莫光支撐至一九九一年結業。

梁： 聽說他艱苦經營。

歐陽： 最後銷量很低，被迫結束。

梁： 有資助嗎？

歐陽： 資助的事我沒管，銷量一千多份，即使日銷兩萬份也很難經營，收支不平衡，收不到廣告。

梁： 你怎看李子誦辦《文匯報》？

歐陽： 《文匯報》辦得不錯，那時香港讀者較單一，現時複雜。五、六十年代，新中國正興起，國力提升，讀者素質較高，報紙銷量較大。隨着環境轉變，香港讀者變得複雜，國內掀起幾次大型政治運動，土改、三反五反、大躍進，最嚴重是文革。

梁： 新移民來港，他們對大陸政權反感。

歐陽： 對，在大陸受過一定的衝擊、壓迫、傷害。每次運動新增幾十萬移民，幾次運動後增加近二百萬新移民，人口成分、意識變複雜。《大公》、《文匯》讀者人數沒隨人口上升，所以辦報要跟社會潮流緊緊結合。

梁：全靠國家支持，《大公》、《文匯》才能生存。

歐陽：對，有幫忙解決問題。

梁：外圍報因國家不支持而結束？

歐陽：銷量少便沒法生存。

梁：你跟《大公報》李俠文熟悉嗎？

歐陽：不熟，一般關係。

梁：羅孚呢？

歐陽：較熟，他是高層，跟他少來往，仍相熟。

梁：離開《晶報》後你做了甚麼？

歐陽：做生意，辦西菜館、中菜館、金陵出版社。

梁：出版哪些類型的書？

歐陽：大學教授或學生著作，盧子健和葉建源在出版社當編輯。盧子健要去英國大學讀博士，於是幫他出書，一兩部著作，方便他到英國升學，主要出版這些民間著作。

梁：賺不到錢？

歐陽：對。當時一方面辦飲食，一方面辦出版。但出版業務不能持續虧本，辦了三、四年，不能持續經營虧本生意，選擇了結束。

梁：你參與不少社團活動？還是潮汕社團秘書長？

歐陽：我是潮州人，參加汕頭商會、潮州商會。

梁：是義工？

歐陽：對。

梁：你是香港協進聯盟的創會黨員？

歐陽：港進聯時期，我是秘書長。

梁：怎有興趣參與政治？

歐陽：朋友邀請，盛情難卻，張晴雲先生也在。

梁：張晴雲是《文匯報》的？港進聯是左派，民建聯前身？

歐陽：先有民建聯，再有港進聯。楊孫西、陳維端等人是成員，推舉劉漢銓當港進聯律師，劉漢銓當主席，我當秘書長。

梁：後來合併成民建聯，然後創辦廣東社團？

歐陽：那時工商界人士慶祝回歸，討論基本法，大家志同道合，社團聯合辦廣東社團。

梁：聽說你曾在學友社？

歐陽：我沒參加，只認識一些人。

梁：你跟司徒華關係如何？

歐陽：學友社有聯合活動，演出、唱歌比賽、話劇等，由此認識對方。

梁：據說司徒華找你幫他入黨，有這回事？他本人否認。

歐陽：他當時有提過入黨，我說沒渠道。

梁：真這樣說？

歐陽：事情就這樣淡化過去。

梁：他在外面的說法不是這樣，而是說有人邀請入黨，他拒絕。

劉漢銓

歐陽：其他說法不得而知。我跟司徒華沒私交，他寫的詩輾轉傳到我這裏，我很欣賞。這首詩是：「欲報瓊瑤疑無路，倩誰借我金錯刀，滿腔熱血凝雲雨，淚灑人間化碧濤。」我能背出，證明對他印象不錯。

梁：這首詩證明他確實有理由找你搭橋入黨。

歐陽：有尋找報國道路的意思，但我沒路給他。

梁：他是皇仁書院畢業的？

歐陽：對，司徒華病重住院，我送果籃給他，偷師屈原寫了兩句話給他：「瓊瑤路漫漫兮，吾將上下而求索。」藉此表達我的意見：「你的夢想很好，路不好走。」我將果籃送去教協，請他們轉送。我對他個人沒意見，我覺得他勤奮讀書，堅持自己所做的事，人不錯，政治上有點過激，燒基本法，提倡結束一黨專政，我認為較過份，已經不是「瓊瑤路」的問題。

梁：是否達不到抱負讓心態逆轉了？

歐陽：可能是。

梁：說回報行，你五十年代加入報行，六十年代報紙受文革衝擊，左報銷量下跌，報紙兩極化。右派報章又如何？

歐陽：文革時，傳媒變得兩極化。

梁：報人水平高，待遇和社會地位不錯，直到七十年代仍然不錯。

歐陽：文革期間《成報》銷量好，《星島》、《華僑》不錯。不太偏激的報紙較受讀者歡迎，而一味歌功頌德、大肆抨擊的不受歡迎，讀者自會公正判斷。

梁：七十年代報行多變化，《東方》一九六九年出現後，對報行影響很大？

歐陽：《東方》有人才，立論客觀公正。

梁：其他報紙明顯受到衝擊，《華僑》、《工商》。

歐陽：《工商》越見保守，港聞不特別。

梁：《東方》的工資較高。

歐陽：對，他們人手多、設備好、記者多、汽車多，能在短時間內到達採訪地點。

梁：為何《信報》可以成功？

歐陽：《信報》在動盪年代，立論中肯，不顛倒黑白，恰如其分地點出問題，建立讀者群，令大家接受。

梁：七零年代，《紅綠》、《真欄》，《真報》等小報式微，馬經報還有數份，如《專業馬訊》、商台《節節領先》、晨鳥的《天皇夜報》。

歐陽：《香港時報》亦有馬經版。

梁：一九八四年簽署中英聯合聲明，不少人移民，各行業中高層職位空缺，社會流動性大，報行亦如此，你怎麼看呢？

歐陽：傳媒、報紙跟國家環境變化密切相關。八零年代，中英談判後，人心不穩，引發移民潮。報紙立論不同，影響讀者的選擇。所以報紙銷量起落跟報紙立場、社會環境有關。能準確反映實際環境則受歡迎，與實際環境脱節、唱反調，讀者就會離開。

梁：林行止、馮紹波是文人辦報，沒有很多資源，慢慢熬出頭。報人往往在敏感時候出報刊，八四事件後，出現《壹周刊》，是做成衣生意的資本家黎智英先生創辦的。高薪聘請人才，成功後辦報紙。為何他這麼有勇氣，投入大量資金辦傳媒？我當時有參與創辦，黎先生預計投資兩千萬，最終花了八千多萬後收支平衡。奇怪，為何他們這麼眼光獨到呢？

歐陽：這印證了「亂世出英雄」，可能他立論符合社會氛圍和民意，勇於創辦，與他人有別。

梁：《壹周刊》出版，報行天翻地覆，變得以市場為導向，你怎看報行的前景呢？報行是否因走市場導向路線，嘩眾取寵，真假難分，公信力向下走？這行有前景嗎？

歐陽：現時通訊有不少變化，有互聯網，大家拿手機看資訊，都不需要報紙了。

梁：報紙將壽終正寢？

歐陽：未必。只是年代不同，我個人較喜歡平版，圖文並茂，一目了然，互聯網較複雜。

梁：那會否是載體問題？未來載體是互聯網，紙媒會否被取代？年輕人都不看報紙，只看手機，你怎看報紙前景？

歐陽：這很難說。

梁：潮汕社團發展如何？難得九十歲高齡的你還在工作。

歐陽：我會退休的。

梁：那麼這組織有甚麼發展呢？

歐陽：以前商會由商人組成，同鄉會、鄉親會、宗親會則由同姓、鄉、縣組成。如今跨越姓氏、地區，商會不全是商人，專業人士、鄉親、自願者均可參加，社團有了變化，宗親會可能不是宗親人，因為非同姓也可參加，有此趨勢。

梁：是否涉及政治？

歐陽：現今社會政治化，團體無法避免涉及政治，很少團體不涉及政治。

梁：大部分團體都親建制派嗎？

歐陽：表面多數親建制派，廣東社團總會、福建社團總會、潮界聯會等等均有政治傾向。

梁：中聯辦會否有意無意地影響總會想法？

歐陽：生意人、鄉親跟國內關係密切，自然跟中聯辦掛鈎。

魏繼光

偷渡來港　報界拼出天地

魏繼光，廣東惠陽人，一九四七年出生。文革期間游水來香港，先後在《新燈日報》、《電視日報》、《成報》等報刊任記者、編輯、副社長兼總編輯。

訪問時間：二零一六年一月二十二日

訪問地點：北角寶馬山樹仁大學新傳系錄影室

梁：我們今天很高興找到娛樂報的老行尊魏繼光先生，跟我們講講娛樂報的發展。印象中魏先生一九六零年代自內地來港，請說說你來港加入報行的詳情。

魏：說起來，這是一段珍貴歷史。一九六七年，國內鬧文化大革命，國內全部學校停課。

梁：你在讀大學？

魏：那時我讀大專二年級。國內因為文革「停課鬧革命」。（**梁：**是哪一間學校？）我在廣州鐵道學院，（**梁：**哪一科？）我讀運輸系，這間學校算是比較新。停課後，我無所事事，我不滿國內現狀，同時我家庭成分不好。

梁：是有錢人？

魏：我父親當年是國民黨軍官，國民黨敗退時，從南京回廣州定居，我們是廣東惠陽人。他在一家工廠做文職、在電池工廠當會計。平日相安無事，雖然曾受管制。那時，大陸常會對一些舊社會過來的人實施管制措施。在文化大革命前，因為他很老實，沒受到甚麼衝擊。始終成分不好，在國內不能很好發展。我在香港只有表弟的父親在港，表弟也想去香港，他比我小一點。當時我只有二十歲左右，他比我小兩、三年。表弟父親轉折地叫我帶他到香港，他說來港後，可以接濟我，可以幫助我。我想，這應是一條新道路、新希望。於是，我通過惠州叔叔的朋友，找來三個惠州青年，他們比較熟路，也想來香港。他們在港也沒有親戚，我跟他們保證說：「我表弟的父親在香港，去到後，不成問題，會接濟我們。」我們膽粗粗地拿着水泡，練習游泳，帶了幾天乾糧就直奔香港。我們在山上晝行夜宿，大約三、四天，我們到了深圳、羅湖邊界。

梁：你們游水來港？

魏：對。我們望着對面，那是半夜時分，對面一片燈光，很明亮，一看就知道是香港。我們游水過來，運氣好的，要游大約三、四個小時。我們五人奔去沙灘，那時沙灘有照明燈，邊防軍很厲害，一直照着沙灘，那時很多人偷渡，他們喝住我們：「別走！別走！」他們邊追邊開槍，（**梁：**這很危險！）對，我們不顧一切直奔大海，撲入海裏游泳！中途遇上解放軍巡邏船，它們在海面巡來巡去。結果我們五人下水，只有四人上岸，有一人未能，當時，我們想有兩個可能，一是不測，一是被解放軍在沙灘捉住，打傷了。我們懷着這種不太開心的心情登岸。那時香港有抵壘政策。

梁：你要到市區才行，郊區被捕就不行。

魏：對，我們靜靜走到海邊民居，直闖進去。民居主人感到愕然，我們向他解釋，可能他也經常接觸這些人，很有經驗。他說：「你打電話找市區的親戚，請他們來接你。」他們家裏有電話，我打給表弟父親，請他帶錢接我們，也要付錢給那個屋主。我們被接到市區。

梁：不須付很多錢？

魏：不用付很多，約二、三百元，是「茶錢」。但你說得對，當時抵壘政策要到市區，我們包車去市區時，誠惶誠恐，因為我們共有四、五人，慶幸最後無事，到達表弟家。

梁：那應是夏天的事？

魏：是九月份。

梁：你去九龍還是港島？

魏：九龍。確實地點我忘了。我到他家後，他承諾安置我們。

梁：你如何加入報行？那是一九六八年？

魏：是六八年初，我在一九六七年九月到港。我覺得不能常依賴他們照顧，表弟的朋友在香港紗廠工作，當時香港紗廠在長沙灣、荔枝角一帶。他說可請我作「計工分」。我不會用算盤，那時沒計算機，只有算盤。要計算紗廠工人每天的工作量乘以產量，推斷出有幾工分，憑此發工資。我去學算盤，練了一個多星期後去見工，我加入了統計科，計算工資的。統計科科長姓朱，我還記得他，他是我的大恩人，他叫朱積厚，是上海人。他見我這樣，問及我的身世，我當然照直說出，他很同情，也欣賞我，馬上招我進去，當統計科科員。那時每月大約只有二百至三百元人工，每天大約八、九元。我搬出去住，在彌敦道租了一個房間，那房間比現在劏房要大，還可以打麻雀。我以八十元租下，總算安頓下來。晚上去讀夜校，讀英文。

梁：是易通那一類嗎？

魏：就是易通。彌敦道有一家分校。

梁：對，易通有很多家，我也有教過。

魏：到一九六九年，那時的麗的映聲辦訓練班，有藝人班、編劇班。（**梁：**那時我正在麗的做新聞。）編劇班有個主任，很好人，但我忘了名字。我喜歡寫文章，在大陸時，已看了很多小說和研究歷史，也曾在《工商日報》投稿，發表文章。

梁：印象中麗的由鍾啟文做總監……

魏： 鍾啟文是老闆（**梁：** 對，是節目總監。）管訓練班的我忘了，他人很好，我面試也成功。面試時，認識一位記者黃國康，他當時來採訪，跟現時記者一樣。他兄長在行內很多人認識。他跟我一起聊天，知道我是廣州人，他說：「你加入訓練班，不能解決燃眉之急，不如我介紹你入行做報紙。」我聽到「報紙」，當然喜出望外，第一，覺得記者工作合乎自己興趣，另一覺得前途較好。紗廠統計員工資畢竟有限，也沒有前景。所以我立時說好。

他介紹我到《新燈日報》，是娛樂報紙。一九七零年初娛報風行，《新燈日報》有兩位老闆，一位姓王，王梅映，是女兵。另一位是周則鳴，他早年在《明燈》當記者，他的小姨是陳寶珠，當時紅透半邊天，和蕭芳芳兩人最紅。是「七公主」之一，也是最紅的兩位。兩幫影迷也鬥得很厲害。

梁： 《明燈》應是第二張娛樂報紙、《銀燈》應是第一份。《銀燈》是一九五九年創刊，《明燈》是一九六零年，晚《銀燈》一年，是不是？然後是

六、七十年代，娛樂報極為風行。（左圖：《銀燈》，一九六七年二月十九日，第一版。右圖：《明燈日報》，一九七四年四月十五日，第一版。）

你的《新燈》？

魏：對，你很清楚。因為當年《明燈》、《銀燈》暢銷，很容易賺錢，娛樂報紙開始風行。

梁：當時已有幾張娛樂報紙，七張？

魏：初時只有《銀燈》、《明燈》。因為有銷路、有讀者、有財路，然後有一份《新星日報》和《新燈日報》四份。我加入周則鳴的《新燈日報》。

因《新燈日報》與陳寶珠的關係，每天也有陳寶珠的消息。（**梁：**所以之後創辦《電視日報》？）對，我在《新燈日報》工作近兩年。香港電視（無綫電視）在一九六七年十一月成立，逐漸深入家庭，搶了很多觀眾，周則鳴靈機一動，說：「不如辦《電視日報》？」我在《新燈日報》工作近兩年，對經營這類報紙相當熟悉。他說：「你是年輕人，不如你來辦《電視日報》？」所以，我大膽開辦了《電視日報》，因此多了一份《電視日報》，娛報變成有五份了。後來也有了一份《娛樂日報》。

電視日報

十大藝員選舉揭曉

頒獎禮十日舉行

敦請霍英東主持

十大芳名錄

《電視日報》以大報為度，內容以八卦，明星新聞、電視劇內容為主。（《電視日報》，一九七四年十一月四日，第一版。）

梁：印象中，早期的娛樂新聞，特別是明星消息，應是《真欄日報》開風氣之先，然後其他報章才有，是否如此？

魏：《真欄日報》比《明燈》、《銀燈》更早，印象中應是一九四幾年已創刊。

梁：對。

魏：《真欄日報》不是純娛樂報紙，它有新聞、有小說……（**梁：**也有有味小說。）對，有不少呢。

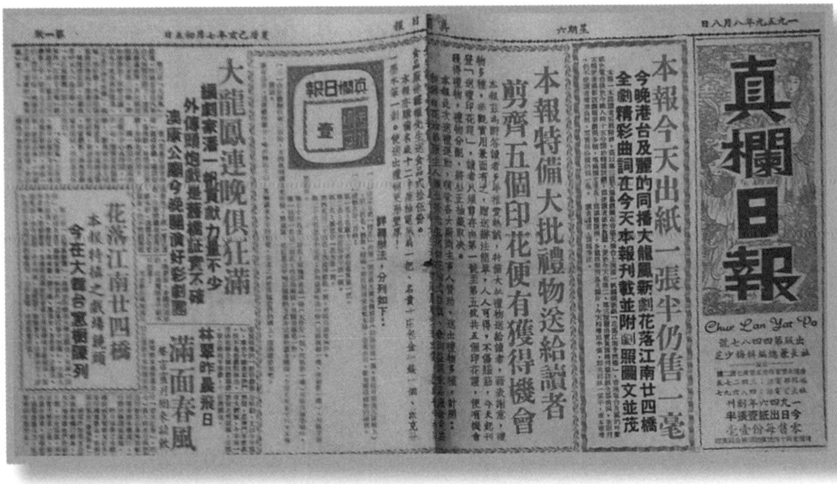
一九五九年八月八日 星期六

真欄日報

Chur Lan Yat Po

本報今天出紙一張半仍售一毫

今晚港台及麗的同播大龍鳳新劇花落江南廿四橋

全劇精彩曲詞在今天本報刊載並附劇照圖文並茂

本報特備大批禮物送給讀者

剪齊五個印花便有獲得機會

大龍鳳連晚俱狂滿

花落江南廿四橋

滿面春風

《真欄日報》非純粹娛樂報紙，包括新聞資訊、小說副刊等內容。
（《真欄日報》，一九五九年八月八日，第一版。）

《真欄日報》在市井很流行。娛樂報紙共有《銀燈》、《明燈》、《新燈》、《新星》、《電視日報》、《娛樂日報》……這些報紙當時只出紙一張共四版，通常分佈清楚，一版電視、一版電影、一版歌星和一版副刊。那時我們《電視日報》也是這樣。

梁：後來也有電視劇，即是「戲橋」那一類資訊？

魏：我們《電視日報》最重視的是節目表。因為那時的人喜追劇，要看節目表。所以當時的娛樂報銷量不錯。

梁：當時娛樂除了看電影外，就是看電視。你剛入行時，免費電視剛好興起，一九七三年麗的成為免費電視台。

魏：對。

梁：當時你的人工有多少？

魏：我在《電視日報》當老總，應不超過四百元。

梁：一般記者兩百元？

魏：新進的大約二百多元。

梁：人手多不？

魏：以《電視日報》來說，算多了，因為我們銷量最好，每天穩定有二萬多份；若有大事發生，也有四、五萬紙。

梁：印象中《銀燈》那類報章是細度，像今天的免費報章。你們的《電視日報》都是大紙。

魏：《新燈》開始用大報度。

梁：有多少版？

魏：初時只有四版，後來漸漸擴充至六、八版，兩張紙。廣告多的時候，可以有十版。

梁：印象中廣告不多？

魏：不太多，電影廣告最多。因那時每部電影上映，會落廣告。

梁：內容有甚麼？

魏：報紙內容以八卦為主，明星新聞、電視劇內容介紹，也是這一類，大都圍繞八卦話題。

梁：有沒有小說？

魏：通常也有一版副刊，內容是小說連載、漫畫、散文。

梁：那時有影評，但有沒有視評？

魏：後期才有視評，後期我們將影評、視評放在一起。

梁：影評中，石琪寫得很好？

魏：石琪在《明報》寫影評。

梁：有沒有在你那邊寫？

魏：也有幾個人替我們寫。

梁：不是你們自己人執筆？

魏：其中一人是我們編輯，其他是電影迷寫的。

梁：當時你們跟明星、藝人關係如何？

魏：相當好，現在大家像有隔閡，當年如一家人似的。我不用外出採訪，但我跟一班藝人很熟，特別是「歡樂今宵」那一班。（**梁**：他們要利用你作宣傳？）可以這樣説，我們熟到可到他們家打麻雀、吃消夜。像肥肥、何守信、汪明荃、鄭少秋等。

梁：印象中早期《真欄》的娛樂新聞都以粵劇紅伶為主？

魏：那時還未有電視，電影未必迎合一般小市民的需要，香港人多愛看粵劇、大戲為主，《真欄》有很多大戲、紅伶新聞。

梁：電視興起後，情況轉變了？

魏：因為電視劇每天播放，電視藝員開始深入家庭。

梁：《銀燈》面世，你有印象嗎？

魏：那時我還未在港。後來跟他們聊天時，知道《銀燈》以電影或大戲為主，電視尚未普及。説到《明燈》，現時藝人呂珊的父親呂永，正是《明燈》編輯，跟我們相熟。後來《明燈》結束後，我們請他到《電視日報》當編輯，呂珊來探班，她只有五、六歲，很可愛，後來變成當紅藝人。我們都看着呂珊長大的。

梁：説回你在《電視日報》時，你和藝人的關係很好，但電影明星，像邵氏那些關係如何？

魏：邵氏明星沒有跟我有太密切接觸，他們跟記者關係好一點。那時邵氏有些明星像何莉莉等，她是很紅的，跟記者很熟，我偶爾也有去招待會，但沒視星那樣熟。

梁：你看當時香港民生如何？

魏：香港經濟起飛，市民生活質素逐漸提升。那時工業為主，工廠繁多，工廠妹湧現。這批工廠工人平日閒談的話題都是娛樂、明星為主，造就娛報生存的空間。有時陳寶珠會上報館探班，影迷會的支持者也會湧上報館，捧得很厲害，比現時有過之而無不及。

梁：當時報章只賣一毫？

魏：初時只有一毫，後來加至三毫。

梁：這是一九七零年代的事。

魏：對，一九七零年代末，只賣一毫。

梁：你們廣告有限，是否靠出明星相片賺錢？

魏：別輕看一毫，以《新燈》、《電視日報》的老闆為例，竟然可以在華蘭路買下廠房，連寫字樓、廠房，還買了印刷機，自行印刷，現時有些香港報章也做不到。雖然只售一毫，但銷量很好，《新燈》有一萬五千、六千份，《電視日報》有兩萬多，加起來共四萬份。但一毫並不是報館全收，而要跟發行分賬，其實只拿六仙左右，因為報紙開銷不大，兩份報紙加上都不夠五十人，即編輯、記者、印刷、工人，不足五十人，而且「黑手黨」（排字工人）佔大多數。「黑手黨」跟編輯部人數差不多，但他們工資不高，只有二百、三百元，總之我們有盈利。

梁：所以除了發行外，明星照片也是收入一部分？

魏：我們有紅星照片，也很賺錢。那些照片賣一、兩毫一張，他們都會到報館的櫃枱買，這也是我們的收入。

梁：當年沒有所謂的版權，拍下來就可賣錢，不像今天因「肖像權」而打官司。

魏：對，那時沒有。不過明星也歡迎，他們覺得這是宣傳推廣，很配合，例如你要拍一輯照片時，願意到報館拍照。

梁：當時的明星跟報行密切是有理由的，因為他們要人幫忙宣傳，你們寫的東西也很正面，不像現時全是緋聞、八卦新聞。

魏：我們有八卦新聞，但正面的比較多。以前的人很迷明星，記得陳百強這位歌星，曾經有說他不利的消息。（**梁**：他最後過世了。）不，那時他昏迷不醒，《電視日報》連續做了二十多天頭條。

梁：是哪年？

魏：陳百強一九九三年十月二十五日過世，他初時只是昏迷，傳聞因為受到某些藥物影響而昏迷不醒，那時我們每天做新聞、每天也做頭條。

梁：一九八五年五月，翁美玲事件，也很轟動。你們記者一直在無綫電視守候她的消息。

魏：翁美玲當然轟動，因她是自殺身亡。娛樂報章就是這樣，有大新聞時，銷量會以倍數上升。

梁：最高可升多少？

魏：翁美玲比陳百強來得厲害，《電視日報》有六、七萬份，要加印。翁美玲是因桃色、戀愛問題而自殺的。

梁：狄娜緋聞呢？搞得很多家庭出問題。你們也大賣？

魏：對。

梁：有沒有出單行本？

魏：有，有出特刊。翁美玲自殺也有，我們搶新聞後第二天就會出版，一般售五毫一本。銷情很厲害。

梁：多少？

魏：翁美玲超過十萬份，還要加印。因為那新聞太轟動，她當時大紅，卻發生這不幸事情。

梁：陳百強死後也出了特刊？

魏：對。一直到他過世後也有出特刊。很多也會出特刊的，狄娜也有出過。

梁：狄娜出過好幾次，牽涉很多，我記得劉家傑、李志中等人也牽連在內。那是很有趣的事。

魏：遇上這些事時，我們特別忙碌，特別緊張、就是要認真對待。

梁：為何會這樣？

魏：那時社會單純，娛樂新聞在市井間是個熱門話題，不少人平日已很關心藝人的起居生活、感情、婚姻等事，若有大事發生，會更為哄動。

梁：李小龍事件呢？

魏：李小龍那時更厲害，李小龍死在某人香閨內。

梁：丁珮。

魏：這些事件讓我印象深刻，我們也出特刊，搶新聞搶到不得了。

梁：印象中當時我在商台，很轟動。

魏：我們忙足一整個月，特刊、報紙，每天追新聞、出特刊、賣相。當年丁珮的相片很好賣。

梁：丁珮現時也很好看。

魏：當年我跟丁珮也熟，但多年沒聯絡了。

梁：當年很多藝人突然自殺，為何這樣？你們大賣。為何這樣？

魏：當年社會人們思想單純；第二，對感情問題時看得較為緊張，不像現時開放。

梁：林黛死訊也是這樣，跟龍公子（繩勳）結婚後自殺身亡，很轟動。

魏：林黛那時我未入行，是六幾年的事。因每年死忌都有影迷去拜祭，我們也做很多新聞，會將她的往事再報一遍，我印象很深刻。

梁：你怎樣辦《電視日報》。它是你一手一腳湊大的？

魏：主要是我一手一腳湊大。

梁：《電視日報》在哪一年面世？

魏：一九七二、七三年左右出現，老闆是周則鳴，《新燈》的老闆，也就是陳寶珠的姐夫。他後來將《電視日報》轉售他人（香植球兒子，香立智），這是後話。

梁： 還在華蘭路？

魏： 華蘭路益新大廈。當時《快報》好像在樓上。當年娛樂報章興盛，港聞報章早前是沒完整娛樂版，不像現時《東方》、《蘋果》有那麼多版，各報章都不太重視娛樂新聞。後來發覺娛樂新聞廣受歡迎，《東方》開風氣。

梁： 跟電視劇有關？記得一九七六年大家會追看「狂潮」。

魏： 那時我們每天也有劇情介紹，會說：「今晚會播放甚麼、明晚又播甚麼……」每天介紹。

梁： 印象中大家會在電視機前等着放映，那時很興盛。

魏： 《東方》很重視娛樂新聞。一九七零年尾已有一隊人特別做娛樂新聞。那時電視、電影、歌壇，三足鼎立，當然以電視為主，然後到電影、歌廳，即是歌星版，有一整版。

梁： 有很多台灣歌星？

魏： 是，如姚蘇蓉。

梁： 《電視日報》也有過輝煌的日子？是七三、七四年開始……

魏： 其實八零年代之前也很輝煌的，尤其是七五、七六年時最厲害，每天銷量有幾萬份，歌星、名人，幾乎全來捧《電視日報》的場。他們很喜歡來我們報館參觀，跟我們交朋友。

梁： 你們的內容是否針對女讀者？

魏： 對。女性讀者佔百分之八十。一是工廠女工，另一是家庭婦女。男士也有，陳寶珠的歌迷團有，但只是極少數。

梁： 印象中一九六零年代的報紙也有娛樂新聞，如《快報》、《天天》雖然不及《東方》的一九七零年代，它們在六零年代也有娛樂新聞。

魏：有沒有娛樂版？

梁：我記得《快報》已有娛樂版，都以電影為主，電視不太流行。因一九六七年才有「香港電視」。

魏：一九六七年之前只有麗的映聲，但因它是收費電視，一般家庭不普及。（**梁：**而且電視機很大座。）對，一般家庭都以聽收音機為主。到一九六七年十一月無綫電視啟播，因為是免費，初時電視機售價仍很貴，但因「歡樂今宵」晚晚陪着你才漸漸打響名堂，電視才興旺起來。

香港一大創舉
電視開映
葛量洪總督親臨按掣

一九五七年，麗的映聲啟播，但當時訂閱費用高昂，未能普及。（《華僑日報》，一九五七年五月三十日，第五版。）

梁：我小時候會聽收音機講鬼故，港台、麗的、商台都有。商台一九五九年後才開始，沒那麼早；麗的於一九四九年開始啟播，安裝費為二十五元，每月收費九元，可收聽綠色台（英語）和銀色台（粵語），聽小說。我想報紙也有賣他們的節目表，但不多。

魏：報紙不多賣。

梁：一九七零年代後開始有競爭了，因為電視機普及，特別是一九七三年麗的從有線變成無線，出現兩家免費電視台，加上一九七五年佳視出台，變成三台鼎立的局面。所以你們的電視報章風行。

魏：對，一九七三至一九七八年是最輝煌的年代，報章有劇情介紹、新劇介紹、藝人專訪、八卦新聞、節目表等，這是我們吸引普羅大眾的原因。

梁：因此，新聞報紙也加入競爭，增加娛樂版面，這對你們打擊很大。像剛才說到如《東方》等大報；《明報》也開始有娛樂版，這對你們有甚麼影響？

魏：一九七七至七八年間，很多港聞報章也加重娛樂消息，成立專責的娛樂採訪部門，它們的娛樂新聞，刊出的份量跟娛樂報差不多。例如我們刊登六至八版，它們也有四、五版，它們還有其他新聞、馬經、體育、港聞等，甚麼也有。那時，我們也有嘗試跟它們抗衡，我們也出過「新聞精選」、「港聞精選」，聽着收音機、看電視新聞來炒新聞刊載，不是採訪而來。當有大事發生時才出外採訪，但久而久之會被港聞報紙壓下，紛紛不行。《銀燈》最早不行，早就關門大吉，其後很多也結束了，《新星》、《新燈》也漸漸消失；《電視日報》也遭受同一命運，從高峰期一直走下坡，變成夕陽報紙。

梁：然後易手？

魏：老闆周則鳴移民美國，他的女兒在美國讀書，在美國出嫁，發展事業。所以舉家移民美國，並將《電視》賣給香先生，香植球的公子香立智，他經營了兩、三年。（**梁：**你還是跟着他？）對，但後來沒甚起色，虧蝕嚴重，所以關門了。

梁：《電視日報》好像在一九九二、一九九三年間結束。

魏：九十年代初結束。

梁：人手有沒被大報挖走？

魏：當年很有趣，骨幹分子不大跳槽，基層卻跳來跳去，尤其是記者，因為薪水而被挖走，但骨幹分子可能對報刊有感情，而且搭檔熟絡，也有默契，所以變動不大。我在《電視日報》工作有

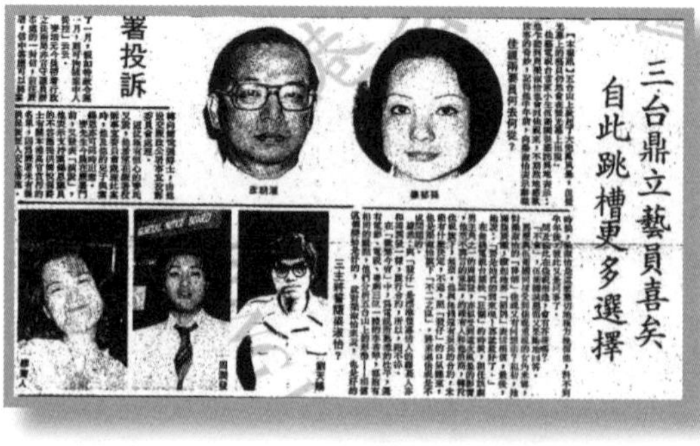

七十年代中，麗的電視、佳藝電視加入免費電視戰團，廣播道三台鼎立。（《工商晚報》一九七七年十二月二十八日，第一版。）

十多、二十年，一班同事變動不大。之後去哪了？

魏：我到了《華僑日報》做娛樂，那時梁楓等人也在，她是《華僑日報》娛樂版主管，我編頭版。當時《華僑日報》娛樂有三、四版。

梁：你會否不習慣？印象中《電視日報》是彩色，《華僑日報》是黑白，這相差很遠，效果也不同。

魏：不過，在《華僑》很輕鬆。《華僑》的上班時間很短，三、四個小時就搞定。

梁：你有沒有兼職？

魏：有，在《電視周刊》撰稿、寫專欄等。那時是容許兼職的，兼多少也沒有所謂，是公開的，因為那時工資不高。

梁：之後你移民加拿大去了？

魏：我弟妹以難民身分移民加拿大、美國。那時接近九七，我想是否應找尋新出路。因親屬關係，我申請移民加拿大，於是舉家搬到加拿大，住了兩、三年。（**梁：**然後回流？）我在那邊做過免費報章，是免費派發的區報，那邊很流行，一星期只用上班三、四天。

梁：不是新時代集團？

魏：不是馮永發先生的新時代集團，是個當地集團。當地有《星島》（**梁：**也有《明報》。）我做過一份當地的免費報。競爭很大，溫哥華是華人社區，華人區、唐人街都很熱鬧。

梁：你何時回港？

魏：我九四年過去，九七、九八年回港。因為《成報》有位同事楊金權先生，當時是副老總。我跟他聯繫上，並說：「這邊生活很悶，想回來香港。」他說：「《成報》無限歡迎，你有經驗，回來做編輯吧。」所以我回來了，安頓好家人後，回來《成報》做港聞。

梁：會否不適應，從娛樂轉為港聞？

魏：《成報》是這樣的，當時《成報》沒兩岸版，是很精簡的。《成報》老闆何文法老先生跟我聊天，說：「你是內地來的，熟識大陸新聞，不如你替我編兩岸版，集中兩岸新聞。那時我們沒有記者，都是從中央社、新華社一大疊電文中揀選題材，當年國內新聞受港人受關注，所以《成報》兩岸版廣受歡迎。

梁：娛樂報章式微，是甚麼原因？

魏：除了港聞報紙增設娛樂版，打擊我們外，香港人知識水平提高了。當年工廠很多，後來工廠北移，讀者水平提升，所以視野、要求、興趣不再專注於娛樂，間接造成娛樂新聞不太受歡迎，一般無聊新聞也不受關注，娛樂新聞不再佔據重要版位。但娛樂新聞現時報紙內仍佔有相當的篇幅。

梁：但內容已不同了，昔日的娛樂版大多是正面新聞，不像現時一般挖人瘡疤、講緋聞的。

魏：當年我們沒狗仔隊，我們跟藝人是朋友，多報道正面新聞、宣傳部送來的新聞稿、藝人新劇的新聞。你說的挖瘡疤、跟蹤、挖掘藝人消息很少，不是絕對沒有，但甚少，只會偶爾遇上，但真的甚少。不像現時主流報紙一樣，以內幕、跟蹤為主導。

梁：娛樂記者、編輯的工資偏低。你們靠甚麼維生？

魏：基本生活是可以的。以前我們有利是收的，現時不會有了。

梁：對，我正想問這事情。是否有藝人打賞，或你替他們工作，如剪輯有關他們的報道而有利是打賞？

魏：通常是前線記者做的，電影開幕、開鏡、開拍時會有利是；歌星登台也會派利是。

梁：通常幾多錢？

魏：只有幾十元，三十、五十元都有，一百元應該很少。但當年三十、五十元已是一筆可觀數目，因當年工資只有數百元。這是其中一個收入來源。第二個是記者可以做多份兼職。當年娛樂記者有一個協會，叫「蛇竇」，在彌敦道。那些娛記「大哥大」，即資深娛記，他們不用外出採訪，只坐在那裏打麻雀，我有時候也會上去打牌。他們指派手下外出採訪，例如某電影開鏡禮，一、兩位記者到場採訪，做完發「通稿」，每家報館也有一樣的消息。記者有多份收入，雖然每份兼職收入不高，但比一般港聞記者來説，好上不少。所以不少人也想當娛樂記者。

梁：ICAC 成立後又如何？有沒擔心被控告收賄？

魏：當年是公開的，ICAC 有沒有跟進，我不清楚，好像到後期仍在。是否屬於收賄？我想不算這麼嚴重。這只是一種舊習俗、舊風氣，當然後期陸續消失，現時更是不可想像。

梁：有沒替人寫「鱔稿」收錢？

魏：很多。所謂寫「鱔稿」收錢，其實不是只對某電影公司、某明星、某夜總會……（**梁：**即是寫宣傳稿？）對，即是寫宣傳稿，要見報的。（**梁：**歌星也要靠你們寫宣傳稿？）對，他們的公司也會有經理人，公司找位委託人，或委託一家公司替他們做宣傳，替他們發通稿。這委託人收取宣傳費後，在甲、乙、丙、丁報再細分那份金錢，這在當年是正常不過的事情。

梁：老總會否收大份一點？

魏：可以這樣説，當年有些電影公司、電視台、夜總會固定發放金錢給報館的，當發薪水一樣。

梁：你有沒有收過？

魏：我收過，因那時算是「不成文的宣傳費」。

梁：老闆知道嗎？

魏：老闆也知，他也是這行出身，他容許我們這樣做。電視台也會報銷這筆費用，不會自己掏腰包的，當是宣傳部給報章的每月固定開銷，過年時更會派利是。

梁：所以以往娛樂報章甚少得罪藝人，跟現時報章完全不同。

魏：其實不只是娛樂報章，其他報章的娛樂版也是一樣。電視台只將這當成宣傳費，各張報章都有。（**梁：**但現時沒有了。）很久已經沒了。這是二、三十年前的作風。

梁：說回你在《成報》的日子如何？

魏：我在《成報》工作到二零一四年尾才離開，接近二十年。離開時，我是副社長兼總編輯。我在《成報》做了七、八年總編輯。

梁：你回《成報》，轉眼間已二十年，可以說九十年代的《成報》是怎樣的？韓中旋當老總的年代？

魏：我回來《成報》已是九十年代末，當時韓中旋當老總，楊金權當副老總。（**梁：**因為鄭明仁轉投《蘋果日報》？）對，鄭明仁初時是我們的採訪主任。當年《成報》在《蘋果》沒出現前很輝煌，銷量是排行第二的報章；《東方》沒出現時更是第一。

那時一直維持第二名頗長時間，期間銷量一直有十多萬份，廣告比其他報章多很多，《成報》有很多傳統廣告，是一份很賺錢的報紙。

《成報》大將：韓中旋。

北角成報大廈，除了那座大廈以外，據知也持有很多物業。《成報》做得非常好。

梁：而且不用上市。

魏：始終沒有上市。後來《蘋果》誕生後，《成報》頗受威脅，銷量開始轉差。當時我們比較自信，以為歷史悠久，地位鞏固，忠實擁躉頗多而不太受影響，所以有沒特別加強內容、陣容，沒有強烈迎接挑戰的心態。

梁：《蘋果》在一九九五年中創刊，剛好是你回到《成報》的時候，那時《成報》人手多不多？

魏：那時《成報》的人手不少，高峰時有七百多人。（**梁：**排字房應接近一百人。）對，那時又有採訪車隊、資料室，共有七百多人。

梁：《蘋果》挖走你們很多人。

魏：對，《蘋果》挖走了很多人，挖走了很多前線人員，甚至中層也有。《蘋果》是針對性挖角的。（**梁：**影響很大嗎？）對，影響相當大，《蘋果》創刊後，《成報》漸走下坡。

梁：何時賣給陳國強先生？

魏：我在《成報》經歷過七位老闆，第一位是我的大恩人，何文法先生，是他提拔我做副老總的。但何先生年事已高，他的子侄輩又不太喜歡做報紙，他們各有所成，家中富有，每年基金也賺不少，有豐厚收入。所以將《成報》賣給陳國強先生，即現時無綫電視主席。陳國強先生購人後，也有增加人手。（**梁：**工資有沒提升？）人工加了一點。

梁：當時《成報》工資不差？

魏：《成報》工資在報館間算是中上，不太差。（**梁：**你大約有多少？）我記得我有三萬多，當時是副老總。我初時當編輯有萬多元，然後一躍而升，有三萬多。陳國強先生有幾位替他管理《成報》的人才，一位是Danny Wong、一位是張國華，幫他打理《成報》。但他生意繁多，認為報紙對他的發展幫助不大，後來轉賣給吳征先生。他的太太是知名主持人楊瀾。後來再賣給覃輝先生，但《成報》真的很難做，始終要面對很多強敵，要賺錢，就要大規模投資，一般看起來都不太化算。後來，《成報》落入楊家誠先生手中，可惜他又官非纏身。楊家誠先生是個好老闆，他對我們很好。他在國內有不少生意，因我的普通話說得好，跟內地關係也不錯，時常跟他到內地出差。後來他志不在《成報》，又惹上官非，最後轉賣給另一位先生，叫謝海愉。是一位廣東企業家，在內地有很多人脈。據我所知他在內地的關係相當好。

梁：他經營地產為主？

魏：是他在內地興建別墅、社區，很多方面也有份參與。

梁：為何後來又將《成報》轉售？

魏：他辦報辦得意興闌珊，因為報業難做，別說賺錢，還要貼錢。所以沒有興趣，轉賣給谷先生。

梁：為何現時不太有起色？我懷疑銷路也不太好，他辦《成報》的目的何在？

魏：谷先生是內地商人，我覺得他們對香港新聞報業有憧憬，覺得可能是一種社會地位，這只是我的估計。現在還在經營，你說銷售不好，但每天仍在正常出版。

梁：很多人認為，這些內地有錢人，又被稱為「大熊貓」，得到一份香港媒體，是否用作一個窗口，作海外喉舌，你怎樣看？

魏：不排除有這個可能，因為在國內掌管一份媒體是不可能的事。但在香港，對他們來說，花費不多，可掌管一份媒體，是一項值得經營的事。如你所說的「對外窗口、宣傳陣地」，這絕對有可能。起碼他的企業可對外宣傳、對外發展，能有一個陣地。

梁：但《成報》轉手之快，如你所說已經歷了七位老闆，這是否他們都沒深思熟慮，輸掉錢後隨即抽身而去？

魏：都有可能，媒體在國內仍是一種受矚目的事情，因為用不了多少就可買來一張媒體，任我撰稿、任我發揮、任意宣傳自己公司的資訊，這是一件頗值得的事。但買下來營運後，發現不如意，幫助不大。而且現時內地與香港溝通漸漸加強，不值得再投資。若要擴充、發揚，更不是一件易事。於是開始心灰意冷，不宜繼續下去。

梁：你是娛樂報章出身，當娛樂報章老總甚久，回到《成報》時，會否加重娛樂成分？《成報》是一份大眾報章，新聞精簡，副刊辦得成功，你有否將以往的理念放到《成報》，將《成報》轉營？

魏：《成報》當初成功，據我自己體會，副刊很重要。副刊名家多，很有份量。娛樂也是較注重的部分。我加入《成報》後，也很重視娛樂新聞，因為我在這方面的關係較好。但是現時來說，娛樂新聞除非是大新聞，否則幫助不大。

梁：娛樂新聞有很多是「煲水新聞」，你也做過很多，你加入《成報》時有沒在這方面加強？

魏：《成報》始終沒建立狗仔隊，因為何老先生不贊同這種風格。後來的老闆也沒有這種興趣和財力開辦、擴大，所以《成報》始終沒有狗仔隊。（**梁：**但應有「煲水新聞」？）「煲水新聞」一也有，娛樂新聞界通行也有，有些煲得較大，有些較小。我的原則是不會無中生有，我對此很反對。我認為始終做新聞是以事實為基礎，空穴來風還可，但不能無中生有，不能無故詆毀他人。我記憶中做報紙多年，沒收過很多律師信，尤以娛樂新聞為甚。

梁：你離開《成報》？是否跟新老闆谷先生合不來？

魏：谷先生跟我之間的關係，我不想說了。這也不太重要，我已離開了。當時主要是我覺得太累，想走下來休息。後來聽說他嫌我人工高，這是他跟其他人說的。（**梁：**通常也是這樣。）我自己覺得這可能只是原因之一，想要節省開支。

梁：這可說是位高勢危？印象中你跟張國良，《文匯》的社長也相熟，時常一同出差。他曾找你到

《文匯》去？

魏：張國良先生在報界是一位德高望重的先生，當年是《文匯報》的社長，現在還是新聞工作者聯會的會長。我跟他仍有密切關係，但我沒有到《文匯》任職。

梁：為甚麼？是否年紀關係？它們好像有退休年齡，說六十歲要離職。

魏：我們沒談到這件事。

梁：請總結一下，你覺得這行，即娛樂報、娛樂的採訪手法，你看未來走向如何，現時報章式微，網絡媒體出現，你覺得生存空間如何？

魏：娛樂是報紙一部分。但我看娛樂新聞會逐漸變得更尖銳、爆料、狗仔隊追新聞甚至會捕風捉影、誇大其詞。我想這些會增加，不會減少。報章競爭激烈，難免不少報章會用這手法。我覺得很多報紙仍很正派，用正宗手法辦報，維持公平公正報道，我想這些報紙還會存在。

梁：以前娛樂新聞有關明星的，現時是名人、名媛，已走上另一條路線，你怎看這走向？知名人士如劉鑾雄先生，他不時都會見報，他不是藝人，也不見是上市公司主席，他常常見報，兒了也常常見報，何鴻燊先生的又是如此，很奇怪。你怎看這現象？

魏：這是社會需要，做報紙的，永遠要迎合讀者，迎合需要。所以要拚命「煲」這類新聞。這跟娛樂沒有直接關係，但這是娛樂新聞發展的其中一個走向。從明星、藝人、歌星到名人，現時到名人的第二代，「富二代」之類。

梁：所以當「富二代」要很小心，都在「放大鏡」底下盡觀無遺。

魏：所謂「放大鏡」，有部分報紙做得很好，一方面線眼很多，另一方面讀者也將拍下來的東西，向它們供稿。所以如你所說，名人、富二代、紅星的私生活要小心，行動要謹慎一些。

梁：以前只有知名度高的歌星、明星才會這樣。

魏：以前哪有公司老闆、「富二代」會有這樣表現。我們跟他們相識，但不會以此做新聞，亦不會如此重視。當年的讀者對這些也沒有興趣，只着重「星級」藝人。但現在正如你所說，那些略有名氣，和身邊有所關連的人物，都成為熱門話題。

梁：你覺得網媒會否將紙媒淘汰？

魏：長遠會有可能。現時有說紙媒走向夕陽，但我個人看法是，在短期內不會，十年內都沒有可能。因為有一批人仍要報紙質感，（**梁：**我們還在。）手上拿着一份報章覺得實實在在。所以短期報章未必會消失，但紙媒的萎縮肯定是一個不可能以人為改變的現況。

梁：現時娛樂報章已消失了（**魏：**對，都消失了。），但娛樂網站會否興起？

魏：娛樂報紙雖已消失，但仍有不少娛樂雜誌出現，像《壹周刊》、《東周刊》，《明周》這些也是以娛樂為主的。

梁：但都已式微，《壹周刊》的廣告下跌得很厲害。

魏：雖然紙媒式微，但大眾還要看新聞，所以網媒取而代之。但網媒問題是不易獲取廣告。

梁：對，現時成功的只有《蘋果動新聞》，它們收入強勁；《100毛》也開始有盈利。

魏：《100毛》最近勢頭強勁，年輕人創意無限。這體現年輕人對紙媒不滿足，所以網媒取代紙媒是早晚的事。但紙媒仍在慢慢熬下去。

萬民光
在《新晚報》支持民運

萬民光，一九三三年香港出生，曾入讀培英及漢華中學，熱衷新聞工作，一九五二年參加廣州新聞培訓班，隨後加入《人公報》，任職記者，採訪過石硤尾大火、雙十暴動、颱風温黛等多宗事件，一九七五年升任副採訪主任，及後升為採訪主任。一九八七年調任《新晚報》，為總經理兼副總編輯，至一九九六年退休。

訪問時間：二零一六年三月二日

訪問地點：北角寶馬山樹仁大學新傳系錄影室

梁：今日很高興請來《大公報》前採訪主任、《新晚報》副總編輯萬民光先生接受我們訪問。首先想問萬老總，你是怎樣入行的？

萬：那時少不更事，對記者這職業有興趣。

梁：你是中產家庭出身，有人說你是「香港仔姑爺」。你早年是否在香港仔居住？

萬：是，我家族以前經營魚欄、投資漁船，是一門大生意，但我不肯接手。年輕時，喜歡當記者。我在培英中學就讀，後來轉至漢華中學，突然有一個機會可以當記者，便轉讀新聞專科課程。

梁：在哪修讀？

萬：在廣州。一九五二年，那時剛解放。課程很特別，大概有二十多人，他們的年紀、學歷跟我差不多，，平日都不上街，在一個很大的地方一同生活。（**梁：**就是「雞精班」？）對，只上課，從早到晚都在「填鴨」。所謂「填鴨」，就是一批經驗豐富的知名老記者、老報人每天講課。

梁：有哪幾位？聽說曾敏之是你的班主任？

萬：對，曾敏之是班主任。《大公報》總編輯陳凡、《文匯報》記者陳朗，這些名報人是我們的導師，他們每天講課，分享他們的採訪經驗。過了一段時間，我們外出實習，很多活動都跟他們外出採訪，回來後他們寫正式稿件，我們練習寫稿，當然被改得一塌糊塗。半年後，他們認為「填」好，就畢業了。他們覺得有些學生可以再深造，派我到四邑，即台山、新會、開平、恩平住了兩、三個月，跟着兩名老記者做採訪。

梁：文章有否出街？

萬：那時還未出街，帶我的前輩是陳朗，另一位是知名攝影記者利家偉，我一直跟他們兩位一起採訪。想起來，我覺得那段日子很難得。中國土改未完，所以在四邑時，我住在農村。

梁：之後是「三反五反」？

萬：還沒，到恩平、開平鄉村時，住農家或碉堡，都是破破爛爛的，只有市鎮才有酒店，但那些酒店還不如現時一星級的。那時解放不久，還有土匪。

梁：你有工資嗎？

萬：那時不用交學費，但沒工資。生活費用自理。

梁：家裏放心讓你回大陸學習？

萬：我父親專注經營漁業生意，放任我回去。我媽很開明，甚麼都隨便我。

梁：你受訓後立刻加入《大公報》？

萬：我受訓後回廣州，那時《大公報》、《文匯報》在廣州有辦事處，叫「二聯辦事處」。我在那邊生活一段時間後，接到正式通知説《大公報》聘用我當記者。所以我回港加入《大公報》。那時是一九五二年下半年，差不多是年底。這樣開始了報人生涯。

我一九五二年當記者，一九七五年升職副採訪主任。幾年後，升為正採訪主任。一九八七年，《新晚報》有一位編輯主任要辦移民手續，上面一聲令下要我翌日在《新晚報》上班，整個生活調轉了。我每晚在《大公報》下班，都會去消夜，《新晚報》卻要很早上班，但怎樣也要適應。

梁：你工作至《新晚報》結束？

萬：我做到一九九六年退休。（**梁：**不是在《新晚報》結束時才離開？）我不是「末代老總」。《新晚報》於一九九七年結束，我在一九九六年已退休。

梁：你喜歡記者這一行，是否因為你家訂閱《大公報》、《文匯報》？當年家境如何？

萬：我家境不差，但不太富裕。我在培英中學讀書，晚上在漁欄睡帆布。漁欄多訂《工商日報》、《工商晚報》，都是親國民黨的。我長期看的是《工商》。

梁：為何你會去了《大公報》？

萬：我也不知道。年輕人不了解香港的氣氛，當時氣氛熱烈，左右分明，中國正在內戰，戰役誰勝誰負，不同報紙有不同說法。《大公報》當時較溫和，但稍為左傾。

梁：《文匯報》在一九四九年出現。是民盟的報章，不是共產黨報章，是國民黨革命委員會的報紙，由李濟深等民主人士支持，所以他們的觀點跟《大公報》不一樣。

萬：解放戰爭期間，重點不在階級鬥爭，而是戰役勝負，解放軍和國民黨軍的攻防戰況。

梁：所以《文匯報》、《大公報》都站在共產黨那邊？

萬：是傾向共產黨。它們很有份量，對國民政府影響很大。它們順應潮流，中國解放，它們如實報道。我們在漁欄看《工商日報》、《工商晚報》，但年輕人買回學校看的，都是《文匯》、《大公》，我漸漸受到影響。

梁：有幾位同學跟你回大陸受訓？

萬：現時有些走了，有些年紀大，退休後移民了，只剩下數人仍在香港。

梁：請你說說「三年零八個月」的悲苦日子。你年輕時香港情況如何？

萬：這段日子的經歷，對我日後選擇路向很有影響。我一九三三年出生，大約四、五歲時，應是

一九三七、三八年時，開始懂事，知道自己國家受外敵侵略。我們漁欄的住所都連成一片，夥計、家人都住在一起。我聽他們說，日本佔領東北，逐步南下。大家很悲憤，說着說着潸然淚下。他們都在想，為何國家積弱，被如此欺壓，因此認為誰讓國家強，就選誰那邊。所以，內戰時期，共產黨從東北南掃，一直打到長江和談。《工商》、《星島》、《文匯》、《大公》，各自有完全不同的描寫。但讓我們有一個印象：長江以北有全新氣象。右派報章有很多謠言，像「公妻共產」等等，說到像地獄一樣，其實根本沒有人相信。所以《大公》、《文匯》報道解放區的情況，讓我們嚮往。

梁：可否說說當時的生活如何？

萬：一九四一年，日本侵港。其實之前氣氛緊張，英國政府大約想穩定民心，一直放輿論風聲說英日沒有交戰，香港保持中立，所以報紙上常常打叉，不能說「日匪」，不能得罪日本人。但他們心裏有數，知道日本人會打來，所以他們已開挖防空洞。當時我住在堅尼地城，那些防空洞現時仍在。他們也培養一些童軍，以防萬一。

梁：不過還是沒法守住的。

萬：守不住也打不過，也難打贏。他們想不到日本人會突襲珍珠港。一九四一年十二月，我還在西環一所小學讀四年班。那天我在學校上課，但家人突然來接我，因為我家看到對面海，見到真的開戰日軍早已轟炸，別人還說是演習，誰料是真的。

梁：你去了香港仔嗎？

萬：還沒，我還在西環。那段時間雙方每天駁火，隔岸炮戰。我們住在堅尼地城。有一天，童軍上門叫我們疏散，說今晚戰事會變得激烈，我們全家走到街上。防空洞在堅尼地城消防局後面，我住西環尾，電車總站、吉席街附近，當晚出街時已是滿天炮火，四處起火，到處都是死人，那時我還小，漁欄有很多夥伴，我被人抱着，到防空洞住了幾天。

梁：避了多久？

萬：在防空洞避了兩三天。直至十二月二十五號晚上，突然一片寂靜，大約廿五、廿六號的凌晨，傳來呼喝聲，原來是日本兵。

梁：那時你十二歲？

萬：我只有八歲。我三三年出生，日本人四一年進佔。那時日軍有十八個憲兵隊長駐守西環，總部設在港大，另外西環對出的青洲島有海軍。打仗時有人搶劫，那時治安反而比較好，估計搶匪都怕日本人，日本兵會殺人。我親眼看見日本兵殺人，他們拉來一些人，逼他們跪下，在後面開槍，再一腳踢下海裏。街上也有很多人餓死、病死，死屍遍地。

梁：起初是日本軍政府，後來是民政府？

萬：對，他們想努力恢復管治。有天聽到叮叮，就知道電車恢復了。然後又恢復巴士，他們也想恢復市面，連戲院也重開了，有電影，也有粵劇。

梁：當時有《香島日報》……

萬：那十八位憲兵隊隊長會來漁欄，我們漁欄有幾層，有舖面的，他們巡邏經過，會進來坐坐，他們會説簡單的廣東話，説會尊重生意人。我們在漁欄工作，重新開張，他們還叫我們放心。

梁：聽説日本兵軍紀很壞，不是打家劫舍，就是到處找「花姑娘」？民家聽到敲門聲就要逃到床下，或者把臉塗黑。

萬：對，初時是這樣。後來他們內部嚴格管控。憲兵隊長坐在漁欄門前時，散兵就不敢搞事。有天，他們氣氛緊張，見到他們很徬徨，原來有個隊長不見了，我們飽受驚駭。第二天，他們説沒事，原來那位隊長投海自盡。那時東京大轟炸，那隊長全家都死了，我記得他叫吉席隊長。

一九四四年，盟軍飛機轟炸香港。我們見到情況不對，軍機一直炸海旁，真的很危險，所以搬回香港仔，我們在香港仔有屋、有生意。我從四四、四五年開始，一直在香港仔居住，自至一九六零年代才搬回來。

梁：重光後香港情況如何？

萬：有一段時期很微妙，香港人不分左右，只想中國強大，希望中國收回香港，因為覺得香港是中國的地方，只是國民黨做不到。當時香港人心歸中國，但外交層面的問題無法解決。當時新一軍似乎途經香港，到東北打內戰。我在培英中學讀書，父親又要打理生意，我住在域多利道一單位，當時一層內有六、七伙住家，尾房來了個新一軍。他跟我詳談，娓娓道出打仗事情。那時香港人對中國充滿希望，對外人排斥，有次我在大道中，突然見到全街人追打洋人。那個新一軍也有參與，打了他兩拳，可見當年社會氣氛。可惜國內局勢越來越讓人失望，中國人面臨着選擇，一個讓人失望的政權，一個是有新氣象的政權，這也讓我開始有所決定。

梁：當時香港有不少人支持國民黨，報章也是，除了《工商日報》外，《華僑日報》、《星島日報》也靠向國民黨，甚至《南華早報》、《China Mail》也親靠國民黨，認為它是正統，共產黨不是。

萬：《星島日報》比較微妙，廣州解放當天的標題，是「廣州天亮了」。香港亦有左派對《星島日報》有期望，解放後，大家都期待《星島日報》有轉變。有天，胡文虎表示：「不說政治，在商言商。」其實「在商言商」這四字，就是支持中華民國。

梁：說回香港報行，你加入《大公報》時，社內人數多少，設備如何？

萬：我在一九五二年底加入《大公報》，那年發生「三一事件」。一九五一年東頭村大火。五二年三月，國內十多個團體，派慰問團來港慰問災民。香港人當然很興奮。（**梁：**在香港接車？）對，接車的人群中，有部分是災民、難民，亦有香港居民、香港的工會、進步力量、商會等等，他們組團歡迎。可惜那時沒手機，通訊困難，電話也不多，打長途電話要申請排時間，電報要去電報局請翻譯。那時，慰問團已出發，從廣州來港，沒有直通車，只能到達羅湖。香港已有數以萬計的人在尖沙咀火車站等候，但英國宣佈不准慰問團入境。

梁：聽説是周恩來打電報叫停慰問團。

萬：英國不准慰問團入境，當時以中華總商會為首的名流帶領接車。他們未被及時通知，迎接的人群撲了空。後來，香港宣佈慰問團要改期來港，請大家不要再聚集。人群離開時，有輛警車撞到一個女生，群情激憤，結果爆發衝突。彼時，有名警察在附近開火，打死了一個人。《人民日報》發表社論説這是屠殺。《文匯》、《大公》、《新晚報》轉載，結果英政府控告《文匯》、《大公》。那場官司打得很精彩，《大公》的律師是陳丕士，但《大公》敗訴，被判停刊半年。在五月即時停刊。停了一個星期左右，北京發聲……

梁：周恩來？

萬：周恩來説：「《大公報》是中國人民的報紙。」抗議之下，英政府取消禁制令，《大公》立即恢復，《文匯》和《新晚》也不再遭檢控。停刊那幾天，員工照樣上班……（**梁：**照樣出報紙？）報紙不能出版，但照樣工作，照樣上班，當自己家一樣。我在年底加入，那時人數不多，整家報館只有一百多人。

梁：排字房最多人？

萬：那時機房連在一起，所以人數佔多。報社在干諾道中一二三號，後來兼併了旁邊的一二四號，《大公》、《新晚》，連同機房，在同一座大廈內。

梁：那時有甚麼通訊器材，有沒有電話？

萬：當時有電話，（**梁：**也是絞盤電話嗎？）不是，已是現代電話。那時還有電報，我們報館有一批人……（**梁：**通訊社也是用電報？）不是，通訊社是送稿，沒電傳機，只送稿，或我們派人取稿。至於大陸新聞，我們有電報生翻譯。有段時期《大公報》的中國消息很權威，我們有獨家消息。（**梁：**是新華社給你們嗎？）我們在內地有辦事處，有記者直接在內地採訪發稿，收發電報。特別權威的是天氣消息，那時天文台還未能全盤掌握氣象資訊，所以會和我們保持密切聯絡，收取自大陸發來的天氣報告，如寒流走向等等。

梁：剛才説到設備問題，除電報機、電話以外，寫稿是用原稿紙、白報紙？排字房是執字粒？

萬：對。假如《文匯》、《商報》這些友報要參考我們時，我們要用藍色過底紙寫給他們，我們還沒有傳真機，甚麼也沒有。

梁：這種局面維持了多久？何時不再使用過底紙，改用傳真機？

萬：傳真機很後期才有。

梁：我六七年入行，那時新聞處已有發稿給報館。

萬：應是一九六零年代後期才有。之前都靠電話，沒有傳真機，也沒有影印機，以前若要複印多幾份，要大力寫在蠟紙上。

梁：你入行時工資如何？

萬：一百八十元。

梁：這可不少，一九五零年代時，工資也只有數十元。

萬：當時不算少，可惜後來社會發展，情況不同了，我們已追不上，差太遠了。

梁：每年會否加薪？

萬：會分階段加薪。我在一九五二年加入，直至一九五零年代中期，加薪加得不錯。我們行家時常見面，《星島》、《華僑》的行家其實很好，雖然我們報館立場不同，但實際上我們都是好朋友，大家很羨慕我們的工資。

梁：一百八十元真的很好。

萬：當時真不錯，可惜後來遠遠追不上。

梁：你加入後不久，發生石硤尾大火，你有沒有採訪？

萬：你説石硤尾大火嗎？有，我在現場。

梁：可否説説當時情況？

萬：我剛加入不久，報館想派我走社團、名流線。但報館人手少。記者只有十多人，一有空就要跑其他線。那場大火我到了現場。那時過海不簡單，天星小輪十二時停航後就要坐「嘩啦嘩啦」，「嘩啦嘩啦」其實很不方便，所以有時過海了，一、兩天也不回去港島，用電話報料。（**梁：**你在那邊留了多久？）我留了大約一日多，一直在那邊看着大火，拍攝、報料一手包辦。我一直跟進着善後工作，我跟社會局副局長李孑農相熟，他很努力賑災，每天派飯給幾萬災民。後來廣州有人匯款賑濟、送糧，由深水埗街坊會理事長黃伯勤先生主持。派捐款時，工聯會出面，在大球場派款、派糧，我每天都去採訪。

梁：大球場是指九龍麥花臣球場嗎？

萬：對，那是一個很大的球場，李孑農等人到場，有時他太太陳勁秀也在。從大火到善後，我一直都有報道，就是從那時起，英政府開始建設徙置區。

梁：那時徙置區很簡陋，為了容納大批災民而建，樓房很單薄，設施也是共用，如廚房、廁所等。

萬：若以現時眼光看舊時，當然很簡陋，幾乎不能居住。當時有大量木屋區，若要擔水，就要在街喉入桶裝滿水，擔回山上的木屋；屋與屋之間，其實只是門對着門而已，廁所等設施甚麼也沒有。當時災民流離失所，徙置區的設立對他們來說，算是一種過得去的安排，當然以現時的眼光來看，那是一種難以生活的情況。所以任何事情都應從歷史角度切入。

梁：所以政府開始推行房屋政策，提升了香港的居住水平。在一九五六年發生雙十暴動，請說說當時的情況。

萬：那次我在現場採訪，我相信是有預謀的。那時的社會，有很大變化。

梁：為何會爆發雙十暴動？只因掛着「青天白日滿地紅」而已？

萬：我推測是這樣的，香港政府首次批准國內藝術團來港演出，「中國民間藝術團」，全是頂尖人馬，歌唱家、舞蹈家、京劇等最頂尖角色，在璇宮戲院表演，轟動一時。當時有數位知名演員來港，造成社會轟動，無論你是否左派，你都會去，結果那一兩天民衆真的圍繞着北角買票，社會氣氛不同了，我相信在這社會背景下，出現了這場反共的雙十暴動。

一九五六年十月十日，國民黨有不少難民在港，他們很囂張，不守規定，照樣掛旗，旗幟橫跨馬路。李鄭屋村徙置事務處干預，下令要拆除，所以他們藉着這件事發生衝突。報館派我到那個徙置事務處門口採訪，誰料到場後，事件越鬧越大，交通又不便，我在九龍逗留了兩天。

那天中午，報館派我採訪，我見到人群在衝擊徙置事務處。那些人將桌椅丟出來，有個警察很慘，被砸中頭部，當場倒地。後來事件很快擴大。（**梁：**後來火燒嘉頓？）對，人群越來越多，在街上截車，強迫買通行證、國民黨紙旗，還設立了關卡。我從早到晚，再到翌日，都跟着那班人跑。那晚有幾個頭目，舉着國民黨旗揮舞，大叫火燒香島中學。

要知道當時有一批人不滿共產黨，亦有一批人不滿港府，他們很會利用這種情緒，先打徙置區，讓人出來響應，聚集人群後，可以放火燒香島。結果真的聚集了一班人，成功燒毀香島中學。另一邊在青山道和大埔道，破壞掛着五星紅旗的商店，我看着他們攻打中建國貨公司。那是我朋友黃佩球經營的。暴徒撬開大門後，有人搶劫，有人將貨物全部拿到街上，一把火燒掉，然後在店內放火。幸好黃佩球機警，跑上天台，逃到隔壁大廈去。另外有一件事震驚中外，在大埔道口，嘉頓工廠附近，暴徒截停了一輛車，強迫車上的人買通行證。那輛車不知為何被人推翻了，一對洋人夫婦從車上爬出來，太太傷重送醫不治，她是瑞士駐香港副總領事夫人。這樣搞了很多天。（**梁**：所以英軍出動。）對，他們在荃灣的事跡更為嚴重，進攻荃灣工人醫療所，被稱為「血洗荃灣」，殺死不少人。整場暴動死了約六十人，大約有三十人在荃灣。有護士被強暴懷孕，要到廣州產子。

梁：我認識的多場暴動之中，這場是最血腥的。所以才有人說「血洗荃灣」。今天一提起，想起來的是六七暴動。其實最血腥的是這一次。記得六七暴動遍地菠蘿，很不同。那時，麗的呼聲啟播，報館有沒有收麗的呼聲的信息？

萬：有。用盒形機，分粵語和英語頻道廣播，報館要付錢。麗的映聲也有。我跟總監鍾啓文很熟。

工商日報

昨晚九龍全區宣佈戒嚴後

深水埗區趨平靜

荃灣又兩派打鬥

區內紗廠工人死亡達卅人

港府決心彈壓騷動

兩日來九龍騷動區

死者逾廿人

二百人受傷

港府于昨午一時

曾發出嚴厲警告

護督頒佈戒嚴令

九龍全區昨宵禁

昨晚荃灣大火

東方蠔油廠被焚

九龍區騷動事件

係中共人員發動

警察開槍擊斃八人

「血洗荃灣」的新聞。

梁：但你不跑那條線吧？

萬：我甚麼線都跑。還有一位尹德華，是他的手下。然後是張正甫，他在早期已加入。

梁：那時國內發生很大轉變，爆發糧荒、逃亡潮。報館怎樣處理這些新聞？

萬：報館內各人都有感受，但對報館的衝擊不大。（**梁：**所有新聞照樣報道？）有報道，後來我們回顧時，這是否正確，我不確定。很多新聞我們是「無聞不登」，這在報館來說，較容易做。包括不刊登逃亡潮，這引起了報館內不少意見，當時新界漫山遍野都是逃亡人士，很多香港人前往接濟。

梁：說起彭德懷事件，你們站在官方立場，不會翻案？

萬：會刊登文件，或是國內報紙如何刊載，我們照樣刊登。因為我們所知不多。國內怎樣刊登，我們就以怎樣的口徑轉載。

梁：所以敗給《星島》等報章？

萬：對。若說辦報市場，這很兩難。若要刊載，也不知怎樣刊登。

梁：當時的外圍報紙，如《晶報》、《商報》，是否持一貫立場？

萬：他們有刊登。

梁：他們算是灰色報紙，一直有刊登這些新聞，直至文革期間，才完全停刊。這很可惜。

萬：對，所以若說得寬一點，《大公》、《文匯》、《新晚》、《商報》、《晶報》，在文革前，或說是一九六七年前，情勢大好。當時全港銷量最大的是《成報》，《商報》能夠追上。

梁：《晶報》馬經也很好。羅治平也從那邊出身，大家看得很清楚。

萬：對，《新晚報》也很好。當時夜晚沒地鐵，也沒過海隧道，市民下班時，每人都拿着報紙在看小說，像梁羽生或金庸之類。全盛時期就是這樣。但後來發生變化，不可同日而語了。

梁：一九六零年代早期，颱風溫黛襲港，你有沒有採訪？

萬：有，你說風災吧？風災時，全體記者出動。那時，報館預先買入幾雙水靴，我們也有兩、三輛採訪車。（**梁：**你們早就有採訪車？甚麼時候有的？）我們一直都有採訪車，我們初期條件真的很不錯。

梁：甚麼時候搬到灣仔？（**萬：**應在一九六二、六三年搬到灣仔軒尼詩道。）那時是自設大廈兼廠房，後來才賣給國華銀行，再搬到柯達中心？

萬：其實不是賣給他們，是大家先談好業權，才興建那座大廈。當然我們佔大部分，上面有《經濟導報》、中新社，大家先解決了業權才動工。後來報館有沒有全數買回，我不知道，因我退休了。

梁：說回供水管制期間，新聞和生活怎麼處理？當時生活艱難，更有「樓下閂水喉」一說。那時應是一九六零年代初？

萬：照報不誤，其實「樓下閂水喉」在那之前已困擾香港甚久。（**梁：**因水壓不夠？）對，水壓不夠，那時香港樓房多數只有兩、三層高，最多也只有五層。所以下層一開，四樓的人就沒水用。到制水時，就更慘了。（**梁：**日子艱難。）對，日子過得很艱難，我們跟香港市民一樣。新聞要反映香港市民的苦況，所以我們盡力做。

梁：香港經歷逃亡潮，漫山遍野都是木屋區，特別是大坑、馬坑那些地方。你們有沒有報道木屋區的處境？

萬：有，所謂「不報道」只是不報道逃亡的事，但我們有報道他們來港後的情況。我們有一隊記者專責搜集木屋區的資料，如民眾生活情況，人數多少。這些我們全都有安排辦理，反映當時居民情況。

梁：一九六五年，香港出現銀行擠提，發生廣東信託銀行事件，政府出面解決。後來輪到恒生銀行被迫出售百分之五十一股份給滙豐。當時的環境如何？

萬：我也有採訪銀行擠提。其實很多事到現今為止，還是真相不明，亦可能是永遠的謎。例如廖創興銀行……擠提期間的一個晚上，我直接摸索到廖寶珊家，要求與他見面。廖烈文出來應門，他還是年輕人，不讓我進去，說：「廖生在外未回家，大家年輕人，我不會騙你。」沒想到廖寶珊在家裏叫道：「讓他進來。」我進門後一看，廖寶珊的壓力很大，整張面都紅了，説話幾乎不能自控，要吃鎮靜藥。我也不清楚他說甚麼，只知道他說：「沒事，沒事。」沒想到兩、三天之後，他就離世了。但他不是自殺，而是壓力太大，經受不住企業鉅變帶來的打擊。

梁：後來不是解決了？

萬：所謂解決，是被另一家公司接管。（**梁：**但還是由廖家主理吧？）我不知道，可能他們家底深厚。

梁：恒生卻不是這樣。

萬：當時，我跟恒生總經理何添相熟。報館平日要我採訪上層社會，我一直跟他們有聯絡，他是一個很負責的朋友。他説已有解決方案。我當然「要求多多」，説：「你有最新消息可否盡快給我？」想不到，一九六五年某晚半夜十二時多，他真的打給我，說：「老萬，這家香港人的銀行被人吃了百分之五十一，是剛才跟滙豐銀行達成的協議。」我們立刻抽頭條，做獨家。

梁：當時負責斡旋的是利國偉，所以有不少人説利國偉出賣恒生。

萬：我不知道。我在電話裏聽到何添哭得很傷心。但正因如此，我替《大公報》拿到一個獨家頭條，翌日發佈後，其他報章才跟進。

梁：當時很多華資銀行受到巨大壓力，幾乎每家都被人中傷，自從廣東信託銀行出事後，很多華資銀行也開始有這種消息。

萬：每家都被傳這種消息。問題是後來才解決了。

梁：你怎樣看中文運動的發展？你們有沒有在運動進行時幫他們一把？

萬：沒有，我們只是採訪新聞，我們重視大學活動，這些新聞我們定必跟進。

梁：一九六六年，出現天星小輪暴動，你怎看這事件？其實當時物價算是平穩，小輪也有分頭等和二等，所以其實只是加價斗零而已，為何會演變得如此嚴重？

萬：蘇守忠事件吧？其實沒甚麼，只是民怨而已。市民有不滿，你反而去點火。蘇守忠本人沒有參與暴動，只是靜坐。

梁：文革期間，你們所有的立場都跟着北京的意旨，你們有沒有吃過苦頭，有沒有受到港英政府壓力？

萬：沒有。

梁：紅寶書那些你們也要跟着寫？記得費彝民也跟着在港督府示威。

萬：紅寶書也有跟。身為《大公報》職工，整個中國發生這樣的事件。身為其中一分子，不能置身事外。

梁：現時回看，你會否覺得過份極端？像遍地炸彈，傷害的都不是英國人，都只是香港人。所以想起來不應該這樣做的，弄得我們在那年代都怕跟你們接觸，甚至不敢進入國貨公司。你們回頭看，感覺如何？當時做法如何？

萬：以我個人來說……（**梁：**你有沒被人鬥？因為你曾有「香港仔姑爺」稱號。）沒有。在《大公報》，大家關係很好。費公、俠老（李俠文）、馬公（馬廷棟）這幾位領導，大家互相了解，不會因政治環境轉變而出現鬥爭。這在《大公報》社內沒發生過。但在別處，我不敢說。

梁：請你說說報館組織，費公很早就當總編輯兼社長對嗎？然後才到李俠文？

萬：他不是總編輯，我剛加入時，他應是總經理，後來才是社長。

梁：老總是誰？

萬：李俠文。我加入時，他負責編輯部。我剛加入時，有李俠文、李宗瀛，（**梁：**李宗瀛後來不是回國內了嗎？）不是，他在香港，後來加上羅孚。當時報館的結構，「權力核心」都在社委會內。這幾位社務委員掌管所有事宜，下層分工，分管版面。

梁：當時有沒有黨委書記在報館？

萬：沒這職銜，但國內有人來報館參與工作。（**梁：**是甚麼銜頭？是經理部還是其他部門？）經理部歸經理部，我們編輯部有人來當編輯，但可能有一個編輯主任職銜。

梁：社委中也有他們的人？

萬：可能有份，但那些人都拿着毛筆改稿、起標題的，不是外行人管內行人。但也不是全部。

梁：你跟他們的關係如何？

萬：我跟他們關係很好，我不排擠其他人，大家坐下來融洽工作。

梁：《大公報》有沒有特別福利，例如住房，或是其他優惠，如副食品等等？

萬：副食品沒有。住房福利是《大公報》的傳統。從老《大公報》時期已經重視員工住房問題。我加入《大公報》時，報社千方百計租地方讓員工居住。我也住過《大公報》的宿舍。那是在堅道，大館（中央警署）、贊善里附近。

梁：要不要租金？

萬：很少。後來房地產變天、職工增加，要求也增加，但報社一直支撐到後期，以各種方式幫助員工解決住宿問題。

梁：報館有沒有包三餐？

萬：有飯堂。干諾道時期，我們有廚房。（**梁：**軒尼詩道時期呢？）也有。午餐要自己付錢。我們有一個很好的廚房，例如我們上班時，廚房會煮一碗很精緻的排骨麵。晚餐、消夜也有。晚餐應有開伙，（**梁：**要不要付費？）職工不用付錢。後來社會變化太大，都沒有了。

梁：一九六九年發生兩件大事，一是珍寶島事件，你們是否如實報道？因為當時蘇聯跟中國交惡，也曾開火，想必你們跟着中國的立場走。你覺得這事怎樣？蘇聯搶了不少土地，讓中國很頭痛。

萬：那時大家都很興奮，因為中國在那場仗中建立自己的威信。

梁：一九七一年麥理浩出任港督，發生保釣運動，你們怎樣報道？保釣本是一件好事，但中國有很多包袱，所以有不同處理手法。你們當時立場如何？

萬：至少大家覺得釣魚島是中國領土，要保衛釣魚島，大家都會支持的。但一九七一年那次不是我們這邊辦的運動，那次好像是當年的學聯……

梁：其實應是全世界的，我記得當年在美國，（**萬：**對，從台灣發起的。）對，然後到美國。美國先在柏克萊，再到中西部威斯康星州，再到聯合國，他們一整隊車隊前進，很轟動。

萬：政治事件是很難解釋的，因為大陸和台灣在當時的關係……起碼大家都支持保衛釣魚島，但做法不同。像香港那次集會，是由台灣方面組織的，而且發生血案。當時英政府無故派來大批警察，我當時也在場採訪，警員一進場就揮舞警棍，見人就打。我見到警察進場，當然希望不會出事，但我還是立即動身離場。

梁：一九七一年，中華人民共和國被聯合國正式承認，中華民國被踢走，你們怎樣報道？

萬：在新聞上當然有如實報道，問題是處理手法和評論角度而已。

梁：其實林彪也在七一年出逃，你們當時有消息？還是數年後才被爆出來？

萬：他死後，我們很快已有內部通傳。報館同事很有好奇心。有一晚，報館突然召集說，有重要消息宣佈，全體員工回報館開會。誰也想不到，原來宣佈林彪出事。（**梁：**所以林彪就被「抹去」了？）當然，那時已有評價，列舉林彪的功過，如何出逃墮亡等等。

梁：海底隧道於一九七二年通車，方便了採訪？

萬：這是當然的。

梁：我才從美國回來，上班也方便不少，不然坐渡輪就差很遠了。這亦涉及港元與英鎊脫鈎，改掛美元。其實那時市場有沒有很大波動？

萬：我不知道，因為我們報館分工明確，我們另設經濟科，我是港聞科。

梁：一九七三年股市大升，然後大跌至一百五十點，你怎看這事？很多人尋短見，也有很多人發了瘋。報章有推波助瀾的作用，特別在燃油危機後，股市出現特大波動，當時我才剛回港工作，每人都看着股票心紅，心想可以借此儲蓄賺錢，但卻一下子跌至一百五十點。

萬：當時《大公報》不鼓勵炒賣股票。我們連股票行情也沒有。我們面對那個風波，如實報道社會現象，不鼓勵投機。

梁：那個年代，還未有ICAC，社會很腐敗、貪污，警察會「收規」，衛生督察巡視肉檔時，總有人送一整包煙給他，裏面全是錢。當時你們有沒有刻意報道這類消息？

萬：我們有報道。

梁：但跟《星報》不一樣，他們是刻意報道。

萬：我們沒有。我們有報道貪污腐敗的事情，但沒有專人挖掘。

梁：寮屋區、木屋區也很麻煩。最麻煩的，可說是九龍城寨，然後木屋區的烏煙瘴氣局面，如吸食白粉、鴉片煙等等，雖說厲行禁毒，但仍屢禁不絕。你們沒有刻意報道這些事件？

萬：沒有。

梁：這些事件，現時的報章肯定會刻意「扒糞」報道。之後發生廉署事件，即是葛柏事件，你們報館又怎樣報道？

萬：這事我們是客觀如實報道。

梁：因為這事才有廉署。廉署在一九七四年成立，七七年旋即發生衝擊廉署事件，迫使麥理浩發出特赦令。你怎看這事，會否覺得特赦令洽當？

萬：若不特赦，可能解決不了當時的政治問題。特赦令是一種手段，他要達到解決問題的目的，只能這樣做。為何這樣說？廉署捉拿葛柏，我們當然支持。那時大家都在叫「捉葛柏，反貪污」。後來廉署成立，《大公報》立場是支持。而且費公跟姬達交情很好，姬達常跟費公打招呼。報館立場是支持廉署反貪。

梁：以廉署此例來看，你覺得中國應否以特赦打擊貪污？

萬：這要看國情，不知能否做到。

梁：一九七六年，毛澤東逝世，你們怎樣報道這事件？當時你們怎看中國政局？

萬：作為報館，當時只能相信共產黨。人已離世，這是無可避免的事，但相信共產黨能夠穩住大局，不會在人走後變得天翻地覆。

梁：當時華國鋒上台，很多人都不信他能夠領導中國。你們怎看華國鋒，他像臨危受命一樣。

萬：報館的立場當然支持華國鋒我的思路早已習慣了，沒有擔心。只是因為三位受人尊敬的領導人離世，心情哀傷。但沒有對中國的前途感到懷疑，對北京有信心，無論怎樣變化。這段時間華國鋒接任，我們想，他能夠出來，應該很好。

梁：在那年代，費公應是《大公報》負責人，但費公也是一位外交人物，外國友人找周恩來時，要靠他傳話。他跟廖承志相熟。所以指導思想是否也從新華社傳來？有不少思想由他們傳達嗎？

萬：原則事項，多是由費公指導。周恩來在世時，大家十分尊重他。費公和周總理的關係密切，他倆先後見面有五十多次。周恩來處理事情很細緻，他有一套主意治理《大公報》。廖承志也是。所以很多報館事務，都由他們做主，他們那一套是合情合理的，在香港能夠辦到。

梁：左報在文革後不能自負盈虧，一定要中央支持？《大公報》是否需要透過新華社支付日常開支？

萬：我不清楚，這由報館財務部負責。但新華社指示、做法都離不開費公帶下來的原則，他們是執行機關，指導我們一些事件應該怎看。

梁：每年左報虧損不少，所以《商報》、《晶報》最終結束？現在只剩《文匯報》、《大公報》。這很可惜，文革前，是有利可圖的，你們也過得很好。但一到文革，十年過去，直到現時也不能翻身。

萬：這是辦報手法有關。廿多年來，出現很大起落。

梁：你們是否想辦一張香港人想看的報紙？還是想辦黨喜歡的報紙？黨喜愛的報紙不等於香港人喜歡的報紙。

萬：我不知道了，我退休甚久。但他們這次大動作，不知是否扭轉你剛才的説法，希望變回一家香港人喜歡的報紙。

梁：一九七九年，鄧小平剛好復出一年，提出改革開放。英國人以為有機可乘，所以戴卓爾夫人派麥理浩與鄧小平交涉。鄧小平説一定要收回香港，所以你還記得簡悅強回港後，變賣所有財產，然後被麥理浩裁走嗎？你們應沒有內幕消息報道？

萬：沒有。那時經過十年文革，版面不像以往，很多事物都不能刊載。但我們很快恢復過來，有很多工作落在我身上。我可以訪問簡悅強、鍾士元。那時我們覺得很奇怪，他們很樂意，原先左右壁壘分明，不敢或不喜歡接觸我們。但《大公報》想主動打開局面。沒想到對方也很主動，一接到《大公報》邀請，他們立即答應。那時形勢很微妙，在暗中變化。

梁：想問你何時轉調至《新晚報》？

萬：很久以後，八七年才轉調。那時我是採訪主任，我在一九七五年當副採訪主任，後來升為正主任。

梁：一九八二年至一九八四年間。有不少香港人移民，因為擔心國內接收。局勢慢慢明朗，中國一定不會讓英國繼續管治香港。其實你們怎樣看港人出走、害怕共產黨管治的情勢？

萬：這很容易理解，因為香港情勢較為特殊，像剛才所說，所有國內被鬥、不喜歡當局的，都集中在香港這地方。

梁：那些人因為逃避大陸政權才跑到香港。

萬：對，從新中國成立開始，親國民黨的人已跑來香港，然後「三反五反」、被批鬥，當時很多人在香港賺到錢，回鄉間買房、買田地。被視為要批鬥的對象。所以一大批人湧來香港，加上各種運動，帶來相當人數。

梁：糧荒引起的大逃亡潮更是如此。

萬：對。這些直接事件以外，這都影響了香港居民的思想。所以香港在這複雜的情況下發生很多事不足為奇。

梁：對，當然是有不滿才會來香港，所以有甚麼風吹草動，有能力者早就逃跑了。所以我很理解。其實尤德之死，你們有甚麼感覺？他在一九八六年十二月五日於北京離世。

萬：那時我已在《新晚報》。當然很轟動。我們優勝之處是在北京有辦事處，很快能知道最新消息。
我記得那天早上，我們接到尤德死訊，香港某個電台還在報道尤德正乘飛機回港。

梁：聽說當時他的太太不在身旁。

萬：他是心臟病發過世。

梁：說回你在一九八七年轉到《新晚報》時的情況，當時情況如何？當時羅孚還在社內？

萬：不在，他出事了。

梁：羅孚當年被軟禁在北京。

萬：對。其實沒有囚禁他。我轉到《新晚報》時，羅孚已經不在，趙澤隆跟我一起轉至《新晚報》。

梁：趙澤隆擔任甚麼職位？

萬：當時他代理羅孚的位置。

梁：即是社長？

萬：不是，他是總編輯。總之由他主管。

梁：趙澤隆退出後，你接替他？

萬：他退出後我是副總編輯。

梁：然後升為總編輯？

萬：我沒有當過「正」的。「正」的那位由國內派下來，是羊城晚報的李佐興。他是位好好先生，我們合作得非常好。

梁：當時《新晚報》如何？

萬：氣氛較自由，《新晚報》的環境比日報更少框框規限，可以自己發揮。在這情況下，會很着意恢復《新晚報》多姿多采的傳統，讓大多數讀者接受，辦得很生動。有一段時間，《新晚報》

的銷量升得很高，廣告也很厲害。

梁：是在你接手以後的事？

萬：對，我們很多意念。《新晚報》的同事很有想法。

梁：為何最後在一九九七年結束？

萬：我不知道，我在一九九六年離開，那時的景況還不錯，不須結束。我也不太明白。它在一九九七年回歸前夕結束，我感到很愕然。

梁：是完成歷史任務了嗎？是否晚報不再有人買？是否書報攤不肯賣？

萬：沒錯，發行出問題。

梁：後來在便利店發售？

萬：很早已有。但反應一般。報攤販賣跟超市出售很不同。

梁：是嗎？現時全都靠超市。

萬：現在是全靠超市，社會習慣會轉變。那時《星島晚報》結束，剩下我們一份晚報。報攤開始不願為這份晚報加班，讓發行出現困難。

梁：會否因為內容問題，電視風行或其他因素吸引讀者，改變了買報習慣？

萬：有可能。這牽涉很多問題，可能是人手問題，因為《新晚報》整個編輯部，加起來也有數百人。可能報館質疑是否仍需要一份晚報存在。

梁：所以因此結束？

萬：退休前數年，我的職銜是編輯部副總編輯，但我要兼管經理部，我是總經理。

梁：當時《新晚報》銷量如何？

萬：數萬而已，其實不多。

梁：一九八四年推行《代議政制綠皮書》，你們的反應如何？當時有沒有大力反對？

萬：我們十分反對還政於民，他們想做這事。這樣做是否另有目的呢？香港是中國的地方，應該說「還政於中國」。這樣還政於民，是另一樣事情。我們當時不太欣賞這種做法。

梁：然後是簽署《中英聯合聲明》，接着出現移民潮，很多人走去美加。你們報館有甚麼事可做？

萬：沒事可做。這不是人力可扭轉的情勢，我們不會罵那些移民的人，因為他們都有各自的想法。

梁：一九八七年你轉調《新晚報》後。期間又出現股票狂瀉的事件，你們怎看此事？這事件很奇怪，李福兆更被捕入獄。你怎看？

萬：那時候我們跟政府關係很好，沒有因為那一件事特別反對政府，沒有專門挑剔政府的不是。這些我們只當成突發新聞處理。那時我已在《新晚報》，我立刻改頭條。改成李福兆的。

梁：一九八九年民運。你們怎樣處理、報道這一事件？是否有很多限制？

萬：沒有。假如現在有機會翻看當時的報紙，就能看到我們完全支持民運。

梁：我同意，當時很多人支持民運。

萬：《香港時報》曾刊登出一篇新聞，提到我的名字，說我在《新晚報》發動捐款給學生，這個是事實。

我徵得趙澤隆同意後，發起捐款支持學生。提出捐款後，反應很熱烈。更上街遊行，掛大標語。我們也有人帶錢上去，但最後未能給他們。我們報館上下都有捐款。但到情勢改變時，心裏也打定主意，應會有手尾。

梁：最後有沒有？

萬：沒有。

梁：既然帶不上去，你們的捐款如何處理？你們都送不到上去了。

萬：拿過幾批上去。剩下的我交給報館同事處理，退休後就不知道了。

梁：銀碼大不大？

萬：也是數萬元。

梁：這不是很多錢。

萬：因為有大批款項已送至北京。

梁：現在再回看六四事件，你怎看這事？北京是否做錯了？北京是否擔心外國勢力、反動派反撲，擔心出現毛澤東事件的翻版？

萬：當然，事件性質如何，很難一句說清。北京當然擔心外國勢力令北京變色，從這角度來看，他們總會有根據，而非單純喊口號。至於後來的平定手法，之後的做法，就真的要等待歷史判斷了。任何事，在歷史不同階段，有不同做法，包括要人事轉變，才會有所轉變。

梁：不過短期內應該都不會有轉變，因為都已有定案，這很可惜。趙紫陽做了很多工作，不過奇怪的是溫家寶沒受影響，更當上總理。

萬：有些事就是這樣奇怪。例如那時我們曾經捐款、遊行，版面基本都站在民運一邊。鎮壓之後，我們都打定輸數，因為我們全都有參與。但完全意想不到，所有人都沒事，一點事都沒有。而且我更在那時期升任副總編輯。所以很多事情我也不明白，到底是組織寬鬆，還是怎樣，我不知道。只能自己琢磨了。

梁：會否是楊奇主理《大公報》的關係？因為費公過世後，楊奇也接手過一陣子。楊奇是一個很開明的人。

萬：第一，他是很開明。但要是有事，牽連下來，也不是全由他作主。所以很多事表面跟實際不同。

梁：之後人大在一九九零年頒佈香港基本法。可否說說你們對那事件的報道和港人的反應？

萬：當時當然會全力報道，香港人也相當支持。

梁：港府不是這樣看，像衛奕信也不是這樣看。

萬：對。當時香港居民對將來有期望，因為回歸已是無法改變的事情。在這情況最好的選擇，就是擁有一部《基本法》。在我接觸的人之中反應很好，包括黃霑。

梁：想問立法局首次直選，你們應該很有意見，彭定康到任後更想推行「新九組」，弄得局勢混亂，你們怎看？

萬：我們當然很有意見，特別對於「肥彭」。他改了很多事情。

梁：一九九二年鄧小平南巡，你們怎看？

萬：我們理解南巡的重要性。那時我在《新晚報》，又要立即改頭條大做。

梁：請你總結一下《新晚報》的發展史。

萬：很大起跌。《新晚報》面世時，是《大公報》的晚報，但名字不用「大公報晚報」，而是以《新晚報》的名義出版，希望在香港讀者群中，建立一個新的層面。讓普羅大眾也能看，所以辦報的方針、手法完全不同。最明顯的，當時對中華人民共和國，香港報界有幾個稱呼。右派報章，最右那些會稱為「共匪」；《大公報》、《文匯報》很正規稱為中華人民共和國。《新晚報》很特殊，叫「新中國」。一說到中國，必定寫成「新中國」，讀者也很受落，因為這名詞沒有階級性，也代表了一種希望。所以《新晚報》有很多新做法，在副刊開了一個「大家談」，「足雞」，付足一元，讓大家寫稿，然後再精選，反應很大。很多後來有名的作家也有「足雞」。高雄也有寫。三及第小說接近香港讀者的口味，一直發展，銷路很高。武俠小說則是在「吳陳比武」之後，羅孚建議他們寫作。不知是《大公報》還是《新晚報》出過一份號外，標題是「吳公儀三拳打出　陳克夫當場受傷」，然後成為一個武俠潮流。

梁：文革時的《新晚報》亦捲入政治風波？

萬：對，《新晚報》也逃不開，當時很多內容都要刪去，包括馬經、狗經。

梁：副刊那些怡情讀物也不准。

萬：所以銷路急跌了。

梁：還有武俠小説嗎？

萬：沒有了。

梁：《大公報》呢？你加入《大公報》這麼久，對整張報紙的起跌、走勢、人才等等，你怎樣看？

萬：老實説，在我加入時，《大公報》是一個人才集中的地方。他們很厲害。全都是我們的老師。第一，他們很在行；第二，可能是費公跟周總理的關係密切。所以《大公報》定位、銷路多少不必強調，但堅持讀者對象是世界性的、外交人士、香港上層社會、政府官員，在五十、六十年代初變得固定，政府機構、大商家、外交人士，不看《大公報》也不行。因為它有很多國際新聞。

梁：《文匯報》曾辦海外版，《大公報》有沒有辦過？

萬：有。但不成功。

梁：《文匯報》曾經很成功，但後勁不繼。

萬：所謂「成功」，是投資很大，收益很少。只是讓多些華僑閱讀。

梁：你們在甚麼時候辦過？

萬：早在一九六零年代已辦過。

梁：但後來不行了？

萬：投資很多，但回報不多。現時資訊發達，更不需要了。

梁：整體來說，你怎看報行？會否如美國學者（Philip Meyer）所說，在二零四三年會出現最後一份報章？會否如此？

萬：我想報紙應該還可以生存。問題是淘汰至最後，變得如何。我拿着一份報紙，和我上網看的那幾份，觀感的確不同。

梁：現時年輕一輩全都不看報紙。我們老去，下一代會否再看，這又是一個問題。

萬：我不知道了。這要看市場了。我覺得這時期也會很長。

梁：會否有二十年？

萬：二十年這麼長？我不敢說。最少我會看電視新聞，或是網上新聞，我想知道這新聞在版面上佔甚麼位置，放多大，只有拿着報紙才能見到，或要在網上看全版。很多廣告信息，我也會看。有些人不看，但其實從中可得知很多信息。

梁：不過現時互聯網很厲害，無遠弗屆，也有很多資訊。你怎樣找也是一個問題，所以未來的發展我覺得是整合互聯網上的資訊，也會有出路的。這是新一代有發圍的地方，不像以往一定要加入報行才會有前景，這可能是他們的未來。謝謝你。

萬：謝謝你的訪問。

九龍市中心 大…區…宵禁

…擊銀行縱火擲石到處破壞公私財物

…車將人驅走 …後放火燒

油麻地區騷動 …延至旺角

記者隨來警車 宵禁區巡視

發表聲明 …防暴措施

台灣十天環島觀光團

雷煒坡

《明報》歲月

雷煒坡，又稱雷坡，一九三五年出生，童年於澳門就學。一九五五年加入《明星日報》，翌年轉調《晶報》。一九五九年，金庸向《晶報》「借用」雷坡，成為《明報》首任採訪主任，亦以筆名柳聞鶯，撰寫〈伶星專欄〉。雷氏筆名甚多，包括柳聞鶯、柳文鵬、倚紅樓主、倚翠齋主、徐實等等。一九六九年，轉任《明報周刊》總編輯，將《明周》改為娛樂周刊，開創娛樂周刊先河。一九八九年，金庸退休，雷坡接任《明報》集團社長，直至一九九三年退休。

訪問時間：
二零一六年三月九日、十九日

訪問地點：
北角寶馬山樹仁大學新傳系錄影室

梁：雷煒坡先生，你在報界已有四十年，你是怎樣入行的？

雷：我當時在澳門讀書。那時，《明星日報》請人，於是去應徵。

梁：社長是王以達。

雷：他是泰國華僑，我不清楚他的背景，不過他比較傾左。

梁：你哪一年加入《明星日報》？

雷：《明報》創刊前四年。

梁：即一九五五年？

雷：沒錯。

梁：《明星日報》創刊一年後就辦《晶報》。《明星日報》還有辦嗎？

雷：沒有了。

梁：你在《明星日報》開始當記者，然後轉到《晶報》。《晶報》創刊時陳霞子先生當總編輯，請說說《晶報》的創辦經過？

雷：《明星日報》做得不太好，要辦《晶報》，便請老師傅陳霞子出山。

梁：當時陳霞子是否和《成報》關係密切？

雷：挺密切的，他幫《成報》寫稿。

梁：《晶報》開始時有甚麼人手？除了你以外，韓中旋在嗎？

雷：還沒有，我組班時才請他，還請了王若谷和一班文藝青年，全都是新人。

梁：有沒有《文匯》、《大公》的人？聽說那時《晶報》和《文匯》、《大公》關係很密切。

雷：很少。但很密切，大家同屬左報，互相支持。

梁：可否說說內容？印象中你們的內容有別於左報，你們有馬經版、有娛樂版。

雷：內容確實很豐富，當時被稱為「晶商二報」。

梁：《商報》早一點，一九五二年創刊。

雷：《商報》左派立場比較明顯，《晶報》的立場沒有那麼明顯。

梁：《商報》內容還涉及一些工商界的事，你們則以低下階層為主。

雷：我忘了，不過都是以社會新聞為主打。

梁：印象中陳霞子先生在創辦《晶報》時，學足《成報》，版面，甚至內容亦跟足。

雷：《成報》比較舊式，《晶報》比較新穎。

梁：一九五六年十月十日發生九龍雙十暴動，你有採訪？

雷：有。

梁：可否說說當時的情況。

雷：很恐怖，例如說打電話跟報館聯絡，要到雜貨店、餐廳借電話，很害怕被人襲擊。最危險的一個鏡頭，是在九龍長沙灣拍的，要爬上民居的天台，向下拍攝，很害怕後面有人推你下去。

梁：當時《晶報》的人手多不多？

雷：人手不多。

梁：大約有多少？

雷：記者少於十個，很少的。

梁：當時大陸已發生彭德懷事件，即廬山會議。聽說左報不大有報道。《晶報》有否報道？

雷：有。

梁：你們會否認為毛澤東的策略很怪異？彭德懷是元帥之一，但卻突然批判他。

雷：當時大家也疑惑為何會這樣。

梁：大躍進呢？你們有否報道？

雷：《晶報》當時主要是以香港社會新聞為主。其他地方的新聞比較次要。

梁：其實那年代，我想大陸也挺艱難的，很多人走來香港。他們有沒有看你們的報紙，有沒有和你們說他們的情況？你們有沒有報道？

雷：有。

梁：《明報》一九五九年五月二十日創刊。你是否被借調過去幫查先生？

雷：當時是這樣的，《明報》需要一些人來做港聞。查生以前當編劇時，在長城電影公司認識編《長城畫報》的潘粵生先生，就問潘粵生有甚麼人介紹。潘粵生的兄長潘思勉，是《大公報》記者，我和他是好朋友，以前經常一起出去採訪，別人不做或是做不了的，我們不惜花幾天時間跟進新聞，深入報道。最後就因為有這樣一層關係，找了我。

梁：當時你在《晶報》挺受寵，陳霞子為何會讓你離開？

雷：查先生找我談，我就跟他說，最重要的是我老總答應，我沒所謂。我就先回去問陳霞子，那時陳霞子和王以達不和，陳霞子就說我出去做也好，我就過檔《明報》。

梁：但你本來是王以達的人，因為《明星日報》才和陳霞子合作。

雷：對，不過我和陳霞子合得來，因為大家都是文人，我視他為師傅，他文筆真的很厲害，他的「三及第」文章寫得很好。

梁：印象中好像是借調你過去，不是真正「送」給查先生。

雷：對，當時查先生寫封信給王以達，寫道「貴報英才濟濟，少雷煒坡一人不為少。」就這樣把我借調過去。

梁：有沒有説借多久？

雷：沒有説日期，王以達看到那封信後不高興，但還是借調過去，到現在還沒有還。

梁：聽説你工資很高，和查生、沈寶新一樣。

雷：是，我們大家工資一樣，四百元。

梁：一九五九年時，一般人的工資只有一百多元。

雷：陸海安工資也有四百元。

梁：陸海安辦《真報》，他是社長，老闆級的工資就是這個數字。

雷：是這樣的，創刊時期我只是寫稿，那時它還是小報，我到「大度」才加入。創刊寫稿預支稿費一百元，到正式創刊時，那一百元還沒有用完，寫了七天而已，一天一千字。查生最初聽別人怎麼評價我，那時才看了我的稿。

梁：當時你寫哪類的稿？

雷：港聞。

梁：即是他欣賞你的文筆和新聞角度。《明報》初創時，老闆是否只有查生和沈寶新先生？還有甚麼小股東？

雷：有些小股東的，不過我們沒有見過。《明報》第一年，經濟環境不太好。後來小股東紛紛退出，股份也給回查生。

梁：開始時《明報》是一張八開的小型報紙。

雷：是。

梁：有多少張紙、多少版呢？

雷：八開只有一張。

梁：為期多久？幾個月？

雷：不是，好像有一個禮拜左右。

梁：很短的時間，因為是日報。

雷：有人建議他，說不如變成四開，用新聞紙。出一張紙，賣一毫子。不過準確時間我就不記得了，真的很短。

梁：內容以武俠小說、娛樂性質的東西為主，對嗎？開始時是否想叫作《野馬》？

雷：不是，《野馬》是一本雜誌，《明報》當時第一版以社會新聞為主，當時社論位置放「伶星專欄」。

梁：「伶星專欄」，即是娛樂和社會新聞並排？

雷：主要是娛樂為主，即是柳聞鶯……

梁：柳聞鶯不是你的筆名嗎？

雷：對，當時我負責寫，以我為主，實際上還有其他人寫，不是我一人全部負責。

梁：當時沈寶新和查生的分工如何？

雷：沈生負責打理經理部，包括廣告、印刷等等。

梁：但聽說沈生後來開了印刷廠？

雷：沈生何時開辦印刷廠，我還真不知道，因為他印過《明周》。應該是先有《明報》，後來才開印刷廠。

梁：即是沈寶新打理經理部，查生是編輯部，你負責採訪那邊。潘粵生呢？

雷：潘粵生是編輯主任。

梁：沒有其他人了？只有你們四位？

雷：主要是我們還有些記者、經理、會計等。

梁：據說開始時很艱難，查生有段時間還要回去長城公司當編務，賺錢支撐《明報》，當時的日子如何？

雷：當時確實經濟困難。

梁：韓中旋已經進報社了，你請了他？

雷：我請了他。查生回到長城，把報紙交給我、沈寶新、潘粵生。

梁：這段日子有多久？

雷：這段日子好像有一年吧，第二年才好起來。

梁：《明報》五月面世，羅斌十月出版《新報》，時間相差不遠。然後一九六零年有《天天》，一份彩色報紙。這對《明報》有沒有衝擊？

雷：應該不大。

梁：為何呢？

雷：因為《新報》讀者階層不高，知識分子會看《明報》。

梁：但這是後來的事，《明報》開始時也挺多情色小說。當然金庸的小說十分吃香，我們也有追看。

除此之外就是一些社會新聞，當時也挺煽情，是不是？

雷：社會新聞不可以說是煽情，不過我們比較注重社會新聞，其他報紙對我們影響不大。

梁：有沒有人被挖角？

雷：有找過我。

梁：羅斌找過你？

雷：對，找過我。

梁：韓中旋是你找來的，你還請了甚麼人？好像陳非也是你僱用的？

雷：對呀，陳非的名字還是我起的。他的原名是龍國雲。

梁：為何你幫他改作陳非？

雷：我根據陶淵明辭賦的一句「覺今是而昨非」，改作陳非。為何叫陳非？因為龍國雲本人的衣着打扮，當時比較像流氓，我就勸他改過，今是昨非嘛。他本來是《紅綠日報》的。

梁：逃亡潮時，報館的立場如何，怎樣處理新聞？因為當時左報封鎖消息，不會報道。

雷：逃亡潮的時候，我們很同情那些逃亡而來的人，有大力報道。

梁：其實逃亡潮那班人來到，當然會反共，反對國家的政策，所以他們也不會看左報。

雷：那時左報的人不太待見我們。

梁：包括《晶報》？

雷：對。

梁：但你是《晶報》出身的，印象中《晶報》也不太敢報道，可能是因為立場的關係。他們不用「逃亡潮」，而是用「離境」、「出國」等字眼，做法不同。接着大事故如颱風溫黛襲港，你們人手又如何分配？當時報館是否已經上了軌道，查生又可回到報館，擔任真正的總編輯和社長？

雷：一九六一、六二年報館已經上軌道，甚麼時候回來我不記得了。

梁：是否那年代開辦「自由談」？當時「自由談」很受歡迎，社論也受歡迎。

雷：查生的社論很短，不是後來很長那種。後來增至幾千字，起初是幾百字而已。我想說說他的社論為何這麼短，實際上是受陳霞子先生的影響。陳霞子的社論只有幾百字，很受歡迎。在《明報》最艱難時，有件事比較特別，查生想請陳霞子先生過來當社長，他自己則當總編輯，讓陳霞子當他的上司。我約陳霞子出來吃飯，就在七重天。中環不是有間娛樂行嗎？就在那吃飯。

梁：陳霞子不願意吧？

雷：他不「過檔」，因為認為查生有辦法辦好。

梁：創刊時，《明報》在灣仔還是中環？

雷：最初在尖沙咀一間大廈。

梁：不是ABC、雄雞那邊吧？

雷：不是，不記得是甚麼大廈了。

梁：為甚麼會在九龍？

雷：是，很不方便，當時沒有考慮得那麼詳細，只想小規模發展。

梁：甚麼時候搬到香港島？

雷：《明報》搬得好快，第一年搬了四次，搬到中環。中環大廈上面有一間夜總會，以前我們下班時，遇到夜總會女郎，那些女郎一身金色，珠光寶氣。

梁：在那邊待了多久？接着搬去了灣仔？

雷：很快，從德輔道中搬去謝斐道，之後搬到北角，在新聞大廈旁邊，在北角的時間比較久。

梁：甚麼時候開始有印刷廠？

雷：沒有印刷廠，搬到北角英皇道時才有。初時委託在中環的慎記，人人都在慎記印報紙。

梁：人手方面怎麼樣？

雷：剛才說的《自由談》又有一版，《馬經》又有一版。

梁：人手已經擴大？

雷：是，人手逐漸擴大。我主要負責港聞和娛樂版。

梁：潘粵生呢？

雷：他負責國際新聞。

梁：當時馬版是誰負責？

雷：我們當時的馬版很出名，簡老八（簡而清）……

梁：簡老八是編輯還是供稿？

雷：供稿。他沒來過，有別人編輯，他弟弟是簡老九（簡而和）。

梁：六十年代的香港很貧困，又鬧水荒，報館怎麼應付？

雷：我覺得當時報館沒受甚麼影響，因為每間報館用水不多。

梁：大逃亡潮後，香港漫山遍野都是木屋，你們有沒有刻意去報道？

雷：我們有報道，還訪問住木屋的人，特別北角大坑的木屋。

本港後天起加緊制水
每四日供水一次
街喉及徙置大廈公用喉仍將隔日供水
港府稱港外取水在接洽目前唯有節省

香港制水的新聞。

梁：當時處境怎樣？

雷：很慘、很淒涼，我們就算去採訪都覺得很辛苦。

梁：為甚麼？

雷：因為那些地方有很多狗，那些狗圍着我們，一個人上去採訪很慘的。

梁：還未有攝記？

雷：做記者要負責拍照，後來發展了才增加人手，增加攝影記者。我記得最初的時候我甚麼都做。在《晶報》、《明報》、《明星日報》，我買了一部相機用來工作。睡覺時還放在枕頭旁邊，很重要的。

梁：報館應該有黑房。

雷：有，但我不懂怎麼運作。《晶報》黑房由莫光負責。那時我們用風琴機。

梁：那《明報》呢？

雷：有黑房。

梁：《明報》那時有沒有攝記？

雷：應該有攝記。當時，有一個攝記很出名，他叫張文傑。他兒子是張寶祿、張匡，克紹箕裘，都是我請回來的。

梁：你知人善任，還負責娛樂版，林黛自殺的事件你有沒有印象？這事令《明報》銷量大增，當時你們怎麼處理新聞？

雷：一九六四年七月七日。繼她之後，很多明星也自殺。有報道，怎麼特別處理我就不記得了。當時明星自殺是大新聞，報紙的銷量是有增加的。

梁：那時你娛樂版的人手多不多？

雷：人手一向不多。我記得比較特別的是，九龍記者叫做「九龍王」，他們長駐九龍，有新聞再派人過海就遲了。「九龍王」可以不懂編寫，人事關係好就行，打電話給香港島記者，讓他們代寫，這樣最快。

梁：娛樂新聞也是這樣處理？

雷：娛樂新聞十分講究人事關係，我的人脈關係比較好。當時的娛樂人對新聞界十分尊重的。因為他們要宣傳，你們又不會寫負面新聞，所以和明星關係好密切，有時還會一起打麻將。

梁：那真的很難得。你是否在一九六八、六九年轉去《明周》？文革期間你也有做採訪和調派工作，你可不可以說說當時的情況？

雷：文革期間，有時打電話回報館，同事說要小心，暫時不要回來報館。

梁：即有人包圍報館，是否「左仔」攻擊《明報》？

雷：是。

梁：那擔不擔心安全？

雷：我們不怕。

梁：但查生很怕，他離開去加拿大？

雷：是的，有段時間他離開了，他和太太一起走的。

梁：他將報館交給你和潘粵生？

雷：是的，還有沈寶新，三位一起做，當時已經上軌道，《明報》已經開始賺錢。

梁：我想問一個很特別的情況，一九六六年瑪嘉烈公主來香港時，韓中旋寫的標題是「打砲廿一響送御妹過海」，查生受到華民政務司麥道軻的壓力，調走韓中旋，你對這件事有沒有印象？

雷：我知道這件事。

梁： 過程怎麼樣？如我所說？

雷： 和你說的一樣。查生究竟受到哪裏的壓力我不知道，不過我知道韓中旋是因為標題一事而走的。

梁： 我訪問韓中旋時，他說查生沒有受到壓力，不知道為甚麼而調走他，不過我不相信。我覺得英國人對標題還是很敏感。

雷： 我當時也在想這個標題是否恰當，好像不是很好。

梁： 粗俗了一些，但又恰當，符合當時情景。

雷： 我們有胸襟的人不會這麼做。

梁： 但確實是御妹，她是英女王的妹妹。

雷： 我只是不明白為何那麼嚴重。

梁： 我覺得這題起的很貼題。

另外，一九六六、六七年間《明報》有很大發展，如《明月》創刊。我印象中六七年前後開始有《明晚》，之後再將《明晚》變成財經報紙。然後是《明周》，你怎麼看當時的組合？

雷： 當時有條件做的，有印刷廠，甚麼都有。《明月》是為查生或機構打響招牌的一份學術、文人刊物，而《明周》賺了很多錢。

梁： 這是你的功勞。

雷： 當時虧蝕得挺嚴重，我接手後不夠一年就精簡人手。

梁： 其實《明周》在一九六八年十一月開始。一年之後，你接手，縮減開支，裁減人手。潘粵生開始時，有多少人手？

雷： 潘粵生做的時候起碼有五人，五個半，是清一色男生。我則以女生為主，減為四個半人。為甚麼有半個呢？因為當時有位余容。她負責校對多份雜誌，對《明周》來説屬於半個職員，算上我人手有四個半。

梁： 潘粵生做了一段時間就離開，是否他調任新加坡《新明日報》後你才接手？

雷： 對，當時我們縮減人手，剩下的錢用來提升作者稿費，舊時寫稿人酬勞很微薄，但《明周》稿費很高。

梁： 六、七十年代，你們的薪資加幅不是很高？都是加幾十元或者幾元？

雷： 沒有幾十元，我不記得了。查生對我很好，我提出的加薪幅度，查生一定接受，可能是雜誌賺到錢。

梁： 這是雜誌，但整個報館呢？

雷： 整個報館由各個總編輯提出建議，等社長來審批，別的部門也是這樣運作的。

梁： 説回《明報》，查生是社長，所有刊物的社長，總負責人。其他就找總編輯去經營，潘粵生走了，查生還是《明報》老總嗎？

雷： 一向都是。

梁： 《明月》是胡菊人，一九六九年開始；《明周》就是你，《明晚》是誰負責？

潘粵生調任《新明日報》。

雷：《明晚》最初是王世瑜，朱玫做經理，他們負責《明晚》。

梁：《信報》的林行止初時在《明晚》的角色是甚麼？

雷：他讀完書回來就在《明晚》工作，因為他是學經濟的，所以辦經濟報紙。

梁：林生在《明晚》做到一九七零年，他在一九七三年成立《信報》。他在《明晚》做了沒多久，去了英國讀書，查生好像也有支持。

雷：有支持。

梁：是哪一年？你那時候已經不在《明報》，在《明周》了？

雷：在《明報》，是編輯主任，但也要負責編《明報》娛樂版。

梁：即是還未曾調去，到一九六九年才調去《明周》？

雷：那時還在《明報》，在《明周》時還要負責《明報》。《明報》娛樂版和要檢查港聞的事。那時要負責的東西很多。

梁：那你要領幾份薪金才行？

雷：我家裏負擔重，所以要有多些薪酬。

梁：你在《明報》，娛樂版是你編，一手一腳做，還有一個攝影記者一直跟隨你，是不是張文傑？

雷：還有個黃東至。他倆負責全部。

梁：難怪你可以有這麼高人工，真是能者多勞。

雷：那時《明報周刊》不足三人，孫淡寧掛名，但沒有做事，她只負責約稿。

梁：就是孫淡寧、鍾玲玲和你，加半個校對余容，合共三個半人？

雷：但三個半人數中，孫淡寧是不做事的，實際上只有兩個半。農婦（孫淡寧筆名）的欄有很多人看，她會自己寫專欄，再約些海外稿件。

梁：當時稿費多少？一千字多少錢？那時的行情是五元一千字。

雷：我給十元一千字，我們的稿費是特別高的，那是六幾年。

梁：組織方面又如何？最高負責人是查生，你是其中一位，還有誰？

雷：沒有了。

梁：潘粵生調去《新明日報》，只剩下你們三位？後來還有張續良當總編輯，主理《明報》社會新聞，這是八十年代的事？

雷：不是，是七十年代，但張續良是被查生革職的，他經常醉酒，在新聞房小便。潘粵生回來才當《明報日報》總編輯。

梁：《明晚》出了沒多久就倒閉？

雷：那就不記得了，是一九七二、七三年左右倒閉吧，那時開始有明窗，是哈公許國做的。

梁：為何《明周》開始時用八開？當時沒有刊物是這樣的。

雷：不是，《星島周報》也是八開。八開有一個好處就是相片可以大一點，字也大一點，同時我們也挺注重中間的海報，用騎馬釘釘起，我們用明星當海報內容，因為當時有些人很喜歡明星，也會把海報掛在家中。

梁：是否開始時已經有？

雷：不是，是我首創的，潘粵生沒有辦這種。

梁：所以潘粵生的意念和你的很不同。

雷：可說是反轉了它，海報培養出一些攝影師，例如梁海平、楊凡、水禾田，不過，梁海平本來在《香港影畫》工作，在邵氏影劇照，出來拍海報時就在我這裏工作。

梁：你接手後，《明周》的內容除了娛樂之外還有甚麼？好像也有婦女內容。

雷：我希望《明周》成為一份以娛樂新聞為主的綜合性周刊，我的想法就是這樣。例如找王牧寫財經，也寫了很久，後來他寫音樂，然後我也加了音樂版，我太太也編過音樂版。另外，我們也出了成為「數風雲人物」，專訪各階層最成功的人物，黃霑寫的，後來結集成書。六四後，不少人移民，我們就專門寫世界上優秀的大學，找曾在那些學校讀書、回流香港當教授的人來寫。

梁：《明周》能打響頭炮和推高銷量，就靠落選港姐何秀汶的情書，你又是如何拿到手的？

雷：我認識他的男朋友

梁：不是阿叻吧？

雷：不是，是阿叻之前的，他給我刊登。

梁：是否閱眾太無聊，喜看八卦事？

雷：聽說很多人追看，香港現在新出的我也看。

梁：李小龍逝世很轟動。對《明周》的銷路有很大的幫助。

雷：李小龍死因不明，我們做周刊也要搶銷路，我們盡量做。

梁：另外最有名的一宗就是狄娜和三大名人的四角戀，牽涉到一位報界老總、劉家傑和李志中，你又如何得知這個消息？

雷：我們這一行知道一點消息，就會追。

梁：聽說那些情書是劉家傑給你的。

雷：我們有個好處，新聞人物對我們比較信任，知道我們不會亂來，不會無中生有。

梁：你過於辛苦，捱壞身體，大病一場，把編輯的責任交給助手，是戴震寰嗎？接着好像是你太太。

雷：是，當時我去休養，在台灣住了七個月零四日。

梁：你有親人在台灣？

雷：沒有，去了很多次榮總醫院，我就住在關子嶺。

梁：身體沒甚麼事吧？

雷：睡覺有困難，失眠，長期失眠。

梁：可能你負擔太重，工作壓力太大。

雷：我有繼續工作，用電話編輯，每天打長途電話。當時長途電話不能在家打，要去電話公司。我住在關子嶺，關子嶺是一個很小的地方，主要是個溫泉區，沒有電訊局，要去八河縣才有。他們把頭條讀給我聽，讓我起標題。後來銷量下跌，跌到五萬份左右，查生跟我說：「是時候回來了。」我在台灣也有組織稿件，看報紙組織資料。

梁：你在哪年結婚？

雷：一九七九年。後來我太太想走，查生找我，說要加她人工，加了她四次人工，不想她離開。後來查生還說，不要緊，她覺得不適合就去編娛樂版。查生可能是怕我們兩個出來做。

梁：你訓練了不少徒弟出來，他們辦了很多周刊。如《香周》、《新周》、《城周》、《清新》、《清雅》，說來也有十份八份。你們怎樣克服競爭壓力？

雷：我們有些底子的。

梁：但你們的核心人物甚少被挖角，你那兩位女將也沒離開。

雷：我們有很強的寫手，那時有張樂樂、尹懷文。真的寫得很好，莫圓莊、黃霑都是頂尖的寫手。

梁：傅朝樞來香港辦《中報》，挖走胡菊人，那時應該是一九八零年代，迫使《明月》也要大加人工，你們有沒有因而受惠？

雷：查生確實對我們不薄，我提出的他都同意。我認為我們的員工收入微薄，所以寫稿另計稿費。

梁：回想七零年代，周刊興盛，是否與電視和電影業發展蓬勃有關？

雷：我覺得不是。有太平紳士擔保你，就可以領牌。以前要先付一萬塊，要兩人方可領牌。所以手續變得容易。其實《明周》或是娛樂報的作用，始終是配合娛樂事業的發展而助長銷情，還有當時經濟較好，人們有些餘錢。

梁：你不認為七、八十年代香港電視業、八十年代的港產片的蓬勃，令周刊有更好內容？

雷：我認為影響不大，我覺得看《明周》的人和看電視的人沒有很大關聯，那時已經有《金電視》、《新電視》等小書，對那些有影響，但《明報周刊》我認為沒有。

梁：電影呢？你們有明星海報很多封面也有 TVB 的明星藝人。你們有特派員在海外？

雷：那些照片很漂亮。我們比較節儉，特派員沒有另外給錢，逐張計算。

梁：即是使用照片時才付費？價格貴嗎？

雷：價錢讓人滿意。那些特派員全都沒工資的。吳靄儀去英國讀書，我找她寫稿，沒工資，只有稿費。

梁：查生也是這樣才認識那些人？吳靄儀可能因此受邀做《明報》督印人？胡容卿也在英國讀書，因此你們請她找人，讓她來做專訪。

雷：胡容卿在電視台已是主任級高層，後來去英國讀書，替我寫稿，也是特派員。

梁：《明報》的專欄或是你們的專欄是否由查生物色寫手？

雷：查生決定《明報》的專欄，《明周》全部由我決定。

梁：其實《明周》最高峰時銷多少份？

雷：試過二十多萬。現在只有七、八萬，不多，穩定時有十多萬。有時候會浮動的，香港小姐競選時銷量就特別高。

梁：政情有否影響銷路？特別是一九七九年，總督上京見鄧小平，說一定要收回香港。後來戴卓爾夫人上去，一九八二年在人民大會堂摔一跤，接下來是中英談判，會影響到你們嗎？

雷：正常來說是有關係的。記得我們在六四時，吾爾開希在民主女神像前穿着睡衣，我們拍了照做封面，銷路增加。

梁：即是除了明星以外，還會把政情放封面？

雷：八九時，我也派攝影記者上去。但在八十年代中英談判期間，吳靄儀他們去上議院下議院做訪問。

梁：草擬基本法期間，查生備受非議，特別是雙查方案，你們《明周》如何處理？

雷：我們有報道過，沒有明確表達意見。

梁：因為是老闆，印象中你們也是支持的。有群眾在明報報社燒報紙，當時要看有沒有人在門口才進去？

雷：那些同事比我們還害怕。有時回來，他們叫我們先不要回來。

梁：銷路有沒有影響？

雷：銷路沒甚麼大影響，沒有太大波動。

梁：移民潮也沒影響你們？

雷：移民潮很多知識分子走了，中上層走了。那時銷量也很好，因為大家關心。查生打算做到七十歲退休，那時還沒有上市，叫我做社長，他做董事長。

梁：當時鄭君略還沒有加盟？

雷：他是 TVB 的總經理，上市前一年加入，做了一年左右，主要負責上市工作。

梁：你的角色又如何？

雷：他和我很聊得來，我主要負責行政委員會。

梁：你做甚麼位置？

雷：主席，當時董事有吳靄儀、董橋。

梁：董橋何時當《明月》的老總？是不是胡菊人走後就到董橋？還是戴天做過？

雷：戴天沒有做過，胡菊人走後是董橋，之後輪到張健波，然後才到現在的潘耀明，他是出去了再回來的。

梁：董事局有沒有法律人士？

雷：有，還有一位鄭仰平，當時已經退休離開了政府，在《明報》負責編輯英文版。鄭仰平、吳靄儀、董橋、我，還有一個當經理的。

梁：查生沒參與？

雷：他不參與，報館的大事由我們處理。

梁：潘粵生不在嗎？

雷：那時他移民加拿大去了，後來又回來。查生不做社長，做董事長，但凡事都要董事長批核。

梁：于品海甚麼時候加入？

雷：應該是上市後，一九八七、八八年左右，于品海加入後做了很多東西，弄了張《現代日報》，然後又辦電視台「中天」，結果負債，他要脱身，將《明報》賣給張曉卿。

梁：當時你離開了嗎？

雷：賣給張曉卿時我已離開了，我走時于品海還在。

梁：你哪年離開？

雷：應是一九九三年。

梁：你離開後，打算退休吧？

雷：對，打算退休。

梁：但為何鄭大班找你，幫他創辦《星期天周報》你又為何答應？

雷：薪酬不錯，所以去做，但做了不夠一年，投資人就沒錢了。

梁：你怎樣評價查生和沈生這兩位老闆？

雷：查生從來沒有罵過人，我也沒有見過他罵人

梁：他喜歡寫紙條吩咐做事。

雷：但他不是沒有主意，他很有主意的。他懂得計算，有時和他說起同事的薪酬，他可以立即算出來，很厲害。他也懂得看大勢，例如我向他提建議，某些人應該如何加人工，他會計算你能幫他賺多少錢，就算他給我的薪酬，也計算過，給我這麼多還是有得賺的。他很懂得下注，下注在你身上，你就不能走了。他很懂得玩梭哈、下注碼。除了給你工資，年尾還給花紅，不用報稅的。

梁：你又怎樣看沈寶新？

雷：沈寶新也很厲害，他會看你是誰。他對我很好，他開印刷廠，《明周》在他的印刷廠印，我是他的員工，也是他的客戶。

梁：那麼陳霞子呢？

雷：他是非常值得尊重的人，文筆好，品格又好，陳霞子一天只跟老婆拿二十元，很顧家。他吸煙，口袋裏有兩包煙，一包是單七、是Aberdeen，英國名煙，售五毫子；另外一個是三毫子。他自己吸三毫子。招呼人用五毫子的，他是一個克己厚人的人。

梁：但他身為老總確實沒甚麼錢。他很淡泊，和我們很不同。

雷：他也挺刻苦。他的兒子，本來以他的關係，出來工作時可以任高職，事實卻不是這樣，他要兒

子從低做起。

梁：最後成功嗎？

雷：他兒子最初去印刷廠做技工，現在怎樣我不知。

梁：那麼潘粵生呢？

雷：潘粵生老是笑，沒甚麼所謂。但我想他不懂得跟查生爭取人工。他的《四人夜話》挺受歡迎，在《明報》有很大的貢獻。

梁：韓中旋呢？

雷：他也是有才幹的，他的文筆相當不錯。他的標題真的起得很好，不過我很擔心他，他喝酒喝得太厲害，最近還無酒不歡，很擔心他的身體。

梁：陳非呢？

雷：從小混混變得踏實，陳非到後期不得意，因為《明報》越來越多副總編輯，他只是其中一個，不是最高。

梁：你跟查生做事，有甚麼令你覺得可以跟他一輩子？工資？他的賞識？還是惺惺相惜？

雷：查生對我非常尊重。我曾經寫很多稿件，也幫別的報紙寫稿。查生知道後，兩夫婦和我吃飯，對我說：「你寫這麼多稿，我現在給你這麼多錢，你不替別人寫好嗎？」我算了一下，不寫也好。

梁：但為何查生又看重王世瑜？去旅行也找蔡瀾和他一起去。

雷：查生身邊通常有兩人，最早期是項莊、倪匡，接着就是王世瑜和蔡瀾。

九龍市中心
公私財物
發表聲明
防暴措施
車將人驅走
後放火燒
台灣十天環島觀光團

邵盧善

從《工商》打拼出來

邵盧善，資深傳媒人，一九四五年香港出生，一九六三年負笈台灣升學，一九八七年取得台灣大學理學士學位後返港，同年加入《工商日報》任記者，後升任編輯、總編輯、副社長兼總編輯。一九八一年轉職於香港電台，出任高級節目主任，二零零零年升任香港電台助理廣播處長。二零零五年退休後出任「何鴻毅家族基金」顧問。二零一零年與恆基兆業李家誠成立「羣聲社會政策研究顧問有限公司」，二零一四年出售股份予周融成立網上媒體「HKG報」，並任該報時事評論員。

訪問時間：二零一六年四月二日

訪問地點：北角寶馬山樹仁大學新傳系錄影室

梁：很高興請來了《工商日報》前總編輯邵盧善先生接受我們的訪問。邵先生，你是怎樣進入《工商日報》的？

邵：我一九六七年加入《工商》。那時候《工商》公開招聘，很多人去投考，伍國任（前亞視新聞主播）也去了，我們都是讀完書從台灣回來的。伍國任畢業於國立政治大學，我畢業於國立台灣大學。我不是讀新聞的，台灣大學本科沒有新聞系，我讀的是數學，卻順利通過公開考試進入《工商》。考核內容包括社會新聞、翻譯等等。最後伍國任沒有進《工商》，去了麗的映聲，比我遲一年回港的何鉅華也去了無綫，後來成為新聞部經理。我通過考試後被安排到晚報擔任編輯，一年多後再轉崗位。

梁：當時社址在灣仔？

邵：在灣仔分域街和謝斐道口，那時新大廈剛落成，大概是六十年代初期，報社從中環德輔道和結志街的舊社址搬過去。《工商》結業後，那座大廈還在，現在已改建了。

梁：回顧歷史，《工商日報》是一九二五年創刊的，在《華僑》創辦之後沒多久。

邵：是的，一九二五年七月八日創刊，是繼《華僑日報》後第二份大報，之後才到《星島日報》。

那時《工商》、《華僑》、《星島》並稱中文報紙「三大報」。《工商》最初是由何世禮將軍的尊翁何東爵士辦起來的。當時有一班人目睹省港澳大罷工，希望香港有媒介能擔當社會橋樑，讓工業界、商界各方面多些溝通，少些抗爭和撕裂。説得準確些，《工商》是一班文化界的報人創辦的，短短幾年後何東爵士全盤接管，改為家族經營。到了三年零八個月的日佔時期，《工商日報》停業，但仍有人留守報館，後來在一九四五年戰爭結束前籌備復刊，所以一停戰很快就恢復出版。

梁：復刊時誰做總編？

邵：胡秩五先生擔任總編輯，他親自組織班底，人手包括潘仁昌先生、莫輝宗先生等。胡先生和何世禮將軍有很深的交情，在內地已有交往，所以籌備復刊時已經有了如何營運的腹稿。我印象裏，胡老先生是一位謙謙君子，對新聞很執着、很堅持，他對社會事務有包容的作風和姿態，對文字則很講究、很執着。有一段時間《工商晚報》開始採用本地慣用字眼，比較口語化，他很不贊成。當時的編輯和他爭論，認為晚報不妨着重基層。香港那段時間開始採用所謂「三及第」的文體，晚報同事想用這個方式來寫稿，包括標題。但胡先生非常反對，他説報紙在文字方面要嚴肅，即使是晚報，本質上比較輕鬆，也不應該用太多本地語言。胡秩五在《工商日報》做到退休，之後由潘仁昌先生擔任《工商》日、晚報的社長。潘生退休後由何鴻毅先生當社長，我擔任副社長兼日報總編輯，那是一九八零年的事了。

梁：你一九六七年進入《工商》，剛好是暴動期間，你是怎樣走過來的？

邵：我在晚報做的時間較短，值勤到下午三時，通常截稿後，我們就留守報社，很少外出，日報同事接更。上午的工作比較少經歷社會的風風雨雨，但也有目睹過一些無秩序的示威場面或炸彈、流血場面。那麼多人的場面，一旦秩序控制不住，即使有警察在場，也沒有人能幫到你。

在現場採訪的同業，只能發揮守望相助的精神。

梁：左報和右報不是涇渭分明嗎？當時拱北行政府新聞處（現為長江中心）對面就是中國銀行，兩邊各擺一個大喇叭，一個唱《大海航行靠舵手》，一個則播放古典音樂，你有這種經歷嗎？

邵：現場採訪時，兩派記者不會走在一起，甚至相隔很遠。但暴動過後，政治立場不同的記者便不會截然分開，大家才有交往。

梁：你在《工商》很快冒起，當時有甚麼人手？

邵：那時香港新聞界沒有多少大學生，在我入職前三、四年，中文大學和浸會書院的新聞系、傳理系才成立。之前的大學生，幾乎都是台灣政治大學新聞系畢業的，像比較著名的潘振良先生、陳大敦先生。潘振良比我早差不多三、四年，他現居澳洲，還在新聞界。當時他在《星島》，我在《工商》。陳大敦先生在《工商》比我早晉升，他離開了到美國新聞處做《今日世界》。我變了一線的年輕人。那時候還有李炳森先生、梁儒盛先生；再下來就是李家弘，他是較後期的，再後一點就是何文瀚。何文瀚先生現時還是《明報》的健筆，還有「壹傳媒」的葉一堅，他們都是遲我幾年的，同樣是《工商》出身。

説回我自己，剛好有幾位前輩要退休，機遇比較好，我覺得自己不是最出色的。我做過很多崗位，一步一步走過來。開始時，我在《工商晚報》當記者，之後調去日報，當時有不少培訓課

新蒲崗人造花廠左派工人繼續鬧事
包圍記者獲警隊解圍
强阻貨車載膠花入廠
防暴隊高舉催淚槍附近各工廠紛紛關門

《工商日報》報道六七暴動的新聞。（《工商日報》，一九六七年五月八日，第五版。）

程，像中文大學新聞系的魏大公和美國哥倫比亞大學畢業歸來的喻德基。在一九六七年開始提供短期講座。《工商》、《華僑》、《星島》派年輕記者參加，例如我參加過幾個短期課程；陳大敦先生去過德國接受訓練。當時設有這些培訓，是很難得的。

我從晚報調到日報後，擔任潘仁昌先生的特別助理，全方位跟他學習。我沒有自己採訪，但要參加編輯會議，或更高層的會議；之後更要兼任電訊版的翻譯。工作時間相當長，全年只有四天假期，年三十晚和年初一兩天，然後就是一月一日和十月十日「雙十節」，一年四日，全報館放假。我們有個傳統，就是十月十日會全報館一起旅行，包一艘油麻地郵船去離島，通常去長洲。何將軍私人企業的員工也一起去。當時他還有一家台灣民生物產公司，還有一些租務公司，幾百人一起，相當熱鬧。

梁：當時的人手大約有多少？是否日、晚報共用？

工商日報

THE KUNG SHEUNG DAILY NEWS

本報重要啓事：（一）本報今日連國慶增刊共出紙四大張，另隨報附送「台灣觀光事業特刊」一份，仍售一毫。（二）雙十國慶本報休假一天，十一日無報，十二日照常出版。

蔣總統國慶文告中指出

中共陷分崩離析

我加強政治反攻

七分政治・三分軍事

已獲得有利形勢

《工商日報》每逢「雙十節」均會放假一天。（《工商日報》，一九六七年十月十日，第一版。）

邵：《工商晚報》採訪部的人數不多，有時候十個，有時候十一、十二個，最少就十個，已連攝影在內。我剛才說我們值班到三點，除非是很重要的新聞，否則我們都不外出採訪，主要由日報的同事負責。

至於排字房、機房、編採部和校對是共用的，但廣告是分開的，特別是晚報，只負責晚報廣告。當然如果有的話，日、晚報一起負責，名義上只有《工商晚報》的營業代表。至於整個集團，共二百人多一點，並不多。當時的文字媒介都很精簡，有些甚至沒有排字房。《工商》、《華僑》、《星島》比較有規模的，才有自己的排字房，即所謂的「黑手黨」。

可作例証

百補衣不堪回味 蔡樹蘭換上新裝

廿八人昨天逃抵港

九巴新綫

今日天氣與潮水

吹輕微至和緩東南風，天色晴朗，長時間有陽光。

最高氣溫將升至攝氏卅二度。昨晚十一時室外氣溫為攝氏廿七度，濕度為百分之七十八。

高潮：上午四時五十二分

低潮：下午二時零六分

六、七十年代，《工商日報》常報道逃港難民消息。（《工商日報》，一九七二年九月十八日，第十一版。）

有個故事相當有趣。當年的晚報總編輯遲寶倫先生，他有位警察高層的朋友，洩露了個消息給他，事情可大了，他說有好幾十艘漁船正從陽江駛過來。那時是文革期間，每隔一段日子都有逃亡潮，但沒有那麼大規模的。船隻都被扣留在九龍灣，那是漁船停泊的地方，問題出現了，到底這些逃亡的漁民，能否獲得收容呢？

遲寶倫先生當時叫我和攝影記者韋志滿先生，不要下班，有大新聞，但他不知道要怎樣。那時正掛起三號風球，大風大雨，我們開始還在報館等。不久，日報的同事上班了，遲先生就叫我們改變策略，直闖到《工商日報》對面，即以前的護士宿舍，現在是 China Fleet Club 門前等。結果皇天不負有心人，當局決定釋放了，遲先生馬上給我們指示，警方不予批准採訪，我們自己就找輛車緊貼跟隨，非常幸運，那些警車要過海，那時還沒有隧道，大家都要坐油麻地的渡海輪。

機會來了，我們的車都上了渡輪。警車上的那些漁民便下車，我們趕緊上前做採訪。我們看到真的很痛心，無論大人小孩的衣服都補過，結果編輯起了個標題叫做「百補衣」，沒有一處是完整的，他們在講述身為漁民，想逃亡到香港落地生根生活的過程，我們就一直跟到九龍灣。

梁：漁民不是應該已比較自由了嗎？

邵：文革時代，大陸很亂。他們坐俗稱的豬籠車（警車）到九龍灣。九龍灣那時不像現在，都是一片爛地、海邊很多木船停泊在那，那些木船之間還要有一條板，可以一艘船走到另一艘船。做完採訪後，接下來就是我要說這個故事的原因了，我們沒有給日報，當晚我通宵寫稿，再配上很多相片，這些照片很吸引。香港當年都知道內地混亂和貧苦，但沒有那麼詳細和震撼。以前我們不能到內地採訪，要知道內地的情況怎樣，要做「火車怪客」，即是到羅湖坐車，一看那些剛從內地來的人，就問他們內地情況如何。

這次我們利用一個通宵做完所有文字稿和照片，翌日刊出晚報、特刊，一版圖片，整份晚報都是這些材料，日報同事很讚賞，但他們也說了一句話給我們聽：「如果在日報登會更加好。」一我們和日報之間一般來說，都是自己做自己的，相片和資料就大家共用。

梁：那批人是否可以留在香港？

邵：我們後來沒有跟進了，以前做新聞沒有那麼系統化。否則，這群人之後怎樣、他們的子女在這裏怎樣成長、有沒有返回內地等等，這都是很好的新聞題材，但我們沒有跟進。

梁：對了，當時日報的總編是不是潘仁昌？我還記得當時《工商》與商台何佐芝先生的關係很密切。

廖沛霖（《香港時報》著名的體育版主編）後來還加入商台擔任採訪主任。

邵：我入職的時候，日報總編是潘仁昌先生，晚報是翁平先生，翁平先生離開後是遲寶倫先生。翁平先生是新聞界老前輩，他在《工商》做了相當長時間，後來去了商台做顧問。當時《工商日報》和何佐芝先生的關係相當密切，何老先生在社會上很有名望。至於何世禮將軍是董事長，他非常關心社務和新聞的處理，但是也要說，他沒有指導，有給意見，尤其是國際新聞；他的國際經驗非常豐富，他年輕時在歐美軍校，加上作戰經驗，然後又曾駐日本、聯合國，所以他不會吝嗇提供經驗。我覺得受益很多，他會與我討論一些事件怎樣發展，背後有甚麼因素，他談論時總帶有深度分析。

梁：可以談談何鴻毅嗎？

邵：何鴻毅先生很積極，在業務上干預的比較多，因為他是社長，所以譬如說營業方針應該怎樣。他幾乎很少在晚上直接提問或參與編務工作，反而是何（世禮）將軍，只要他在香港，晚上都會打電話來詢問，譬如今天有甚麼新聞？準備放甚麼做頭條？那時封面多數是國際新聞，三版港聞，國際新聞亦三版。我們會大致告訴他，又問社論會寫甚麼，他很熱心。社論有幾位主筆的。胡秩五先生會寫，還有任畢明先生、古天偉先生、黎晉偉先生。後來劉念真先生也參與了，劉念真先生之前在《新生晚報》，該報結業後他便到了《工商》，有一段時間他是副總編輯，潘仁昌先生退休，他便做了總編輯，隨後是我升上去。劉念真做總編輯，是由潘仁昌先生部署接班的，潘先生升上去做社長，接替胡秩五先生，胡秩五先生做社長的時候，潘先生是副社長兼日報總編輯。

梁：何鴻毅先生一九六零、一九六一年回港，找張永抗當採主。

邵：何鴻毅先生當過採訪主任、經理，像你所説，他後來還找了張永抗當採主，然後也當經理。張永抗是他同學，從美國哥倫比亞大學唸新聞回來。後來，何先生當董事、副社長、接替潘仁昌先生，潘先生升上去擔任社長，當副社長。我想再談談培訓的情況。《工商》日、晚報，一直都有做這些工作，早期還有實習，由前輩帶着，指導一下。那時帶我的是李炳森先生（之後去了政府新聞處）；還有李定勇先生，後來去了《星島》，但很快就過世了。

梁：《工商》和《香港時報》的關係如何？

邵：很密切。當時《香港時報》的社長曾恩波先生，他曾在中央社工作，在香港新聞界是一位知名人士，他採訪過二次大戰，國際經驗十分豐富，在外交界赫赫有名。

梁：你在《工商日報》工作期間，很快便晉升為副總編及總編。

邵：對，我一直沒離開編務，擔任總編時亦兼任電訊版主編，有兩位助編。《工商日報》每天基本出版三大張，十二頁，如果發行特刊有特別節日或者體育事項，我們都會出特刊或者小書，隨報附送。我們很早便關注英國足總盃，但何鴻毅先生熱愛體育，認為英國足總盃是很吸引的。以前電視未普及，英國球賽不像現時流行，他購買賽事的彩色照片版權，讓我們出版足總盃和世界盃特

英國足總盃爭奪戰

《工商》重視體育新聞，圖文並茂報道英國足總盃賽事消息。（《工商晚報》，一九八四年七月三十一日，第八版。）

刊。讀者用報上的印花換取，當然現在這麼太普遍，大受歡迎。

至於晚報，出版紙數為兩張。《工商》的巔峰是在一九六零年代，銷路大約八至九萬，一九七零年代開始下滑。當時有很多新報紙面世，如《東方日報》。冒起最厲害是《明報》和《快報》，對我們的影響相當大。始終，經營多年的報紙有自己的傳統，以現在的說法，即比較守舊和保守，處理新聞時不會太進取，所謂進取指標題上能吸引眼球，而照片大小，《工商》最大是二格，不算很大。

回溯香港報壇歷史，由六十年代開始，尤其是英文報紙，例如《英文星報》等，刊登很大的相片，《南華早報》等大報，照片不會太大。當然薪酬也是問題，有一個說法指《工商》是報壇新聞界的少林寺，培訓完人才，打完木人巷後就離開。我自己在任最後幾年都感到很吃力，我剛才說過，我們的培訓相當踏實，一個帶一個，但後來已沒有跟得那麼緊貼，不像以前那樣細心指導了。

梁：當時的薪酬怎樣算？

邵：《工商》月薪大約是二百零五元到二百一十八元。電台的工資最高，報界中等，英文報紙又比較高，《南華早報》是高幾倍的。我入行時還沒有電視，只有麗的，電視新聞還不普及。我一九六七年七月入職，無綫十一月才開台，無綫的確帶高了新聞界的待遇，那時我覺得有個風氣不太好工作。名義上八小時，但很多人都在做兼職。即使在《工商日報》，我相信不少同事有兼職，東主對這情況都是睜一隻眼，閉一隻眼。

我自己也有兼職的，我做晚報時有兼任其他寫稿工作，這幾乎是必然的，像寫副刊，稿費八元一千字。我入職時工資二百八十元，三個月實習期滿加至三百元，初入職一、兩年都維持三百元工資，寫稿大約每月一百多元，加起來四百多元，這是甚麼概念呢？當教師的，中文大學畢業教津貼學校月薪一千二百元，教補助學校就九百元，對比三百元即是三倍。

梁：這夠生活嗎？

邵：四百多元一個人生活是足夠的，但不能負擔租金，要和家人同住。後來稍增加工資，但不算多。直到我離開《工商》，我的薪級算是中產階級的中間，仍與公務員的工資難以相比。說一個笑話，當時有行家兼任日、晚報，不是《工商》的員工，是另一份大報的，到香港電台做新聞主任，即是當時正常初入職時是IO（Information Officer），然後分新聞主任，次級是助理新聞主任，這一份工資已比在日、晚報的工資總和要高。他在港台只是新聞主任，但本身在新聞機構已是主任級，這正可對比中文新聞行業待遇並不理想。

梁：香港六七暴動後經濟慢慢回升，股票蓬勃，一九七零年至一九七三年更有冒起的勢頭，很多新聞界行家為此開會，認為其他行業都加人工，《工商》每年只加五元工資是不應該的。香煙加了，將軍牌香煙都加了，通脹問題嚴重了，聽說彭熾當時做《工商》工會秘書，寫了封信給何將軍，要求他考慮加工資，何將軍很不爽的一聲「可怒也」，怒斥你們（員工）這樣逼我，立即說要降彭熾職，很多事不讓他碰，彭等人很生氣，就走了。這件事你有印象嗎？

邵：我沒有處理這件事，若說加工資五元、十元是很早期的事。當年來說，基數本來就不高，到七十年代後，最基本都已經是三十、五十元了。當然，工資始終不理想，當時有一批同事要求加薪，我也聽聞，但我自己沒有處理，詳細情況如何，我不知道。他們的確離職了，包括你剛才提到的彭熾先生，集體離職。

梁：翁平走了之後，遲寶倫接替，然後遲寶倫後來又走了。

邵：遲寶倫先生他是這樣的，他另一份工作是國泰電影公司，陳銅民做得很成功，就被邵氏挖角，接替了陳銅民的職務。遲先生在文化界十分有名，和一班編劇、導演都很熟稔。遲先生很有才華，他寫很多暢銷小説，在《星島晚報》、《快報》寫過，他開玩笑説，香港很少人可以用筆寫稿寫到幾層樓回來，他是其中一個。

梁： 遲寶倫之後，誰人接手？

邵： 晚報由陳大敦先生做了一段時間總編輯，日報一直是潘仁昌，做到退休為止。陳大敦先生亦做過日報的副總編輯，後來就由譚達夫先生接任晚報的總編輯，譚先生本來是日報的電訊版主編，他升為晚報總編輯後，我去接任電訊版主編，那時不兼任潘先生的特別助理，只當電訊版主編，接着就是編輯主任，之後升為副總編輯，然後到老總，即是一級級做上去，我做過很多個崗位，副刊又編過，算一算，我只是排字沒有做過。

梁： 你在香港新聞界數十年，走過香港的歷史，你有沒有留意到一九六九年那時落實一夫一妻制，廢除死刑等，香港社會的反響是怎樣的？報紙又怎樣處理這些新聞事件？以今天眼光看，一夫一妻制當然是正確的，但當時還有很多人，面對着改變《大清律例》，社會的情況怎樣？《工商日報》的立場又如何？

邵： 我們贊成時代要進步，一夫一妻的婚姻制度比較適合，死刑方面，我們覺得一定要有阻嚇作用，始終我們無法知道人性失控會去到甚麼地步，需有一個嚴厲的阻嚇制度，是不能廢除的，我們當時看法就是這樣的。

梁： 戴麟趾做港督時，香港頗多流弊，貪污、腐敗……《工商日報》有沒有在這方面做些工夫？何鴻毅回港後，刻意做一些所謂偵查採訪，將美國那一套帶回來，後來好像用不下去，是嗎？

邵： 這方面我特別要提提，李炳森帶我去過賭檔，帶我去過採訪販毒，賭檔就在北角。在炮台山下那裏有一排木屋，有「天文台」坐在木板櫈上，如有人掃場，可以馬上「通水」。李炳森先生帶我去，戰戰兢兢，他提醒我，上去看看，千萬不要慌慌張張，記住有幾個檔位，男女各有

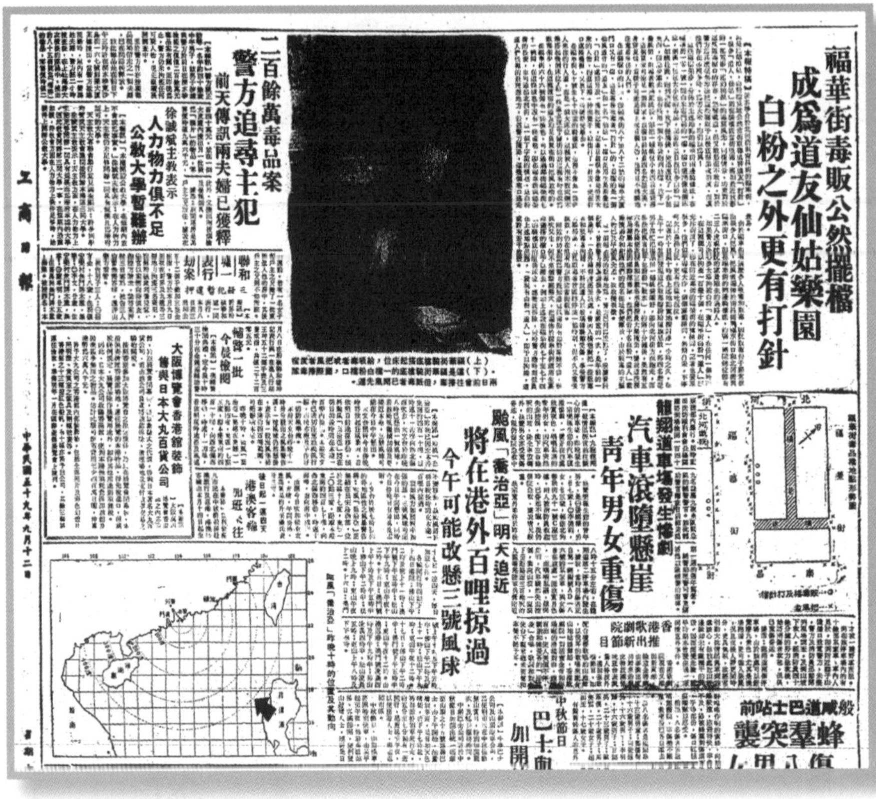

工商日報

福華街毒販公然擺檔
成爲道友仙姑樂園
白粉之外更有打針

二百餘萬毒品案
警方追尋主犯
前天傳訊兩夫婦已獲釋

徐誠斌主教表示
人力物力俱不足
公教大學暫難辦

大阪博覽會香港館裝飾
售與日本大丸百貨公司

汽車滾墮懸崖
青年男女重傷

颱風「喬治亞」明天迫近
將在港外百哩掠過
今午可能改懸三號風球

蜂擁突襲

邵盧善親身犯險採訪販毒消息。（《工商日報》，一九七零年九月十二日，第五版。）

多少，枱面上有多少籌碼、現金。當我出來時，如釋重負；豈料有個人在我耳邊説：「醒醒啲」，我聽不清楚，以為知道我是記者，叫我「醒定啲」，在旁邊的李炳森喝一聲：輸清光，醒甚麼！即是説，都輸光了，沒甚麼可以「醒」了。離開後李炳森解釋那人叫我們「醒醒他」即是給他一點小費。至於販毒，在福華街，我們埋伏在貨車後，一直看着他們如何交收，還拍了照。我們每個記者都要做毒、賭新聞。我曾收過電話，對方説大家都在江湖上行走，不用這樣。我説不懂，記者怎會是江湖人物？他説：你們抬定棺材吧！真的是有人打電話來恐嚇。我們不理。後來這些恐嚇的電話少了，我想他們已習慣了報紙的揭露。

梁：在 ICAC 成立前，警署初二、十六都會「做牙」，有紅包給行家；當時有兩處地方派錢，一是警署，二是足球總會。霍英東先生當時做主席，一頓飯有五十元派給記者。《工商日報》怎樣面對？還有要給醫院線人費用，好像要三百元、四百元。

邵：我聽過這樣的事情，我沒有理會，也沒有處理。有些行家會依時依候去警署等待被收買，即是初二、十六這樣。至於在醫院和警署，我們會安排線報、線人，如有搶劫案受傷的，或者是車禍受傷，他們一進醫院，線人收到消息會給我們打電話；有人打九九九，警署的線人也會通知我們。我們和商台都會給線人費。後來可收聽警方的台，加上收買線人不再合法，這就此取消了。

梁：麥理浩爵士一九七一年到港任港督，推出很多新政，當時剛好發生保釣事件，《工商日報》對保釣事件的立場怎樣？

邵：這事件相當敏感、相當複雜；當年香港政治新聞少，內地和台灣的政治新聞，我們相當關注。所以保釣一發生，即時牽涉到一個問題：究竟是哪邊政府處理？由於兩方與美國的關係相當微妙，尤其是台灣方面，會不會因為這件事而影響兩國關係？那時釣魚台的行政權已經由美國交給了日本，與沖繩地位一樣，很多人反對這種做法，保釣第一線是對準日本，但當時美國才是第一線。所以我們覺得事件非常複雜，我們都是就事論事，不理其他的雜音。事件是由海外華人掀起，那個年代習慣派記者去海外採訪。這個風氣、做法，是到八十年代中英談判才開始。所以我們在保釣期間都是靠外電，靠在美國幫我們撰寫評論的人聯絡一些留學生。

梁：聯合國在一九七一年承認了中共政權，將國民黨政府的席位刪走，《工商》怎樣處理？有帶來很大的震驚或震撼嗎？

邵：個人來説很大的震撼。何將軍卻早已看到這個趨勢，也沒有辦法，只能接受。社會上的動盪，台灣首當其衝。在香港來説，仍然有很多是追隨和效忠中華民國在台灣的政府，對社會人心的打擊相當大；我們做新聞之外，要注意不能夠令民心進一步低落，我們要如何令到大家向前走，不想社會走向崩潰、太過傷痛等等，希望提供一個正面的看法之外，亦提供一個比較前瞻、有希望的前景。

梁：林彪出走，在戈壁沙漠墜機身亡，你們有沒有取得任何蛛絲馬跡？

邵：完全沒有，新聞來的時候是半夜三更，事件直到一九七三年才慢慢揭露出來，但當時既不知道主角是誰，只知有架飛機墜毀在邊界，加上聞説是飛彈打下來的，事件並不尋常，要處理這則新聞，確是一個考驗。而且完全沒有內幕消息，對一些不能夠證實的新聞，會保守些，有戒懼心，決定將這則新聞放在招牌腳，即頭版報頭的下方，突顯重要性。

梁：一九七二年，英鎊和港元脱鈎，轉掛美金，你們當時會不會覺得香港的人心和貨幣受到很大的震盪，特別工商界要面對沉重的影響？你們當時怎樣處理這新聞？

邵：我們一向着重工商、金融方面的報道，很早已在股市版有詳盡的分析。説回英鎊，我們真是缺乏專家，處理這些新聞成為最大的缺憾，當年無論是工業界或者是金融界，都比較保守，除非政策上有需要公開出來，否則找他們採訪，是很困難的。我們只能根據通訊社的報道分析，和官方的消息。

梁：一九七三年燃油危機，香港實施燈火管制，記得那時我在商台，都要關掉很多燈，《工商》有否經歷那段艱難的日子？

邵：我們在財政上算比較穩定。何氏家族的財力，大家都不用懷疑，即使到後期在廣告、營業方面不太理想，都毋須擔心。

梁：回憶起那段時間，燃油危機正酣，經濟極度困難，整個股市卻飆升得很厲害，由幾百點飆到千七點，然後又突然從最高潮跌到一百五十點，釀成很多跳樓的悲劇。影響太負面了，你們如何處理這些消息？

邵：是的，太多負面消息了，我們一個是哀矜勿喜，一個是哀矜勿驚，不會將社會上災難性的新聞煲大，我們只平鋪直敘，不加渲染。順道一提，《工商晚報》很早已有股市行情。那時的股市行情，我一個人便可以處理。因只有香港交易所，譬如説滙豐成交二十股，兩元一股，要記下成交多少股，記價錢。後來交易所增長到四個，遠東交易所、金銀交易所、九龍交易所，和很多新股上市，我沒辦法像開始的時候全部記得了。

梁：警方早期有反貪部，但自己查自己，很難有好的結果。所以麥理浩在一九七四年成立廉政公署，當時你們是怎麼看待政府這項政策？

邵：我們當然非常贊成，我們一直對香港貪腐的情況，感到很不合理、不正常。由於職責所在所能做的，只是查我們所聽到的，沒有聽到或者有些聽到了也無法查詢，可見我們所能做的有限。政府成立一個獨立專員公署，雖然有些人認為仍然會出現同流合污的情況，人心並未完全肯定廉署的作為。何將軍公子他們兩人，對法治的態度相當明顯，他們很喜歡談論法律上的問題，譬如許多誹謗的官司等等，一遇到這樣的事，他們必定親自處理，他們在這方面的知識非常豐富。我記得《工商》便打過許多誹謗官司，有好幾個個案，我們堅持打下去，絕對不肯道歉賠償，打到最後結果我們贏了，花了很多錢。何將軍有位等同結拜兄弟的律師，關祖堯律師，跟他相當好。強固法治的措施，《工商日報》一定贊成。社會上或許還有一定表示疑慮的聲音，我們的態度是相當清晰的。

梁： 將中文定為法定語文，你們當時的觀點怎樣？

邵： 跟中文運動那批核心人士相當熟絡。以前採訪，英文媒體優先，他們是一等記者，我們是二等記者。這情況我們感受很深，所以在這方面我們很注重也很樂意支持。

梁： 一九七五年的船民問題，你們怎麼處理？

邵： 相當矛盾。原先我們十分鼓勵應該收容這些逃亡來香港的人，有必要展示香港是關注人權、人道的社會。香港是彈丸之地，國際社會卻將這個球交給了香港，拋給了香港之後不理，感覺這是個很大的問題。當時我們的社論立場也有些反覆。

梁： 一九七六年發生的唐山大地震，非常震撼，死了二十、三十萬人。

邵： 那時採訪內地的新聞，十分困難，一方面我們報紙是明顯的支持中華民國，我們的工作人員不可能回去內地採訪，就算你想間接採訪都十分困難，只能靠通訊社。

梁： 接下來是毛澤東逝世，你們對這個消息是如何處理的？那段時間，先是周恩來，然後是朱德過世，接着九月九日就是毛澤東。你們對整個時局，會不會有任何的判斷，或者對中國的發展有甚麼願景？

邵： 我是個不想太誇張的新聞工作者，也是當年我

工商日報

The Kung Sheung Daily News

竊國大盜 死有餘辜

毛澤東昨病死

葬禮形式並未決定 下週六舉行追悼會

治喪委員以華國鋒、王洪文、葉劍英、張春橋為首，拒絕外人執紼。

北平出現緊張 民兵全面戒備

《工商日報》頭版報道毛澤東死訊。（《工商日報》，一九七六年九月十日，第一版。）

們《工商日報》的典型作風。對於毛澤東過世的消息，就用《毛澤東病死》這幾個字。在六十年代，所謂右派報紙用的字眼十分極端，例如「匪」、「匪幫」等字眼，當年兩岸的戰爭仍未結束。嚴格說來，內戰現在還沒有結束，仇恨心結沒有減低。不過到我自己負責編務後，我主張少用這類敵視或醜化的字眼。

至於幾位中共早期領袖相繼過世，是否等於改朝換代，會有甚麼改變，我們沒有特別想，因為我們認識不多，只能在觀察方面努力一點。那時我開始寫社評了，也只根據通訊社的資料。

梁：那到抓四人幫呢，你覺得震撼嗎？然後鄧小平復出，會有所期望嗎？坦白說，我自己當時是沒有的，更想不到會有現在的發展。

邵：四人幫被抓，當然是一個大震撼，感覺到喜悅，感到災難終於過了。我們希望四人幫被抓之後能有更好的發展。鄧小平一九七九年發動懲罰越南戰爭，我寫了一篇社論，是有關「血濃於水」的，這有我個人的感情在內，當時死了許多軍人，事後也發現了許多問題，軍隊也不是我們想像中那麼能打，還是很落後的。我們希望中國在這麼混亂動盪的時期之後，慢慢出現穩定的狀況。

梁：中美建交，這個決定影響很大，何將軍怎麼看待這事件？會不會台灣真的要淡出國際舞台，相反中共真的要站起來了？會擔心有這樣的發展嗎？

邵：他們相信要自力更生。台灣當局也強調莊敬自強，這是當時的口號。所以到八十年代之後，台灣經濟冒起，與香港、南韓和新加坡，成為亞洲四小龍這正是基於這個重大的轉捩點。台灣中華民國領導人，已放棄反攻大陸，知道沒甚麼機會了，轉個頭來建設民生與經濟，政治的掌控也比較放鬆了。

回頭看，絕對是蔣經國的功勞，就算到現在，台灣分藍綠兩營，綠營的人主要批評的，都是針對國民黨上一代或者其他人，對蔣經國先生或者不會主動讚許他的建設，起碼沒有甚麼惡言。

梁： 說回報紙，是不是麥理浩去了北京與鄧小平談晤，你們用的名詞有一些轉變，好像「共匪」不再用「匪」這個字，是八零年代開始改變的？

邵： 我對這個課題沒有做太多研究，我覺得社會風氣是漸變的，也覺得內戰不應持續，尤其是人身的稱呼，應予改變。

梁： 說回港督麥理浩，他去了北京之後，八零年已經取消了「抵壘政策」，從這時改變了，進到市區也可以即捕即解，你們當時怎麼看呢？

邵： 在人口政策方面，若繼續這樣沒有限量維持當時的政策，就會負擔不起，所以政府希望各界支持。我印象中我們《工商》是支持的。我記得香港電台的《城市論壇》都有討論，我跟吳靄儀在論壇上辯論過，她當時代表《英文虎報》，我印象中她是不贊成取消這個政策的。

梁： 《工商日報》在中英談判的處理手法上又是怎樣的呢？因為都搞了兩年，從一九八二年戴卓爾夫人訪京到一九八四年才告一段落。

邵： 我當時已經離開了，我是一九八一年離開的。印象中，《工商日報》的管理階層與主要的老闆，已經打定輸數，預料前途一決定了，就會退出。

梁： 一九八一年中英談判還未開始。麥理浩去北京之後，《工商日報》已有意興闌珊的感覺，是這樣嗎？因為像你那麼重要的人，沒理由讓你走，潘仁昌先生去世了，加上何將軍也老去，很多事情也不想操心，你走了之後，誰接替你的班？看來好像已沒有那麼重視的感覺，是這樣嗎？

邵： 對，有這情況。開始的時候，有試過找一、兩位接替我，因為我兼任好幾個崗位，包括副社長、日報總編輯、電訊版主編，要幾個人分開接任，直到工商日報結業的時候，也就是一九八四年，總編輯喻舲居先生，是何將軍專門自台灣《中國時報》借將借回來的。何將軍跟已故《中國時報》老闆余紀忠先生私交甚篤，他覺得在香港一時找不到人才，便在台灣借將。喻舲居先生在台灣從事新聞工作多年，也是寫社論的。《工商日報》結業時的老總，就是喻舲居先生。

梁：可否談談《工商日報》與《中央社》的關係？

邵：我們是他的訂戶。曾恩波先生是新聞界出色的人物，他與何鴻毅先生在國際新聞組織上代表香港，他們私交甚篤，到曾恩波先生離世，歷任的中央社社長跟《工商日報》一直維持不錯的關係。我們不完全依賴中央社的報道，我們採用時都先跟其他通訊社進行比較，當然，有關台灣的新聞，中央社絕對是權威。

梁：那你們有用新華社的稿子嗎？

邵：《工商日報》是不用新華社稿子的。香港電台也沒採用。

梁：那你們跟左派行家有聯繫嗎？假如你們的領導發現你們交往，會不會另眼相看，或者採取處分？

邵：我自己是一直有跟他們交往，的確有人向何將軍打我小報告。其實到七零年代尾，已經沒甚麼界限，大家都會在社交場合或者新聞簡報會碰面，我沒聽聞或見過，因為員工與左派有往來而受到處分。其實這行大家本來就是很密切的，消息交流一定會有，基層記者更會互相「駁料」。而報館之間的往來，是很自然的。有時印刷紙張的供應不夠，我們與《星島》、《華僑》之間會互相支援，不愁短缺。

梁：你離開《工商》加盟商台，《工商》怎樣處理中英談判的新聞？

邵：是的，我有關注，一般新聞是正常處理，在社論中可以看出他們已經深感無可奈何，大勢已去，希望盡量為香港人爭取到最好。回頭説做電台節目，我猜想，香港電台聽了我在商台做了兩、三年的節目，便請我去參加他們的《面面觀座談會》，我是常客，差不多兩、三個星期便去一次，我是其中一個評論員，做得多之後，香港電台索性叫我過去為他們工作。

梁： 尤德在一九八二年履新，他是一位資深的外交官，跟以前的都不同，你當時在港台，有沒有受到任何掣肘？另外談判期間香港也發生了嚴重的金融波動，港元暴跌，我還記得當時的財爺彭勵治去紐約前還說沒問題，怎知到英國時馬上宣佈掛鈎。

邵： 當時我不是新聞部，是公共事務的。我們有討論節目，評論節目就是我負責的。至於新聞方面，以我所知，我們也會派同事赴京採訪，吳明林也派過很多同事去，馮成章、馮玉蓮。到一九八六年尤德過身，他在中英談判用了不少心力，對香港管治採取寬鬆政策，社會自由度大增，都是他任內所開的風氣。

一九八三年香港金融波動，港元暴跌，政府處理波動情況，我覺得新聞界經歷過不少，不止香港即使全球，新聞界對於政府處理危機，或者處理重大事件，也不會完全透明的，有些時候會故意將事實的先後順序採取特別安排，對於這種手段，新聞界要特別警惕，盡力在監測和監督方面起作用；另一方面，說要甚麼黑暗政府，要看政府這方面的動機。

梁： 接下來移民潮出現了，政府很難穩定局面。特別一些高官和公務員要走，人心變得相當渙散。第一，是中英談判的時期；第二，八九民運事件，你怎麼看待這兩起事件？

邵： 這是可以理解的。當年我在香港電台，我們會提供正能量，會提供一些抒發的途徑。我們辦了兩個音樂會，《把根留住》、《東方之珠》的主題曲，更是呼喚大家在安心立命的地方繼續生活下去。

梁： 中英聯合聲明之後，香港政府宣佈了代議政制，北京卻猛烈批評，說步伐太快，當時你們《港台》怎麼處理？你們是跟隨政府的政策？

邵： 這個是政府的政策，我們覺得對社會也好，做了很多節日像選舉論壇，每一區都去，因為要宣傳「區」，讓「區」這個概念，會在市民心目中扎根。所以我們辦了兩屆的十八區歌唱比賽。

梁：衛奕信一九八七年履新，那年也很特別，股票突然之間插水，跌了二千點，跌幅超過一半，也有可能受到美國股市影響，接着李福兆說停市四天，造成嚴重後果。對於這件事我也很不開心，因為最後李福兆被抓去坐牢，發現他有貪污。作為新聞人，你怎麼看待這件事？我記得李福兆當時罵那些外國人，叫他們閉嘴，他當天宣佈停市，確實太突然了。

邵：我個人的看法，社會不停改變，聯交所才成立不久，很多配套未必完整。尤其是金融，別說當年，就算現在，金融配套法規，也都沒有跟得上，華爾街也有許多問題，歐洲也有著名銀行同樣出現不正常的狀況，事物日新月異，一般的發展都跟不上。當年很少地方像香港一樣，竟有那麼多沒有基本金融投資常識的人，投資大量的資金在金融市場上。

梁：六四時，你在港台，你覺得港台的處理手法怎樣？又怎樣看一般報紙的處理手法？

邵：我們以記者採訪為準，小道消息我們不會用；當然也有通訊社的消息。與報紙比較，報紙似乎「勇」一些，有些報紙甚至沒有派記者上去，就聽我們電台、電視了解事情，以聽電子媒介為準。

梁：當時報紙已經走下坡，尤其是《東方日報》冒起之後，很多報紙經營困難，根本無法競爭。回看香港報業七零年代應該是最蓬勃的日子吧，你離開之後報業就變得虛弱了。

邵：如果以報紙、報館本身資產和銷量而言，是一直上升的，八、九十年代也在上升，但只是一、兩張獨大，整體而言沒有了多元的味道。過去的報紙，各式各樣都有，一些以立場為主，一些以新聞為主，一些以副刊為主。很多文化人還念念不忘想投資做報紙。

梁：你們跟《新生晚報》的聯繫很密切，為甚麼它後來無法經營下去？之後連《時報》都做不了。

邵：分開來說，《新生晚報》是一九四五年光復便出版的報紙，創辦人主力為劉念真，老闆是張獻勵，當時銷路極高，但當你針對特定的讀者群，中產、小康、外省的文化人，便安於現狀。這讀者群會改變，年紀老化了、離開了，或者另有嗜好，銷路自然下滑，自己又沒辦法轉型，新讀者不來，所以很多報紙都撐不住了。《星島晚報》曾經是全香港銷量最高的報紙，還是停刊了。因為晚報的年代結束，飲茶看報紙的人已經很少了，因為生活忙碌了，而且在地鐵看報紙的也比較少了，以前都在巴士看報紙的，時間比較多，下班比較早，晚報便有銷售的市場，但到了大家忙碌了，很晚才下班，飲茶時間也短了，還那裏有看晚報的時間？

梁：的確，紙媒的生存越來越困難，那些老報，三大報像《星島》賣盤十分可惜，其實《星島》已不斷更新，胡仙也十分進取，與《華僑》與《工商》不同，《工商》是政治因素……你看我們這一行未來會怎樣走下去？

邵：我與一些老資格的朋友看法不同，他們認為紙媒已經沒得做了，我會看到現在已到了鐘擺的時刻，網上媒體當然有優點，但缺點也越來越多，最大的缺點是沒有人去把關，到底這事是真的還是假的？傳統媒體尤其是紙媒，缺點是不及時，但這也是它的優點，因為有時間可以求證，網媒雖然出錯了可以更正，但受眾不會一直留意消息，他可能看到假或者錯的後，看不到你更正。當然紙媒有相同的情況，紙媒需要更正的情況不會那麼多，所以網上媒體，這是一個很大的問題。

第二，網上媒體快且可以轉發，少了溝通和思考的時間，看了過癮，就立刻轉發，但是轉發後不會再沉澱思考，這種內容發揮很大的影響力，受眾不會先予消化，所以如果想更深度更正確的了解一件事情，可能要依賴其他媒體了。當然未必是紙媒，最現成的就是紙媒了，是否可能有另一種結合，像紙媒加網媒，這可以慢慢再看，我認為，紙媒不會完全消失。

九龍市中心

大…區…宵禁

…銀行縱火擲石到處破壞公私財物

…車將人驅走

…後放火燒

油麻地區騷動 越演越烈

宵禁區巡視

記者陳東榮攝

發表聲明

防暴措施

台灣十天環島觀光團

駱友梅

如何打造《信報》

駱友梅，一九四九年生於北京，一九五二年隨父母來港，一九六七年畢業於英華女校，隨即加入麗的映聲任記者，一九七一至七三年間於香港電台電視部負責製作、節目主持，其後於無綫電視任節目推廣經理至一九七六年。

一九七一年與資深報人林山木（林行止）結婚，一九七三年與丈夫及羅治平攜手創辦《信報財經新聞》，初任記者，後參與該報章的營運管理，直至報社股權於二零零六年全數轉售後退休。

訪問時間：二零一六年四月十五日

訪問地點：北角寶馬山樹仁大學新傳系錄影室

駱：一九六七年，我加入麗的電視做記者，入職數月便開始有 SOF（sound on film），即是底片同步錄音。

梁：訪問才有 SOF 嗎？

駱：對，其他只有旁白。

梁：六七暴動期間你任職記者，有沒有經歷過一些震撼場面？

駱：我較年輕，而且是女記者，初時工作不太沉重，但也要報道滿地菠蘿（土製炸彈），幸好有攝影師同行。

梁：除攝影師外還有錄音師嗎？

駱：沒有，只有攝影師，拍攝土製炸彈等場面沒有錄音師，SOF 在更後期才有。

梁：當時主管是潘朝彥先生嗎？

駱：沒錯，他是新聞部主管。我在麗的工作四年後，因為香港電台開設電視部，便轉投香港電台電視部工作，那是一九七一年。那時員工非常少，何國棟（James Hawthorne）先生從 BBC 來香港，擔任處長，負責管理香港電台電視部。電視部當時要在走廊辦公。

梁：當時的頂頭上司是黃華麒？

駱：Hawthrone 之下有鄭鏡彬先生、黃華麒先生以及倫兆銘。

梁：周乃揚在嗎？

駱：他在，當時是電台部台長

梁：你負責電視部？

駱：我負責節目製作。香港電台的第一個雜誌節目「家在香港」，以及每晚的「議事論事」，都由我主持。

梁：黃淑儀也在？

駱：黃淑儀比較遲才加入香港電台，最早期與我工作的是另一位女士，她現居三藩市，可惜我忘記了她的名字。

梁：你如何認識林行止先生，並與他一起創辦《信報》？

駱：一九六九年，他從英國回到香港，當時我在麗的，我的上司張寬義與林先生是《明報》同事，有一次因為探病大家才認識。

梁：當時他在《明報》擔任甚麼工作？

駱：他去英國前，在資料室工作；從英國回來後，負責經濟版，以及編寫名叫《英倫采風》的專欄。

梁：林先生回港後，查先生叫他到《明報晚報》工作？一九六九年出版的《明報晚報》是承接《華人夜報》嗎？

駱：我不大了解《明報晚報》。林先生有參與籌備《明報晚報》。

梁：他當時是副總編輯嗎？

駱：是，他負責經濟版，總編輯由潘粵生擔任。一直至一九七三年（註：一九七三股災導致《明報

信報
財經新聞
HONG KONG ECONOMIC JOURNAL
歐洲考察收穫豐
遠東會組團訪日
本報記者質詢政府
誰管轄財務公司
各部門互相推搪
繳交註冊費五百
領執照即可開張
這是一個開端
怎樣編製平均移動指數表
啓明建業有限公司
派發特別股息通告
一紙風行
報導翔實
經濟權威
大展鴻圖
消息快捷

《信報財經新聞》創刊號。（一九七三年七月三日，第一版。）

晚報》銷量大跌），他們《明報》認為財經報紙過於依賴市場和特定讀者群，因此決定削減經濟版、理財版，但林先生對此很感興趣，外面又有不少行家邀請他合作，包括報界老前輩羅治平先生，所以才決定創辦新報紙。開始籌備《信報》時，羅先生一手包辦。雖然林先生在辦報理念和內容上胸有成竹，但完全沒有經營報館的經驗，我也是。我在一九七三年六月底離開香港電台，直到創刊當天都未曾接觸過排字房，《信報》開辦初期，我當記者。

梁：林先生是查先生的得力助手，七三年離開時會否有芥蒂或不捨得？是否因為他不看好《明報晚報》經濟版？

駱：完全沒有，《明報晚報》想走與以往不同的路線。查先生是前輩，在工作上對我們有很多啟發。《信報》成立一週年時，他特意撰寫了一篇誌慶文章，大意為《信報》已成立一週年，應該能穩住陣腳了。查先生非常賞識讀書人，認為讀書、求知是值得尊敬的。林先生和羅先生都是《明報》舊同事，大家一直以來關係和睦，我們很尊重他，不明白為何坊間流傳我們競爭激烈，好像在業界內有了隔膜一樣。

梁：心存芥蒂？

駱：沒有，我們仍然不時聚餐，談笑風生，但少了一份密切。

梁：是否因為你們太成功，在社會上舉足輕重？

駱：並非如此，兩者之間並無關係。在前輩或老闆眼中，他的夥計愈成功，代表他愈成功，夥計在他的栽培下取得成就，老闆一定很高興，功高蓋主等説法是錯的。

梁：現在仍有跟查先生來往嗎？

駱：在某些場合會見面，最近他甚少公面露面。他身體仍然很好，只是聽力欠佳。他很喜歡與上海人聊天，喜歡説上海話。

梁：羅治平當時在《星報》工作？

駱：他也有為《明報》工作，同時在《星報》擔任總編輯，韓中旋先生則任副總編輯。

梁：他對賽馬很有研究。

駱：沒錯，後來他辦了份很成功的馬經，即《專業馬訊》。《信報》成立初期，在報館架構的建立方面，如字房、編輯部等等，羅先生經驗豐富。開始時，林先生主要負責編輯部，我負責採訪，羅先生負責經理部，擔任總經理。我們對報館認識不多，羅先生可說是開山師傅。

梁：香植球先生是否有份出資創辦《信報》？

駱：他是出資人，借錢給我們，他幫助了我們很多，亦很鼓勵林先生創辦《信報》，但不會參與我們的工作。

梁：後來你們送他股份，他也婉拒？

駱：我們還錢給他，但他沒有接受。《信報》開辦一年左右，最艱難的時期，他甚至賣股票幫助我們。

梁：當時的社址在哪？

駱：我們第一個地址在中環擺花街一號。當時客觀環境突然轉差，遇上石油危機和燈火管制。起初我們主觀上以為發展得不錯，所以添置了機器和其他東西，然後將報館遷往柴灣利眾街，這是第二個社址，地方頗大。後來開支太大，支持不住，一九七四年成為最辛苦的時期。

梁：你們怎樣渡過這個難關？

駱：我要出外打工，到TVB任職節目推廣經理。因為那時出現電視直播，適值奧運會要十六日夜不斷廣播，是TVB非常興旺的歲月，班底很強，人才輩出。環球小姐正好在香港舉辦，林燕妮因處理私事離職，便將工作交由我處理。環球小姐活動完結後，因為報館工作日益繁重，我又有兩個小孩，不勝負荷，所以回到《信報》，那是一九七六年。

梁：《信報月刊》是一九七四年出版的？

駱：是一九七七年，我們亦有辦《婦女與家庭》。因為那時剛添置了新機器，印刷能力遠超報紙實際印數，不應閒置。《東方日報》總編輯周石也來《信報》幫我們，後來因私人原因中途離開，那時我們很狼狽。

梁：最後《婦女與家庭》停刊了？

駱：只營運了很短時間，因為經濟原因。後來轉為一份名叫《風采》的周刊，由蔣芸女士和遲寶倫先生主政。《信報》的經濟危機很大，由一、兩萬呎的辦公室，收縮到北角北景街內一個千餘呎的辦公室。

梁：你住在北角五洲大廈？

駱：當時我住堡壘街。

梁：這麼艱苦，如何渡過？

駱：主要控制收支平衡。《信報》一開始，市場接受情況不錯，但要十分節儉，還就公司規模。一九七四年，羅治平離開《信報》，我接手他的工作，這是我第一次接觸經理部的事。

梁：當時你仍在 TVB 打工。

駱：當時一邊在 TVB 工作，一邊學習經理部的事，認識了字房的同事。字房的工友很好，以前做字房能每月領兩份薪金，《信報》經濟有問題時，他們自願減薪，助公司渡過難關。

梁：《信報》第一任總編輯是林先生自己擔任？

駱：林先生擔任《信報》總編輯，一直到第一次招聘總編輯，才改由沈鑒治先生擔任。當時他是香港派駐亞洲生產力組織東京總部的代表，然後來《信報》，做了大約十一年。而下一任是科大經濟學系講師練乙錚先生，後來他轉投中央政策組，便從 BBC 請來邱翔鐘先生，然後是陳景祥先生。陳景祥是在《信報》工作很久的同事，是第一個在《信報》內部升任總編輯的同事。

沈鑒治擔任《信報》總編輯十一年。

梁：《信報》在股災發生前成立，渡過了股災之後，又有石油危機和燈火管制。你們如何克服？

駱：客觀上出現的危機，對於新聞工作而言並非壞事。別人說「沒有新聞，便是好新聞」，但對新聞工作而言，客觀的危機就是你要面對的挑戰。尤其《信報》作為一份財經報紙，是一般所謂的「文人辦報」，為何在無財無勢的背景下，可以立足，受到社會重視和注意？原因就是每一次有大變故時，你的觀察、你的視野是否開闊、對事件的推論是否成立、對讀者能否起作用、讀者對你的印象如何，你的信譽全靠以上的條件來建立。

梁：當時股市興旺，香港證券交易所承擔不了龐大交易量，因此出現遠東、金銀、九龍等交易所。後來香港政府打算將交易所統一，你們又如何處理上市股份等混亂的資料呢？

駱：《信報》重視股市、投資的信息，四間交易所的出現，對我們而言只是商業現象。因為工業發展至一定規模就需要集資，需求十分大。以前股市多數由外國人掌管，後來華人的經濟能力提高，在社會經濟上開始扮演不同角色，廠家、老闆因業務發展而上市，投資地產、建築，有集資的需要，創造出新的市場。《信報》刻意不炒作消息、秘辛，一開始評論股市，就以走勢、分析為主要導向。

梁：除了股市分析，當時有沒有其他

充實自己研究敵情
股票市場再顯威風
從信報誕生看股市
馬克升值 輪德有利
大市前瞻 否極泰來
環球輪船研究
平均移動指數
股市投資明燈
留得青山在
長線投資 以此為據

《信報》自創刊起，一直主打政經評論。（《信報財經新聞》，一九七三年七月二日，第四版。）

內容，例如房地產等等？

駱：少有房地產的內容，大約一星期才有一版。

梁：政治版有嗎？

駱：有，政治經濟兩者分不開，經濟以比較宏觀的角度報道。經濟是社會互通有無的學問，理財則分為投資、管理等多方面，我們希望清楚傳遞與日常生活有關的知識。

梁：併購潮和上市公司有否幫助《信報》銷路冒起？

駱：上市公司的廣告在七十年代時對銷路幫助不多，併購就有，例如牛奶公司事件。但在傳統廣告公司的宣傳計劃中，財經報紙佔的廣告份額不多，他們大多只着重單位成本，而不會談論其他東西。

梁：你們的銷路在一九七五、七六年開始增加，廣告變多了嗎？

駱：沒有多大增長，我們剛創辦時克勤克儉，當廣告足夠支撐時，便開始充實報館的規模，例如添置機器。一九七八年添置了一台台灣機器，一九七四年時曾有一台很好的美國機器，但賣給了《東方日報》，是個廣為人知的故事。

梁：其後社址改為北角工業大廈？

駱：一九七八年報紙剛穩定，便遷往北角工業大廈。

梁：當時與政府關係好嗎？

駱：十分差。

梁：後來才授權你們刊登 Gazette（憲報）廣告？

駱：後期才刊登 Gazette 廣告。一九七八年我們穩住了陣腳，銷路和廣告足以支撐報社。當時《信報》出紙量是全香港最少的，由一張半減至一張，有廣告時甚至要抽走副刊，唯有遷就版面容量，維持張數出版。

梁：記得《信報》打響名堂是因為林先生的社論，以及你們的副刊，人手方面是由你還是羅治平先生招攬？

駱：羅先生的副刊主要由一班前輩負責，他離開後就由我接手，找了一些較年輕、有明確生活態度的作者寫副刊，例如寫《綠色生活》的周兆祥先生，以及吳仲賢等。無論在政治還是生活態度上，這些作者都很有個性。

梁：最早受到追捧的是「中區麗人」，韓中旋寫的。

駱：沒錯，韓中旋是位老前輩，雖是前輩，但文章很有時代感，能掌握讀者心理。張寬義以「楊八妹」筆名繼續寫。後來圓圓也在《信報》寫專欄，很多作家都這樣。

梁：一九七四年，麥理浩設立廉政公署，你們對此事的立論如何？

駱：我說我們與政府關係差，全因麥理浩。麥理浩是個非常值得尊敬的人，他認同工黨理念，思維行事頗為社會主義、人道主義。當時香港有很多問題，處理不當會很危險，他卻十分急進，做事決斷。與尤德相比，兩者最大的分別是，麥理浩去巡視，見到街巷有垃圾，會命人馬上清理；尤德如果同樣見到一堆垃圾，會選擇沉默不作聲，回去後再命下屬跟進，確保事情不會再發生。

笑客親切

中區麗人日記

·碧琪·

韓中旋曾化名「碧琪」，為《信報》撰寫〈中區麗人日記〉。（《信報財經新聞》，一九七三年七月三日，第二版。）

梁：沒錯，兩者的做事手法

截然不同。

駱：設立ICAC對香港來說絕對是一件功德，問題在於他推行起來操之過急，甚至包含了清算的成分，所以對警隊士氣打擊很深，最終造成警廉衝突事件。又比如越南難民來港，香港怎麼可能接收一船又一船的難民？我們評論這些事，並不是指責他做得不對，而是批評他對進度的控制欠妥。當時我們這樣做，亦承受很大的壓力，但並非會危及人身安全的壓力。

梁：但他最終聽取你們的意見，頒佈了特赦令。

駱：並非因為我們提議而特赦，是因為警察暴動抗議，要維持政府、社會架構的穩定就要作出讓步。我們只是指出危機的嚴重性，要考慮到香港無法承受警廉衝突的後果，但這些話對他來說同樣不中聽。

梁：但他最後亦順從民意，特赦了那些貪官。

駱：據我多年觀察，英國人管治有個突出特點，他們有專制的條件，但最後總會撫順民情。譬如興建地下鐵，當年爭論得很激烈。有人說用錢修建道路會帶旺經濟，成效可觀，但花在地下就甚麼都沒有，有各種說法。當時我問財政司夏鼎基如何做決策，因為當時已經有廉署一事，他的講法是：「民情是很重要的，當民情已經不容許理性討論時，政府就只能撫順民情。」

梁：如果不興建地鐵，港島區交通幾乎要癱瘓了，到中環要用很長時間。

駱：但興建地鐵也導致有很長一段時間交通變得更加混亂，當時各界為此爭論不休。

梁：你們當年是支持的，並非反對。

駱：我們支持，但我們不是簡單地說支持或反對，評論可以有立場，但新聞不可以有，我個人以記者的身分發問，沒有明確支持或反對。

梁：中文的法定語言地位同樣在一九七四年麥理浩年代確立，你們是支持的。中文以前是第二語言，是次等的，洋人全都用英文。

駱： 因為香港實際上是華人社會，華人佔社會整體百分之九十多，將中文定為法定語言是很自然的決定。正因為麥理浩做事多，每件事都有很多議論，我們沒有一致贊成他，變相在意見上被排擠，不能參加任何活動，包括簡介會、吹風會，直至他下台後才有。

梁： 我還以為當時你們有份參與。

駱： 我在香港電台工作的時候，很多培訓計劃由我去和那些政府公務員溝通，例如教他們操控提詞機，因此認識很多高級公務員，與夏鼎基關係不錯。

梁： 一九七四年，內地批林批孔運動引起很多爭議，你們也有關注國內政情？

駱： 我們關注國內政情，但有隔膜。國內消息很難得知，要依靠觀察中國問題的專家。

梁： 林先生在《明報》與丁望工作過吧？丁望是中國問題專家。

駱： 主要是查先生，以及丁望。林先生幫忙搜集資料，他對國內政情有研究，寫過中國的紅衛兵，但這方面我們不算突出，報道不夠深入。

梁： 《信報》的冒起除了靠林先生的社論外，還有曹仁超的《投資者日記》和副刊，對嗎？

駱： 《投資者日記》不是一開始就有，政經短評初時的篇幅很短，不過一年三百六十五日都有刊

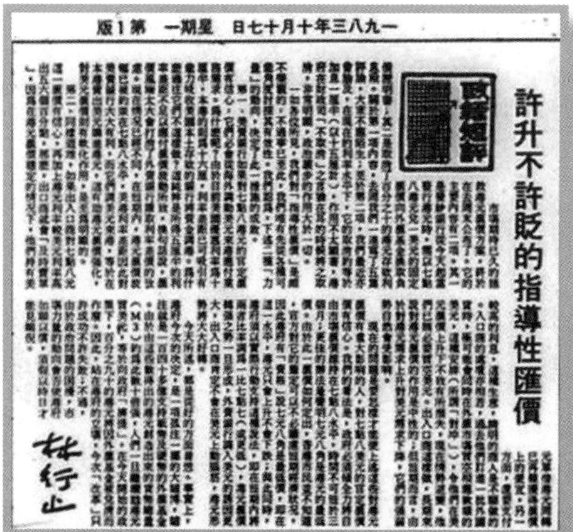
一九八三年十月十七日　星期一　第1版

政經短評

許升不許貶的指導性匯價

林行止

林行止的〈政經短評〉，是《信報》的鎮報之寶。

登，大約八百字左右，改為專欄後便增長版幅。後來，林先生不須再兼任編輯，便專門看內容和執筆寫稿。《信報》未有外聘員工前，每人都兼任很多不同工作，林先生每天負責編輯、起題目、看大版，非常辛苦。初時員工只有數十人，在排字房工作的最多。但正因為這樣，迫使我們面對和學習更多。

梁：記得當時，捉葛柏、四大探長等案件你們都有報道？

駱：這些都有提及，因為社會問題與經濟社會有關，即使是股市裏也有這些探長的資金，總會有關係。經濟和社會關係太過密切，打打殺殺、交通意外等新聞我們沒有報道，但和社會政經有關的，我們不可能不提及。

梁：有否幫到你們的銷情？

駱：沒有太大幫助，我覺得副刊有穩定銷路的作用。

梁：一九七五年的船民事件，你們與政府立場不同，是嗎？

駱：不是，我們並非有立場，我們是反對某些議題、政策或者是政府的處事步伐，並非反政府，也不代表與政府不和。例如船民事件，我們反對，覺得麥理浩好像藉這件事在國際間建立聲譽，但現在來看，他的人道主義是真誠的，不過事件對納稅人造成沉重負擔。

梁：蔣介石一九七五年逝世，你們如何評論中台關係？當時報界分左右兩派，你們立場頗為中立。

駱：我們算是中立，沒有左右之分，但沒有特別為蔣介石逝世而報道，反而蔣經國去世有報道，覺得對於台灣而言非常可惜。

梁：行內人當時都很關注《信報》，包括消息、分析，尤其是丁望的文章。

駱：其實《信報》重點不在我們怎樣辦報，而是找到很多寫分析評論的好作者，實際上可謂政經評論多於純粹報道，文、史、哲話題的分析評論等。

梁：逮捕四人幫、鄧小平復出等消息傳出時，你們對國內局勢看法如何？

駱：我在這方面有很深體會，我很早期就被邀請到國內，大約一九七四年左右。

梁：林先生有跟你一起回內地嗎？

駱：他沒有，他在華國鋒任主席（註：中共中央主席，並非國家主席）時才去。香港報界的前輩請他一起出席人大政協會議。他是很怕開會的人，非常不習慣。當時回到國內，行程全部都安排好了，自己找交通工具回港並不容易。

梁：你有陪他去嗎？

駱：沒有，我們沒辦法一起出門，從一九七三至八三年都沒有放過假，有十年時間。

梁：你對鄧小平的開放政策有甚麼看法？

駱：我覺得非常好，改革開放改變了中國很多，救黎民於水深火熱中，因為當時國內貧乏得很，生活艱難。鄧小平亦曾三上三落。我當時經常回內地，目睹國內敲鑼打鼓宣佈拘捕鄧小平，又敲鑼打鼓宣佈釋放鄧小平，見證他三上三落。鄧小平願意以比較開放的態度與英國人溝通，香港一直被視為「借來的地方，借來的時間」，共產黨執政之後，不收回和談論香港主權，當中一定存在某些協議，雙方對於是否要交還香港不可能沒有默契。從一九七四年開始，林先生的社評便有提及九七的問題，關於租借九龍和新界的問題。

梁：你們早期希望英國繼續管治，後來態度轉變對嗎？

駱：我們沒有轉變態度，我們希望英國延續管治是因為想保持我們的生活方式，我們覺得中國的政策經常改變，以香港為家的人當然希望穩定。所以當時提過很多假設，例如如何延續管治等等，但最後不可行，唯有接受現實。但之後出現《代議政制白皮書》，英國人改變了建立香港制度的方針，即是還政於民，出現第一次代議政制的諮詢。

梁：一九七九年期間的中越戰爭，左派報章宣佈中方勝利並撤出，但你們卻不這麼認為，而且丁望的分析文章亦不認同，如何做到呢？為何你們會知道是慘勝呢？

駱：我認為對作者或刊物而言，很多客觀危機或者災難發生時，如何去評論和處理事件是一個發揮的機會，所謂「危危百事成」。

梁：《中報》創立，有沒有影響你們的銷情呢？傅朝樞離開台灣到香港，七九年開始籌備，八零年二月份成立，你們有沒有被挖角？

駱：對《明報》的影響很大，對我們沒太大影響。

梁：《財經日報》創刊你們又如何應對呢？

駱：八四年時《財經日報》挖角，很多舊同事被挖走了，但《中報》成立則沒有。

梁：你應該認識韓中旋先生吧？

駱：認識，他常常說「海大唔挳船」，意思是做報紙要看開點，不要期限太多，也不要把競爭看得太重要，清楚自己在做甚麼才最重要。

梁：八七年十一月底，《金融日報》創刊，以及八八年一月《經濟日報》創刊，你們如何看待呢？

駱：《金融日報》沒太留意，反而《經濟日報》最初想入股《信報》，事前也見過面，談合作。它對我們沒太大威脅，他們重視地產新聞，成功開拓自己的市場，但我們向來不會深入研究地產，或認為需要很多人來打理。

梁：尤德上任之後，政策有所改變，你們與他的關係相當密切，對嗎？

駱：與他的關係密切很多，他懂中文，告訴我有看《信報》，覺得《信報》的水平高。我和夏鼎基爵士相識很久，他對我這個記者很信任，我們會約尤德爵士一起討論對電子道路收費的看法，夏鼎基說不理解為甚麼有人擔心隱私問題，而尤德爵士說，那麼多人反對，我們應聽取意見，不應推行。

梁：當時的運輸司施恪（Alan Scott）積極推動。現在回想，我覺得應該要推行。

駱：我不知道九龍的情況，但香港島很難，有很多人研究過，解釋給我聽，我也覺得有問題。另一個會談到的是國籍問題，例如我在內地出生，來香港時只有一歲半歲，身分證上的國籍是「Claimed Chinese」（自稱中國籍）。當時我手持一張綠色的「CI」（身分證明書）去外國，姑且不説簽證，去德國甚至要用英鎊繳納保證金，很不方便，也不好受。很多人覺得受不了，你要麼就寫我們是「中國籍」，只是還沒證件，但沒理由證明文件上寫「自稱中國籍」，因為「自稱」可以實際上不是。最終，尤德在任內改變這種做法。

梁：尤德在八六年因心臟病在北京逝世，很可惜！然後由衛奕信接任，你和他的關係又如何呢？

駱：他和尤德同樣在外交部出身，他們是我接觸過的官員中，中文較好的兩位，衛奕信像個學者一樣，也會看《信報》。有時候我會和他單獨討論各種問題，他很喜歡中國文化。當年六四發生後他也約見過我，我看到他整個人十分頹喪。對中國人和香港人的同情，導致他在英國外交部和政壇仕途受阻，不能繼續留在香港。

梁：他在八九民運後的一九九零年提出香港玫瑰園計劃，雖然被中方大肆抨擊，但彭定康隨後合力推行計劃，我們現在才有這麼好的機場。

駱：他可以連任港督做十年，但他只做了五年。第一個原因是他派護照，讓港人申請居英權，另一個是他建機場。我覺得他是真正屬於香港人的港督。他和彭定康的不同之處在於，彭定康鼓吹民主，「一意孤行」，而衛奕信因應政治現實，因為他對中國文化有了解，並不是不講民主制度。香港在建立一個制度之餘，也要考慮怎樣作緩衝，並非理直氣壯地説我要民主，他認為這樣是「欲速則不達」。當時彭定康任內做了民調，關於香港要如何發展，他約見了幾個報界中人，包括我，還有查良鏞先生和韓中旋等報界前輩。他第一句就說，我們調查了民意，不相信推行不了，連南中國的人都能收聽我們的收音機廣播。

梁：你們不太認同他的講法，對吧？

駱：他不知道中國的文化，他從民選國家出身，所以覺得民意很重要。我認為這是不幸的，所以彭定康那時沒有實現「直通車」（立法局議員直接成為特區立法會議員），因「新九組」方案和中方關係鬧僵了。

梁：當時賀維宣佈九七將香港交還中國，很多知識分子移民，引起移民潮，當時你們如何看待呢？記得你們在這方面有過很多評論。

駱：我們並非不想走，但離開未必是更好的解決方法，我們一直觀察香港的環境，不是一開始就有清晰的方向。當時做新聞的人就是這樣，做事不會先為自己打算。我記得馮景禧對我們說：「即使到時解放軍來到深圳，你們依然會去採訪。」

梁：記得八三年中英談判期間，港元波動很大，曾經插水式下跌，彭勵治準備去紐約前在機場說不會和美元脫鈎，這事你有印象嗎？有一晚旺角有暴動，還燒車，接着物價就波動得很厲害。

駱：記得，當時港元貶值、物價暴漲，市民甚麼都搶，連廁紙都搶，整個香港十分混亂，最後匯率定在一美元兑七點八港元左右。Greenwood（祈連活）先前已做了有關聯繫匯率的提議，我相信這件事部署了很久。宣佈實施聯繫匯率的彭勵治在任職財政司之前並不是公務員，所以回答記者問題的方式和以前的英國官員有所不同。

梁：一九八四年，中英聯合聲明簽署，香港人心很不穩，後來慢慢穩定，到六四發生後才爆發移民潮。

駱：我覺得當時香港一直都很不穩定，在八九年之前本應改變了一些，因為大家以為中英談判一直很順利，對於起草《基本法》等事，大家持開放態度。

梁：起草《基本法》時有諮詢委員會，你們有沒有被邀請呢？

駱：我們不可以參與這些的，我們是新聞工作者，我覺得不應該去。

梁：印象中有邀過你們，查先生也被邀請了。

駱：其他同事有沒有我不知道，但我沒有被邀請當委員。我覺得，收到擔任政府公職的邀請時，在職記者還是保持一點距離比較好。

梁：對於公佈《基本法》呢？你們有甚麼看法，條文是否合乎香港人的需要？

駱：當時最關鍵的事件是八九民運，對國內影響不大，但對香港人影響很大，有百萬人上街，因為關乎香港能否平穩過渡。當時草擬《基本法》的人才都是香港的精英，臨時立法會成立之後，將這些精英按照政治取向分派別，忠於北京的是愛港愛國人士，變成以中央立場看待香港問題，很自然地令香港一貫的立法會制度被撕裂。我覺得，八九民運時人民的失望和激情都沒有得到安頓，對香港的破壞在於，人才不能夠人盡其用。在英治時期建制中有行政經驗的人，一瞬間被歸類為一邊；傳統左派有很多，但他們沒親歷過香港的制度，這導致香港邁入新時代後，根本不能人盡其才。為甚麼時下青年人如此挫敗和受壓抑？因為他們不覺得自己在公平制度下競爭，絕對不是以前許家屯所說的「百駿競走，能者奪魁」。

梁：你們跟許家屯的關係也很密切，對嗎？

駱：我們是不打不相識，一開始他找我們吃飯，我們不去，因為我們向來在工作之外很少應酬。後來因為我們的作者和他關係很好，與他交談後發現他是相當開放的人，不是鐵板一塊。六四事件，他們有自己內部的政治角力、人事傾軋，導致他要出走，九十多歲想回故鄉也不行，連在香港的工作都被全部抹殺掉，大佛圓頂芳名錄上的名字也要去掉。大陸就是這樣，官方書寫的歷史才是真的。

梁：九七之後，傳聞你們會賣盤，是真的嗎？

駱：沒有，九七前後沒有打算賣盤，當時預計女兒會接手。我的確想賣，我兒子一向說沒興趣接手，他從事資訊科技；但女兒說她想嘗試，所以我暫時打消了念頭，練乙錚也是她找來的。後來因應很多事情，經過很多考慮，由零五年開始商討，到零六年才賣盤。

梁：之前有更好的報價？

駱：在早期時有，是別人報價，並不是我們想賣，我們創報後不久就一直有人想收購。

梁：記得零三年基本法第二十三條草擬立法期間，林先生很多評論都是反對的，擔心有人會誤墮法網。

駱：我們說，如果真的立法，我們沒可能繼續做下去，其實做報紙在正常情況下是不應該反建制的。

信報財經新聞　二〇〇三年七月三日　星期四　第四十二頁

特區牽一「法」 報業動全身？

林行止專欄

二零零三年，特區政府嘗試推行「二十三條」，林行止嘗撰文表示憂慮。（《信報財經新聞》，二零零三年七月三日，第四十二版。）

梁：是的，我同意。

駱：不應該反建制，逼不得已才反對建制，但你的功能也不是去支持政府，而是要去指出不當的地方，反對政策，不是反對政府。但當你發現原來你的反對已在你不知道的情況下被歸類為反政府時，你怎麼繼續做報業？不知何時又戳中政府痛處，自己都不知道自己在做甚麼，這樣不行。

梁：明白，所以你們發表了一篇《三十年感言》（註：二零零三年《信報》恰好創刊三十年）。在練乙錚離開《信報》後，你找了邱翔鐘當總編輯，他之前在 BBC 任職，你如何認識他呢？是你主動找他，還是他自動請纓？

駱：在那之前他一直有幫我們寫稿，很多人都是看稿認識的，例如練乙錚。

梁：你們和曹仁超關係如何呢？他說他是老闆，但我記得他好像不是創辦人之一，是後期才加入的，你們給了他百分之五的股份，對嗎？

駱：他和林先生很早認識，他投稿去《明報》的時候我們開始相識。他最初曾在一間假髮公司工作，幫人整理資料，處理投資事務，做了一段時間，公司賺了很多錢。初時他以筆名「思聽」為《信報》寫專欄，那時我們上市版一版變兩版，有很多圖表走勢資料，有一群人一起整理資料和投資版，他大約一九七七、七八年正式加入《信報》。他寫稿寫得很好，也很勤奮，可以處理資料和各方面的事情。我們開始賺錢之後，邀請他入股公司，他就入了百分之五的股份，

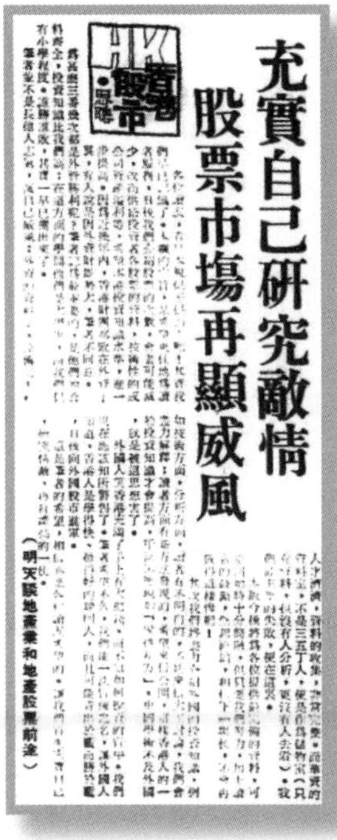
充實自己研究敵情 股票市場再顯威風

HK 香港股市 ・思聽

（明天談地產業和地產股票前途）

曹仁超自《信報》創刊當天，即以「思聽」為筆名撰文。（《信報財經新聞》，一九七三年七月三日，第一版。）

我們當時承諾員工，如果盈利好，會有多過一個月的花紅，他就會有不超過百分之五的分紅，因為他十分能幹。

梁： 說起來你們福利真好，又買房子租給夥計住。

駱： 我們沒有租，直接給他們住，讓他們儲首期自己置業。我們賺錢的時候，在行內調查過，我們曾經很多年擁有全港最高薪的記者和編採人員。我們很多同事都是年輕人，他們怎樣儲首期買房呢？我們就買一些房子、公寓讓他們可以免費住。

梁： 說回曹仁超，他加入時已經有《投資者日記》的專欄？

駱： 《投資者日記》不是剛開始就有的，剛開始時有《金魚缸日記》，內容是股市的故事，後來《金魚缸日記》脫胎變成新專欄。曹仁超的那個版塊是集體創作，本不應屬於他一個人，後來他用了自己的名字，長期寫股市部分。

梁： 九十年代時，他常出來演講，教人投資，對嗎？

駱： 很後期的事了，開始的時候是新城電台訪問他，因為我和林先生很少公開講話，他是長久以來的合作夥伴，口才又好，所以由他代表公司發言。只不過，你不能出來說他不是創辦人，只是股東，不可能說這種尷尬的話，結果很多東西習非成是，以訛傳訛，但我們一路以來的合作都是愉快的。

是日也：計數尚稱滿意

投資者日記　曹仁超

七月六日，我老曹推不掉林兄的邀請，祇得「東山復出」，又和各位吹牛，車車大炮。到了一個月，各位「蟹兄蟹姐」無恙？我老曹因爲採用三分法，即把過去的廿二萬元，分成七萬元現金，七萬元樓宇，七萬元股票，結果樓宇方面以市價計算損失約萬多元，股票損失接近二萬元，即這次風潮累得我老曹損失三萬多元！不過去年七月一日我老曹投資共十萬元，現在仍有十七萬元，應該滿足了。

照市情看，似乎好我友都做了旁觀者，讓股市自由浮動。這樣的情形是「萬籟無聲待雨來」？投資者千萬不要輕舉妄動，容出容入亦不是時候，到有進一步的消息，才決定進攻或是後退。首先我們打探敵情如何。

照我老曹所知，外商大戶已在指數七〇〇點時吸入，主要對象是滙豐英泓記及和記，但另一批本港英商卻大量出貨，把這批外來商人揼住做蟹，因此外商目前的情形和我們蟹民差不多，最多我們是大閘蟹，他們是腩仔蟹而矣！現在只有英商才有大量資金，因此留意怡和證券的動態，比留意外商動態更緊要。

《信報》創刊不久，曹仁超應邀開始撰寫「投資者日記」。（《信報財經新聞》一九七三年七月七日，第四版。）

梁：《信報》賣盤之前，銷路是否已在下跌，或者已經沒以前那麼賺錢呢？

駱：的確沒以前賺得多，但賣出之前，我們都還沒有虧錢。

梁：有個說法是，你們的銷路不好，所以曹仁超在外面辦一些座談會支持報紙。

駱：不是，完全不是這樣，那些座談會是新管理班子的決定，我們和曹仁超一直到分開都非常和諧。他不是個斤斤計較的人，我們也沒有刻意計算人家。我之前説過，我們做經濟、財經報紙講關於投資的事，在股市報道上，不希望讀者有類似貼士的感覺。我們一直都看緊他的專欄，因為政治和社會部分並非他所寫，我們要將風格統一。不過幾十年來的股市消息都由他寫，他是做事非常負責任的人，一路保持穩紮穩打，站在投資者角度。但新管理班子上任時，就將他捧起，塑造成股神的形象，我們不同意，但我們用不着反對，那時已和以前的作風不同。

梁：他後來出書，也是用以前的文章嗎？

駱：出書應該是別人找他做的，他以曹仁超的名義將一些文章結集成書，但不是以曹志明的名義。我覺得用曹仁超的名字沒所謂，不需要太過計較，只是他所描述的《信報》發展歷史偏離了事實，我們就要出來澄清了，因為這是不合情理的。

梁：有哪幾處偏離呢？

駱：譬如他説他創辦《信報》和在《明報》工作過，其實，他沒在《明報》工作過，也沒有參與創辦《信報》，他有很多事情都不清楚，因為他沒有參與經營的部分。他過往在《信報》一直是處理股市資料、市場分析等等。他是很負責任的同事，幾十年來大家關係都非常好。

梁：除了《投資者日記》，其後有沒有其他版是他負責的？

駱：他不止負責一版，有很多版，他的工作絕對是吃重的，他也對工作全情投入，但問題在於他對某些事記憶模糊了，或是要入戲演繹新角色，這就不得而知了。

梁：我覺得《信報》的成功，除了你們兩夫婦外，你那幫夥計也十分難得。你們是如何物色到這樣一群聰明的人，一直工作到你們離開為止呢？

駱：我可以大膽說，我們的編採同事，個個出去都能獨當一面，不管年資長的還是年輕的都一樣，例如麥煒明、游清源（袁耀清）、《星島日報》的盧永雄、《經濟日報》的陳早標等等，我們很容易接納同事，他們有空間去做出他們最好的一面，可能因為我完全沒有經驗就入行了，他們自己用心做比起我指揮他們怎樣做更好。他們出錯就讓他們錯一次、兩次，他立刻就會知道如何處理，這是做新聞最好之處，沒有人沒出過錯。我們聘用的同事，多數剛畢業或離開學校，但現在已成為行業領先的人物。

梁：蕭世和、盧永雄和袁耀清等人都在《信報》工作過？

駱：對，他們都是《信報》的舊夥計。我們最主要的工作是看他們寫的文章。我們知道自己如何一路走來，就會知道，每個年輕人，怎可能被指揮去做事比他們心甘情願去做去闖有更好的效果呢？

梁：你現在對《信報》的未來、郭艷明的經營手法有甚麼看法呢？你們的股份都賣清了嗎？

駱：我們的股份賣清了，不過林先生在《信報》還有寫專欄，無論如何對報紙的感情尚在，對於郭艷明怎樣經營我們現在不可以評論。現在新聞的發展在網絡上，這方面不容易找到一個成功的商業模型，但它化解了傳統文字媒體的市場。以往的新聞，主要是趕死線、找獨家新聞，但現在沒有奢談死線的餘裕，無論取得多獨家的新聞，放上網一分鐘後，已經被人輕易轉載了。另外，在報紙的評論上，以前評論與事件有距離，理解真切很困難，但也留出空間讓你客觀審視事實。現在的社交媒體上，每個人都可以發表自己的意見，新聞的傳播速度快了，評論的傳播速度也快了，甚至當事人都可以參與其中，和傳統的做事方式截然不同。現在叫我做新聞我會怎麼做呢？首先要有一個很革命性的看法，做法也要很不同，要足以讓它有商業價值，可以開拓新的市場，吸引人投資。而這一點，今時今日，別人說國外有多少人成功，我覺得都未成氣候，有一些訣竅我們還未看到。

梁：所以你覺得《信報》未來也會這樣嗎？

《信報》股權新協議

信報財經新聞有限公司（「新公司」）昨天宣布，已與信報有限公司達成協議，購入《信報財經新聞》及《信報月刊》的出版權。

《信報財經新聞》於一九七三年七月三日創辦，為香港具有領導地位的中文財經報紙。

新公司由信報有限公司及Clemont Media Limited所共同持有，各佔百分之五十股權。信報有限公司為林山木先生、駱友梅女士及曾志明先生所持有的私人公司。Clemont Media Limited則為一離岸信託公司所持有，李澤楷先生是該信託公司的委託人。新公司的董事會成員將由信報有限公司和Clemont Media Limited委任，駱友梅女士將續任《信報財經新聞》及《信報月刊》社長，林山木先生及曾志明先生為《信報財經新聞》獨家撰寫專欄之職守不變。

就是次收購，駱友梅社長說：

「我們感到十分高興能與信託公司達成協議，深信這次合作能強化《信報財經新聞》的未來發展。」

「根據是次協議，新公司將聘用所有在職員工，同時將夥同新夥伴全力維持《信報》的獨立性及一貫的編採風格，堅守向有之信譽。」

此項交易完全遵照香港特別行政區法律及相關之法定要求進行■

林行止夫婦自二零零六年起，逐漸將《信報》轉售予李澤楷。（《信報財經新聞》，二零零六年八月九日，第一版。）

駱：不是，《信報》保持文字媒體是其中一樣，雖然它也有網上媒體，但是否足以讓它經營得更大、更有空間，我覺得它還在找尋方法。

梁：你怎麼看阿里巴巴收購了《南華早報》之後，網上媒體不收費一事？

駱：這是另一樣事情，我們當時做報紙的想法是不群不黨，沒有任何群眾、黨派或者政治勢力可言，純粹靠文人辦報而得到社會認同，現今這種機會不容易有了。

梁：你對傳統媒體有甚麼看法？報紙、電台、電視會不會需要一個革命性的顛覆才能生存呢？

駱：我不相信顛覆這樣東西，這個世界沒有顛覆這回事，傳統媒體也不會這麼快消失。

梁：有學者說二零四三年之後，報紙就沒有了。

駱：我不這麼覺得。

後記

黃仲鳴

十二年前入教樹仁學院，即有計劃要訪問香港一些老報人。他們是香港報業的當事人、歷史見證者，透過他們的口，我們要補歷史之闕。於是，我帶領學生訪問過潘粵生、韋基舜、晨鳥、羅孚等。後來，系內有了設備一流的錄影室，梁天偉教授出主意，申請資助，展開了這個在香港報業史上別開生面和極具價值的訪問歷程。

可惜，當「正式」啟動、聲明記錄在案和公開發表時，很多人都不願意接受訪問了，奈何！有些真的老了，難以再言述。還有，在羅孚住所訪問的錄影，學生竟遺失了，擬補錄時，羅孚走了。這是我們最大的遺憾。

這「口述歷史」共訪問了二十八人。其中六人已駕鶴西去：晨鳥、馮金裴、莫光、張初、岑才生、曾敏之。他們未得睹本書之成，皆因我們教務俗事俱忙，未能早早完工之故。

在史學上，口述歷史是極重要的一環。當事人的親身經歷，可補歷史的不足，可證歷史的真偽。但亦有一誤區，口述者的記憶往往有錯，有時錯得甚為離譜；因此，我們曾想作出詳細的註釋和考證，但工程太大了，耗時太久才可完工。本課題乃屬資助，有時間限制，有精力已無時間去完善。

此外，學生在記錄錄音時，往往犯了同音之誤，如人名、地名等；另外太過口語化，致整理過程頗為艱巨。現已成書，錯漏料多，有機會再版必加改正。還望識者指瑕舉誤。

書名《數風流人物》，摘自毛澤東《沁園春》詞其中一句，下一句是「還看今朝」。這二十八人，確是當代香港報業的「風流人物」，建樹殊多。紙媒式微，他們的時代亦過去了；但新聞不死，「今朝」將如何？會有多少英雄出來，在數碼時代競折腰？

本書錄音整理和資料搜集由謝天恩、馬翠怡同學負責，林逸超專職校核。一書之成，真勞人心力也。

《數風流人物》網上版
https://goo.gl/fo1Qbn

www.cosmosbooks.com.hk

書　名	數風流人物——香港報人口述歷史（下）
訪　談	梁天偉
主　編	黃仲鳴
責任編輯	孫立川
美術編輯	郭志民
出　版	天地圖書有限公司 香港皇后大道東109-115號 智群商業中心15字樓（總寫字樓） 電話：2528 3671　傳真：2865 2609 香港灣仔莊士敦道30號地庫／1樓（門市部） 電話：2865 0708　傳真：2861 1541
印　刷	亨泰印刷有限公司 柴灣利眾街27號德景工業大廈10字樓 電話：2896 3687　傳真：2558 1902
發　行	香港聯合書刊物流有限公司 香港新界大埔汀麗路36號中華商務印刷大廈3字樓 電話：2150 2100　傳真：2407 3062
出版日期	2017年12月／初版

ISBN ：978-988-8258-27-7